ブランド戦略全書

HANDBOOK of
BRAND
STRATEGY
edited by HIROSHI TANAKA

田中洋・編

有斐閣

　　　　　　　は　し　が　き

　⌘ **本書の狙い**
　本書はブランド論の各分野の現状を展望する目的でまとめられた。執筆者は，いずれも各分野における代表的な日本の研究者と実務家であり，ブランド論の最新のあり方を学ぶうえで必要な知識が 10 の章にコンパクトに，かつわかりやすい形で書かれている。また理論的な論考だけでなく，実際の企業の詳細かつ興味深いケーススタディも 2 つ収められており，ブランドに関心をもつ実務家・研究者・学生にとって欠かせない手引書となることを期待している。
　本書はもともと，2012 年創立の日本マーケティング学会（石井淳蔵会長）において結成された研究プロジェクト「ブランド＆コミュニケーション研究会」の成果の 1 つである。今回の出版に際しては，この研究会のオリジナルメンバーに加えて，執筆に参加してくださった方々がいる。こうした執筆メンバーのコラボレーションの結果として本書は成立している。

　⌘ **なぜブランドなのか**
　2010 年代の半ばの今，なぜあらためてブランドが問題なのだろうか。
　本書の第 1 章にもあるように，ブランド論の基本的問題意識が，ブランド・エクイティがマーケティング実務家と研究者の重要な課題として取り上げられるようになった 1990 年代の初頭から，現在に至る四半世紀の期間に変化してきたことは間違いない。
　たとえば，1990 年代にブランド・エクイティが重要であると論じられた 1 つの論拠は，強力なブランド・エクイティを築けば，長期にわたって市場をリードすることができる，というものであった。しかし 2010 年代に入り，かつて強力なブランド・エクイティを誇ったはずのエレクトロニクスやオンライン・ブランドのあるものは，その価値を失い，経営的な苦境に陥っている現状がある。また逆に短期間にブランド力が高まり，急激な成長を見せるような事態も起こっている。
　このように現状を見れば，ブランドは経営やマーケティングの実践にとって，

もはや重視点ではないと見えてしまうかもしれない。しかしながら，こうした視点は近視眼的である。なぜなら，消費者が短期間に複雑な意思決定を強いられたり，より自由なマーケティング環境の中で競争関係がめまぐるしく変化する状況にあって，ブランドのマーケティングにおける役割は増大こそすれ，減じてはいないからだ。エレクトロニクスやICT分野では，ブランド・エクイティが消費者用パッケージ財（FMCG）ほど持続的ではないにせよ，Appleのように強力なブランド力を築くことが競争優位性につながっている状況は依然として変わっていない。

⌘ 実務と研究面での重要性

ブランドが重要なのは，かつてのように消費者用パッケージ財だけではない。サービス財はもちろん，BtoB・プラットフォーム・テクノロジー・成分・場所（国家・自治体・観光などの地域ブランディング）・流通（PBなど）・非営利組織を含めた組織一般・スポーツ・エンターテインメントなど，より幅広いマネジメント分野に拡張されて適用されるようになった。さらには，コミュニケーションや流通環境の変化によって，セールス・プロモーションや戦略PRといった分野でも新たなブランド論が必要とされるようになった。またブランド価値をどう測定するか，という古くて新しいマーケティングリサーチの課題も依然として実践的な重要性がある。

ブランドがアカデミックな研究領域としても，1990年代とは異なる重要性を見せていることを指摘しておかなければならない。たとえば，2012年の *Journal of Consumer Psychology* （vol. 22, no. 1）では，ブランド研究における心理学的・神経生理学的アプローチが特集されており，ブランド研究が，脳科学などの新しいアプローチによっていっそう深化していることがわかる。

さらに，本書にあるように，近年のブランド研究においては，経験価値，顧客関係性，S-Dロジックなどの新しい視点が付け加えられている。またブランド論はマーケティング研究者だけが問題にしているわけではない。知財研究者にとってもブランドは当然重要な課題であり，こうしたマーケティング分野以外の研究者や実務家と連携して研究を進めていくことも重要な課題として残されている。

⌘ 本質的課題としてのブランド

　編者の考えによれば，ブランドという問題はマーケティング研究にとって本質的に重要な課題である。なぜならば，もしブランドという視点を除いてしまえば，マーケティングにおけるさまざまな課題はほとんどその重要性を失ってしまうだろうからだ。

　マーケティングとは売り手と買い手の交換行為であり持続的な関係性の形成である。ブランドという視点がなければ，交換はすべて買い手が売り手の提供する価値を事前に了解でき，それに見合った価格を支払うというごく単純な活動になってしまう。買い手は商品の品質を事前に見分けることができない，という近代的な交換関係を前提としてブランドは存在しているのである。

　ノーベル経済学賞を受賞した J. E. スティグリッツが「経済の基本モデルに従えば，ブランド名は存在してはならない」（藪下史郎ほか訳『ミクロ経済学』東洋経済新報社，1995年，34頁）と述べたのは，まさにこの意味においてである。資本主義経済において，競争が完全ではなく，不完全であるのは売り手と買い手の間に，情報の非対称性が存在しブランドが存在しているからにほかならない。

　あらためて本書がブランドに関心をもつ実務家・研究者・学生のために役立つことを祈念したい。また，本書の成立のためにご協力をいただいた執筆者の方々，そして出版に際して多大なご理解とご助力をいただいた有斐閣書籍編集第二部の柴田守さんと岡山義信さんに御礼を申し述べたい。

　2014年10月

　　　　　　　　　　　　　　　　　　　　　　　編者として　　田中　洋

執筆者紹介（執筆順）

田中　洋（たなか　ひろし）　編者，はしがき，第10章執筆
　　中央大学ビジネススクール（大学院戦略経営研究科）教授。京都大学博士（経済学）。
　　専門は，マーケティング論。
　　主著に，『企業を高めるブランド戦略』（講談社現代新書，2002年）；『ブランド戦略・ケースブック』（編著，同文舘出版，2012年）；『マーケティングキーワードベスト50』（ユーキャン学び出版，2014年）；『ブランド戦略論』（有斐閣，2017年）など。

青木　幸弘（あおき　ゆきひろ）　第1章執筆
　　学習院大学経済学部経営学科教授。1983年，一橋大学大学院商学研究科博士課程修了。
　　専門は，マーケティング論。
　　主著に，『マーケティング』（共著，有斐閣，2010年）；『日本型マーケティングの新展開』（共編，有斐閣，2010年）；『消費者行動の知識』（日本経済新聞出版社，2010年）；『価値共創時代のブランド戦略』（編著，ミネルヴァ書房，2011年）；『消費者行動論』（共著，有斐閣，2012年）など。

阿久津　聡（あくつ　さとし）　第2章執筆
　　一橋大学大学院経営管理研究科教授。カリフォルニア大学バークレー校経営学博士（Ph. D.）。
　　専門は，ブランド論，マーケティング論，消費者心理学，行動経済学。
　　主著に，『知識経営実践論』（共編著，白桃書房，2001年）；『ブランド戦略シナリオ』（共著，ダイヤモンド社，2002年）；『ソーシャルエコノミー』（共著，翔泳社，2012年）；『ブランド論』（翻訳，ダイヤモンド社，2014年）など。

久保田　進彦（くぼた　ゆきひこ）　第3章執筆
　　青山学院大学経営学部教授。2001年，早稲田大学大学院商学研究科博士課程単位取得，博士（商学）。
　　専門は，マーケティング論。
　　主著に，『リレーションシップ・マーケティング』（有斐閣，2012年）；『はじめてのマーケティング』（共著，有斐閣，2013年）；『フェイス・トゥ・フェイス・ブック』（共訳，有斐閣，2016年）；「ブランド・リレーションシップのプロパティー・パートナー・モデル」『流通研究』20巻2号（日本商業学会，2017年）など。

萩原　雅之（はぎはら　まさし）　第4章執筆（共著）
　　トランスコスモス・アナリティクス株式会社取締役副社長，マクロミル総合研究所所長，青山学院大学専門職大学院講師。1984年，東京大学教育学部卒業。
　　専門は，マーケティングリサーチ，社会調査。
　　主著に，『次世代マーケティングリサーチ』（ソフトバンククリエイティブ，2011年）；「データ環境が変えるマーケティングの実践」『マーケティングジャーナル』123号（日本マーケティング協会，2012年）；「マーケティング環境変化に対応したリサーチの未来」『アド・スタディーズ』47号（吉田秀雄記念事業財団，2014年）など。

上田 雅夫（うえだ　まさお）　第 4 章執筆（共著）
　横浜市立大学データサイエンス学部教授。2015 年，早稲田大学大学院商学研究科博士課程修了，博士（商学）。
　専門は，マーケティングリサーチ，行動計量，消費者行動論。
　主著に，「被験者連想ネットワーク法による消費者イメージの把握」『行動計量学』36 巻 2 号（日本行動計量学会，2009 年）；「ブランド管理の目的に応じたブランド連想の収集」『行動計量学』42 巻 2 号（日本行動計量学会，2013 年）；『ビッグデータに踊らされないための統計データ使いこなし術』（宝島社，2014 年）；『マーケティング・エンジニアリング入門』（共著，有斐閣，2017 年）など。

余田 拓郎（よだ　たくろう）　第 5 章執筆
　慶應義塾大学大学院経営管理研究科教授。1999 年，慶應義塾大学大学院経営管理研究科博士課程修了，博士（経営学）。
　専門は，マーケティング論，組織購買行動論。
　主著に，『マーケティング科学の方法論』（共編著，白桃書房，2009 年）；『BtoB マーケティング』（東洋経済新報社，2011 年）；『ゼミナールマーケティング入門（第 2 版）』（共著，日本経済新聞出版社，2013 年）；『実践 BtoB マーケティング』（共編著，東洋経済新報社，2013 年）など。

松下 光司（まつした　こうじ）　第 6 章執筆
　中央大学ビジネススクール（大学院戦略経営研究科）教授。2003 年，慶應義塾大学大学院経営管理研究科博士課程修了，博士（経営学）。
　専門は，マーケティング論，消費者行動論。
　主著に，「セールス・プロモーションによるブランド・エクイティ構築」『消費者行動研究』15 巻 1・2 号（日本消費者行動研究学会，2009 年）；『消費者行動論』（共著，有斐閣，2012 年）；「何がブランドコミットメントを生み出すのか？ ブランドと自己との結び付き，ノスタルジックな結び付き，ブランドラブの効果の包括的テスト」『消費者行動研究』18 巻 1・2 号（共著，日本消費者行動研究学会，2012 年）など。

小林 哲（こばやし　てつ）　第 7 章執筆
　大阪市立大学大学院経営学研究科教授。1989 年，慶應義塾大学大学院商学研究科博士課程単位取得退学，大阪市立大学博士（商学）。
　専門は，地域ブランド論，アグリブランド論，流通システム論。
　主著に，「食文化のグローバル化戦略」『経営研究』61 巻 4 号（共著，大阪市立大学，2011 年）；「ブランド・カテゴライゼーション」『マーケティングジャーナル』127 号（共著，日本マーケティング協会，2013 年）；「創発の場としてのＢ級ご当地グルメの祭典『B-1 グランプリ』」上原征彦編著『創発する営業』（丸善出版，2014 年）；『地域ブランディングの論理』（有斐閣，2016 年）など。

陶山 計介（すやま　けいすけ）　第 8 章執筆
　関西大学商学部教授，一般社団法人ブランド戦略研究所理事長。1982 年，京都大学大学院経済学研究科博士後期課程修了，博士（経済学）。
　専門は，ブランド論，マーケティング論。
　主著に，『日本型ブランド優位戦略』（共著，ダイヤモンド社，2000 年）；『大阪ブランド・ルネッサンス』（共著，ミネルヴァ書房，2006 年）；「小売店舗内外におけるブランド・コミュニケーションミックスと広告効果モデルの研究」『広告科学』52 集（共著，

日本広告学会，2010年）など。

足立　勝（あだち　まさる）　第9章執筆
　ニューヨーク州弁護士，英国系製薬会社執行役員・法務部長，早稲田大学知的財産法制研究所招聘研究員。1994年，米国イリノイ大学ロースクール LL. M. 課程修了，LL. M. （Master of Laws）。2015年，早稲田大学大学院法学研究科博士課程修了，博士（法学）。
　専門は，ブランドと知的財産法，企業法務全般。
　主著に，『最新判例からみる商標法の実務Ⅱ［2012］』（共編著，青林書院，2012年）；「著名商標の保護について」『日本大学知財ジャーナル』6号（日本大学法学部国際知的財産研究所・同大学院知的財産研究科〈専門職〉，2013年）；「オリンピック開催とアンブッシュ・マーケティング規制論」『日本知財学会誌』11巻1号（日本知財学会，2014年）；『アンブッシュ・マーケティング規制法』（創耕舎，2016年）；『不正競争の法律相談Ⅱ』（執筆，青林書院，2016年）など。

徐　誠敏（ソ　ソンミン）【ケース1】執筆
　名古屋経済大学経営学部准教授。2010年，中央大学大学院商学研究科博士課程修了，博士（商学）。
　専門は，マーケティング論，グローバル・マーケティング論，企業ブランド・マネジメント論，グローバル・ビジネス・コミュニケーション論。
　主著に，『企業ブランド・マネジメント戦略』（創成社，2010年）；『国家ブランディング』（共訳，中央大学出版部，2014年）；「中島大祥堂のブランディングとインターナル・ブランディング戦略実行の阻害要因を克服するための戦略的な取り組みに関する研究」『経済経営論集』27巻1号（共著，2019年）；「ブランド創発型企業を構築・強化するための戦略的なインターナル・ブランディングに関する研究」『国際ビジネス・コミュニケーション学会研究年報』第78号（共著，2019年）；「企業変革の推進における戦略的インターナル・ブランディングの普遍的なプロセスに関する研究」『経済経営論集』27巻2号（共著，2020年）など。

本庄　加代子（ほんじょう　かよこ）【ケース2】執筆
　東洋学園大学現代経営学部准教授，日経ビジネススクール講師。神戸大学大学院経営学研究科博士後期課程在籍。
　専門は，ブランド論。
　主著に，「横河電機IA（制御）事業の躍進」『マーケティングジャーナル』112号（日本マーケティング協会，2009年）；「強いブランドは結果論に過ぎないのか？」『日経広告研究所報』259号（日経広告研究所，2011年）など。

目　次

はしがき　i

第1章　ブランド論の過去・現在・未来　　　　　　　　　　1
青木幸弘

はじめに　1

1　ブランド研究の歴史とブランド概念の変遷 ………………… 2
ブランドの語源とブランド論の源流（2）　エクイティ概念の登場とその意義（4）　ブランド・アイデンティティと価値提案（5）　顧客ベース・ブランド・エクイティ論への展開（7）

2　ブランド構築における価値と関係性 ……………………… 9
価値の創造と獲得・維持（9）　価値をめぐる議論の展開（10）　関係性をめぐる議論の展開（11）

3　ブランド論の新たな地平を求めて ……………………… 13
「価値提供」から「価値共創」へ（13）　価値の共創と関係性（14）　2つのブランド観の間で（15）

おわりに　17

第2章　ブランドと経営学の接合　　　　　　　　　　23
阿久津聡

はじめに　23

1　戦略的ブランド経営の枠組み ……………………………… 25
組織文化とブランド・アイデンティティの関係（25）　事業戦略とブランド体系の関係（26）　3つの要素の相互関係（27）

2　戦略的ブランド経営がもたらす5つのインパクト ………… 28
ブランド・アイデンティティの明確化と精緻化が実現する（28）　ブランド体系が事業戦略と合致する（31）　経営プロセスにブランド構築が一体化する（34）　組織的にブランド戦略が推進される（35）　ブランド価値測定が戦略をモニターする（37）

3　ソーシャルエコノミーにおけるブランド経営 ……………… 37
ソーシャルエコノミーの特徴（38）　ブランド経営への含意（41）　高次のブランド理念（43）　ブランド価値の共創（44）

おわりに　45

第3章　ブランド・リレーションシップの戦略　　49
久保田進彦

はじめに　49

1　ブランド・リレーションシップの理解 ……………………… 50
ブランド・レゾナンスのピラミッド（50）　「ブランド自体のイメージ」と「ブランドと自分の結びつきのイメージ」（51）　ブランド・リレーションシップと伝統的ブランド論（52）

2　ブランド・リレーションシップの特徴的効果 ……………… 53
頑健な継続購買（53）　クチコミとサポート（55）　免疫効果とガーディアン効果（56）　絶対的差別化（57）　ブランド・リレーションシップの効果の整理（58）

3　ブランド・リレーションシップの戦略 ……………………… 59
ブランド・リレーションシップ戦略の考え方（59）　RPマトリクス（60）　VBマップ（64）

おわりに　73

第4章　ブランドパワーをいかに測定するか　　75
萩原雅之・上田雅夫

はじめに　75

1　実務におけるブランド測定の現状 …………………………… 75
消費者調査によるブランド管理（75）　第三者によるブランドサーベイ（77）　検索データとソーシャル・リスニング（78）　エンゲージメントの測定は可能か（80）

2　ブランド力の測定 ……………………………………………… 81
ブランド力測定の手法（81）　調査データの活用の問題（83）　反応時間を測定する意味（85）

3　ケーススタディ ………………………………………………… 86
ケース①：ブランド認知の測定（87）　ケース②：ブランド・イメージの測定（90）　考察（92）

おわりに　94

第5章　BtoBブランドの展開　　99
余田拓郎

はじめに　99

1　BtoB購買におけるブランドの位置づけ …………………… 100
組織購買行動論（100）　企業イメージ／レピュテーション（101）　BtoBに

おけるブランドの重要性（102）
  2　マネジメント対象としてのBtoBブランド　………………… 103
　　BtoBにおけるブランド・エクイティ論（103）　BtoB購買における態度（106）
　　組織購買行動論とブランド論の融合（107）
  3　BtoBブランドの新たな潮流 ……………………………………… 109
　　成分ブランド（109）　BtoBサービスのブランド研究（111）
  4　BtoBブランディングの実践に向けて ……………………………… 112
  おわりに　114

第6章　セールス・プロモーションによるブランド構築のメカニズム　119

松下光司

  はじめに　119
  1　セールス・プロモーションが消費者に与える2つの影響 ………… 120
　　セールス・プロモーションによる即時的購買の喚起——量的効果（120）　セールス・プロモーションによるブランド構築——質的効果（122）
  2　セールス・プロモーションに関する質的効果研究 ……………… 123
　　値引きによるブランド構築（123）　プレミアムによるブランド構築（125）
　　特別陳列・店頭POPによるブランド構築（127）　サンプリングによるブランド構築（128）
  3　セールス・プロモーションの質的効果のメカニズム ……………… 130
　　2つの質的効果のメカニズム（130）　心理メカニズムを理解するメリット（131）
  おわりに　132

第7章　2つの地域ブランド論　その固有性と有機的結合　137

小林　哲

  はじめに　137
  1　地域ブランディング——海外の地域ブランド研究 ……………… 139
　　観光マーケティングにおける「目的地」（139）　地域マーケティングの台頭（140）　地域マーケティングと地域ブランディング（141）
  2　地域ブランディングの特徴——ビジネス・ブランディングとの比較 … 143
　　ブランド・エクイティ概念に基づくブランド論の適用（143）　ブランド・アイデンティティを核とする地域ブランディング（144）　地域ブランディングの特徴——ビジネス・ブランディングとの比較（145）
  3　地域産品のブランディング——日本の地域ブランド研究 ……… 147
　　日本における地域ブランド研究の進展（147）　地域産品ブランディングの特徴（148）　2つの地域ブランド論（150）

4　地域ブランディングの統合モデル……………………………………151
　　企業ブランドとしての地域ブランディング（151）　地域ブランディングの政策モデル（152）　地域ブランディングの組織モデル（154）
　おわりに　155

第8章　プライベート・ブランド戦略
巨大流通チェーンのPB戦略とブランド・パワーシフト　163

陶山計介

　はじめに——問題の所在　163
　1　食品PB市場の概況……………………………………………………165
　　食品PB市場の全体概況（165）　トップバリュ（イオン）のPB概要（167）
　　セブンプレミアム（セブン&アイHD）のPB概要（168）
　2　二大小売チェーンによるPB開発戦略…………………………………169
　　イオン（トップバリュ）にみるPB開発戦略（169）　セブン&アイHD（セブンプレミアム・ゴールド）にみるPB開発戦略（170）
　3　メーカーと小売業の新たな競争・提携関係の枠組み…………………172
　　「NB vs. PB」時代におけるメーカーと小売業の関係構造（172）　「NB PB mix」時代におけるメーカーと小売業の関係（173）　トップメーカーがPBを受託する理由（177）
　おわりに——グローバル競争の中でのメーカーと小売業の新しい関係　178

第9章　知財視点のブランド・マネジメント
商標法・不正競争防止法で保護されるための「出所」表示　183

足立　勝

　はじめに　183
　　問題意識（183）　現実のブランド活動の確認（184）　現実のブランド活動から生じる疑問（185）
　1　商標法・不正競争防止法による保護……………………………………186
　　商標法による保護（186）　不正競争防止法による保護（190）　第1節のまとめ（193）
　2　ヨーロッパおよびアメリカにおける出所（Origin）とは……………193
　　ヨーロッパ（193）　アメリカ（195）　第2節のまとめ（197）
　3　「出所」とは何を意味するのか…………………………………………197
　おわりに　199

第10章 ブランドの歴史 …………………………………………… 207

田中 洋

はじめに——ブランドの歴史をどう書くか　207
1　先史ブランド——前史時代 ……………………………………… 210
2　原ブランド——有史以降の古代 ………………………………… 212
3　前近代ブランド …………………………………………………… 216
　　ヨーロッパの前近代ブランド（216）　　日本中世のブランド（217）　　江戸期のブランド（220）
4　近代ブランド ……………………………………………………… 220
　　イノベーション・ベースのブランド（221）　　タバコブランドの発達（223）
　　日用品ブランドの発達（223）　　日本の消費財ブランド（224）　　商標制度の成立（225）　　大企業ブランド（226）　　日本の大企業ブランド（227）　　ブランド・マネジメント（228）
5　現代ブランド ……………………………………………………… 228
　　ブランド化対象の拡張（229）　　ブランド体系の拡張（230）　　ブランド意味の拡張（231）

おわりに　232

【ケース1】 グローバル・ブランド構築の戦略的要因
サムスン電子の5つの革新期を超えて …………………………… 237

徐　誠敏

はじめに——本ケースのねらい　237
1　サムスン電子の競争力の発展プロセス ………………………… 239
　　品質力・生産力の革新期（1970年代前半〜90年代後半）（239）　　危機意識の革新期（1993年〜）（240）　　デザイン力の革新期（1996年〜）（241）　　グローバル・マーケティング力の革新期（1999年〜）（243）　　グローバル・ブランド力の革新期（2002年〜）（245）
2　李健熙CEOブランドがもたらす戦略的競争優位性 …………… 246
　　CEOブランドの定義（246）　　PIとCEOブランドの違い（247）　　李健熙CEOブランドがもたらす戦略的競争優位性（247）
3　新興国市場における地域密着型ブランド構築戦略 …………… 249
　　新興国市場における地域密着型ブランド構築戦略の重要性（249）　　新興国市場における地域密着型ブランド構築戦略がもたらす競争優位性（250）　　「地域専門家制度」がもたらす競争優位性（251）

おわりに——この事例からの学び　254

【ケース2】事業環境の変化とブランド・マネジメント
横河電機IA事業部の挑戦とその後 ... 259
本庄加代子

はじめに 259

1 ブランドの草創期── 2008年まで 261
 B2Bブランディングの成功（261）　横河電機のIA（制御）事業の概要（262）　IA業界の市場概況とブランド競争の勃発（263）　横河電機の海外市場での課題（265）　ブランド戦略の胎動（266）　ブランド活動の具体化（267）　購買行動への影響（272）　ブランドが機能するメカニズム（273）　草創期のまとめ（274）

2 "その後"のブランド戦略── 2009～13年 276
 ブランド管理の確立期── 2009～12年（276）　ブランド管理の確立期の結果（279）　ブランド活動の展開期── 2013年以降（281）　"その後"のブランド活動の総括（282）

おわりに 283

事項索引 287
人名・企業名・ブランド名索引 290

第1章

ブランド論の過去・現在・未来

青木幸弘

はじめに

　提供物が製品であれ，サービスであれ，顧客が価値を認めるものを，利益の出るコストで生産し販売しなければ，その企業は存続できない。また，市場には数多くの競合企業が存在するため，その提供物に際立った特徴をもたせる差別化が必要不可欠となる。しかし，ある企業がさまざまな差別化に取り組み，いくら競争優位性を築こうと努力しても，競合他社は，絶えず追随し模倣や同質化を試みてくる。その結果，やがて差別性は失われて際限のない価格競争に巻き込まれ，利益率は低下していく。

　一般的に，差別性がなく価格競争に陥りやすい製品やサービスのことを「コモディティ」(commodity) と呼び，企業間での模倣や同質化の結果，製品・サービス間での差別性が失われていく状況を指して「コモディティ化」(commoditization) と呼ぶことがある。近年，数多くの市場でコモディティ化が進行するなか，そのような状況から脱却するための「脱コモディティ化」が，マーケティング上の今日的課題となってきている（恩蔵 [2007]）。

　このような状況を反映して，脱コモディティ化の手段としてのブランド構築とその戦略的な活用・管理への関心が，1990年代以降，急速に高まった。その契機となったのが，いわゆる「ブランド・エクイティ」論であり，それはマーケティング活動の結果として，ブランドという「器」の中に蓄積されていく

資産的価値（＝エクイティ）に着目し，それを管理することの重要性を説くものであった（Aaker［1991］）。また，この時期には，エクイティの源泉や強いブランドの構造についての整理が行われ，持続的競争優位を確立するための仕組みづくりをめざして，戦略論との架橋が積極的に試みられていった（Aaker［1996］, Keller［1998］）。

　ブランド論は，その後も単なる一時的なブームに終わることなく，多くの研究者や実務家の関心を集めつつ発展していく。特に，2000年代に入ってから展開されたブランド論は，単なる競争優位の追求ではなく，価値の創造と獲得・維持を重視する立場から，ブランド価値の構造や顧客との関係性のあり方を問う議論へと変化していく。たとえば，ブランドの経験的価値を重視する「ブランド・エクスペリエンス」論や顧客とブランドとの関係性に焦点を当てた「ブランド・リレーションシップ」論が，ブランド研究の新たな視点としてクローズアップされ，大きな流れを形成していくことになる。

　こうした潮流変化の背景には，さまざまな製品・サービスにおいて進行するコモディティ化といった市場環境の変化に加えて，製品とサービスの融合といったブランド化する客体自体の変化，あるいは，インターネットの急速な普及とソーシャル・メディアの台頭といった情報メディア環境の変化などがあり，ブランド論とブランド戦略は新たな段階に入りつつあるといえる（青木編［2011］）。

　本章の目的は，このようなブランド論の変遷をたどりつつ，議論の現状を整理し将来に向けた課題を明らかにすることにある。そこで，まず最初に，ブランディングの歴史とブランド論の源流について簡単に振り返り，ブランド研究におけるエクイティ論登場の意義を確認することから始めたい。

1 ブランド研究の歴史とブランド概念の変遷

⌘ ブランドの語源とブランド論の源流

　元来，「ブランド」（brand）という言葉は，古代ノルド語の brandr（「焼き付ける」の意）に由来し，また，英語の burned から派生した名詞であるとされ

ている。すなわち，そのもともとの意味は，自分が所有する家畜などを他人のものと区別するための「焼き印」であり，その後，陶工(とうこう)などの職人が自分の作品につけた目印を指す言葉となっていったといわれている (Stobart ed. [1994])。

このように，ブランド，およびその付与行為としての「ブランディング」(branding: ブランド化) の歴史は古い。また，ある意味で，マーケティングの歴史は，ブランドないしブランディングの歴史そのものであるともいえる。経営史を専門とするハーバード大学のテドロウ (R. S. Tedlow) によれば，全国ブランド (national brand) の登場は，アメリカのマーケティング史上での一大画期であったという。すなわち，19世紀末，輸送や通信などのインフラが整備され，地域ごとに分断されていた市場が全国市場へと統合されていくなか，標準化された製品を全国市場に向けて大量に流通させるための手段がブランド (およびブランディング) であった。テドロウは，当時の状況について，次のように述べている。

> 製造業者は，標準化し全国に流通された小型の包装製品に名前をつけることができた。名前をつけることができるのなら，広告することもできた。広告の結果，名前はたんなる名前以上のものになった。それは一種の名前を超えたもの，すなわちブランドであった。(Tedlow [1990] 訳書14頁)

たとえば，1879年に発売されたP&Gのアイボリー石鹸の場合，ブランド化 (branding) を可能にする個別包装 (packaging) や新聞・雑誌を使った広告 (advertising) などが三位一体となって，全国市場が開拓されていったのである。また，同社は，後にブランド・マネジャー制を導入するなど，マーケティングの先進的企業として成長していくことになる。

このように，「分断の時代」が終わり「統合の時代」が始まるマーケティング史の転換点において，ブランドは出現した (ブランドの歴史については第10章参照)。しかし，その研究の歴史は意外と浅く，本格的な議論が始まるのは，テドロウが「細分化の時代」と呼ぶ1950年代以降のことであった[1]。

すなわち，1950年代の半ば，市場細分化と製品差別化の必要性を説いたスミス (W. R. Smith) の有名な論文 (Smith [1956]) とほぼ同時期に，その後のブ

第1章 ブランド論の過去・現在・未来 3

ランド研究の先駆けとなる2つの論文が，相次いで *Harvard Business Review* 誌に掲載された。1つは，いち早く製品とブランドの違いを明確に区別し，ブランドの育成を長期的投資として位置づけた論文（Gardner and Levy [1955]），そして，もう1つは，パネル調査データの分析を通して，ブランド・ロイヤルティの存在とその重要性を指摘した論文（Cunningham [1956]）である。

　前者の論文は，消費者の製品に対する購買動機の中に象徴的で意味的な要素を見出し，「実体的・機能的存在としての製品」と「象徴的・情緒的な記号としてのブランド」とを区分することの重要性を説いた。さらには，広告によってブランドのパーソナリティづくりを行うこと，また，それが長期的な投資であることを力説している。一方，後者の論文は，『シカゴ・トリビューン』紙のパネル調査データを用いた分析により，消費者は多くの製品カテゴリーで特定ブランドに対して高いロイヤルティを示すことを確認し，ブランド・ロイヤルティが企業にとって重要な資産であることを指摘した。

　いずれの研究も，後のブランド・イメージ研究やブランド・ロイヤルティ研究に多大な影響を与え，その出発点となったが，この時期には，それらはそれぞれ別個に行われ，2つの研究の流れが交差することはなかった。

⌘ エクイティ概念の登場とその意義

　上述のように，1950年代から始まるブランド研究ではあるが，ブランド・エクイティという概念が登場する以前，ブランドのイメージやロイヤルティについての研究は別個に行われる傾向が強く，ブランドに対する認識も断片的なものであった。また，実務的にも，ブランド・マネジャー制が導入されるなどして，その重要性や管理の必要性が認識されつつも，「マーケティングの手段」としてブランドを捉えるのが一般的であった。

　これに対して，1990年代に入って新たに登場した「ブランド・エクイティ」（brand equity）概念のユニークさは，さまざまなマーケティング活動の結果として，ブランドという「器」の中に蓄積されていく資産的な価値に着目し，その維持・強化と活用の仕方を提案した点にある。また，それまで別個に議論されることの多かったイメージやロイヤルティなどの諸概念を，エクイティを構成する次元として包括的に取り扱った。すなわち，ブランドをより全体的な視

点から捉えることの重要性を強調するとともに,「マーケティングの結果」としてブランドを捉えるという新たな視点を提示したのである。

ところで，バーワイズ（P. Barwise）によれば，ブランド・エクイティという用語自体は，すでに1980年代の初めには使われ始めていたという。そして，その背景として，①1980年代にさかんに行われていたM&Aの結果，ブランドの資産的価値への関心が高まったこと，②短期的成果を狙った価格プロモーションや安易なブランド拡張がブランド・イメージを低下させたこと，③反対に，ブランド・イメージの維持・管理や適切なかたちでのブランド拡張を行った企業が業績を伸ばしたこと，などを指摘している（Barwise [1993]）。

しかしながら，ブランド・エクイティに関する研究が本格化するのは，アメリカのマーケティング研究をリードしてきたMSI（Marketing Science Institute）が，その最重要研究課題に指定してからのことである。特に，同研究所が1988年と90年に開催した2度のコンファレンスを契機に，ブランド・エクイティへの関心は一気に高まり，さまざまな角度から数多くの研究が行われることとなる。そして，ある意味で，それらの議論を整理・体系化するかたちで登場したのが，冒頭でも述べたアーカーの著書であった（Aaker [1991]）。

この著書の中でアーカーは，ブランド・エクイティを「あるブランド名やロゴから連想されるプラスとマイナスの要素の総和（差し引いて残る正味価値）」として捉え，「同種の製品であっても，そのブランド名が付いていることによって生じる価値の差である」と定義した。また，その構成次元として，①ブランド・ロイヤルティ，②ブランド認知，③知覚品質（品質イメージ），④ブランド連想，⑤その他のブランド資産（特許，商標，流通チャネルなど）の5つをあげた。

もとより，これら1つ1つの構成概念は，何ら目新しいものではなかったが，それらをブランド・エクイティの名の下に整理し，顧客や企業にさまざまな価値をもたらすことを体系的に示した点が，当時，きわめて斬新な考え方として受け止められたのである。

⌘ ブランド・アイデンティティと価値提案

やがて1990年代の半ばを過ぎると，研究や議論の焦点は，ブランドに資産

表1-1 ブランド概念の変遷

時代区分	～1985年 (手段としてのブランド)	1985～95年 (結果としてのブランド)	1996年～ (起点としてのブランド)
主たる ブランド概念	ブランド・ロイヤルティ ブランド・イメージ	ブランド・エクイティ	ブランド・アイデンティティ
ブランド認識	断片的認識 マーケティングの手段	統合的認識 マーケティングの結果	統合的認識 マーケティングの起点

(出所) 青木［2000］33頁。

的価値があることを十分に認めたうえで、その価値を維持・強化するための具体的な方法論や枠組みづくりへと移っていく。すなわち、「いかにして強いブランドを構築するか」という実践的命題、あるいは、「強いブランド（ないし、ブランドの強さ）とは何か」という本質的命題が強く意識され始めるのである。そして、その中で、新たに提示された概念が、「ブランド・アイデンティティ」（brand identity）であった。

ここでも議論をリードしたアーカーの著書によれば、ブランドのアイデンティティとは、ブランド戦略を策定する際の長期的ビジョンの核となるべきものである。そして、それは戦略立案者が創造し、維持しようと意図する「ブランド連想のユニークな集合」（a unique set of brand association）であり、ブランドに一体性を与え、マーケティング・ミックスの方向性と内容を規定するものである（Aaker［1996］）。また、当該ブランドが「どのように知覚されるか」という結果論としてのイメージとは異なり、アイデンティティは、戦略立案者が当該ブランドを「どのように知覚されたいか（されるべきか）」と考えるかという目標ないし理想像として捉えられるべきものである。

したがって、このような「ブランドのあるべき姿」としてのアイデンティティの明確化と共有化こそが、強いブランドを構築するうえでの必須条件ということになる。その意味では、ブランドは単にマーケティングの結果であるだけでなく、むしろ「マーケティングの起点」として捉えられるべきものだとするのが、アーカー流のアイデンティティ論における基本的主張であった（ブランドの認識と位置づけの変遷を表1-1に示す）。

また、彼の考え方によれば、ブランドのあるべき姿としてのアイデンティティを、価値ベースで表現したものが「価値提案」（value proposition）であり、

顧客に対する価値提供の約束として，関係性を構築・維持する際のベースとなるものである。また，このような価値提案が明文化され，関係者間で共有されることにより，ブランドの「振る舞い方」に一貫性が生まれることになる。

⌘ 顧客ベース・ブランド・エクイティ論への展開

ところで，一口に強いブランド，あるいはブランドの強さといっても，その捉え方は視点や立場によってさまざまである。たとえば，売上高や市場シェアなどの市場成果を問題とする立場，ロイヤルな顧客の数やロイヤルティの程度といった顧客基盤を重視する立場，さらには，ブランドの知名率やイメージの強さや広がりなど，ブランドについての認知や連想を問題とする立場などである。

前述のように，アーカーは，ブランド・エクイティの構成次元として，ロイヤルティ，ブランド認知，知覚品質，ブランド連想などを取り上げ，また，ブランド・アイデンティティの核として「ユニークなブランド連想」の重要性を指摘した（Aaker [1991] [1996]）。これに対して，ブランドを1つの構造体として捉える立場から，エクイティの源泉として消費者のブランド知識構造に着目し，ブランド構築の枠組みを体系的に示したのが，ケラー（K. L. Keller）の「顧客ベース・ブランド・エクイティ」論である（Keller [1998]）。

ケラーによれば，「顧客ベース・ブランド・エクイティ」(customer-based brand equity：CBBE) とは，「あるブランドのマーケティング活動への消費者の反応に対して，ブランド知識が及ぼす差異的な効果」として定義される。すなわち，その中核にあるのは「ブランド知識」であり，消費者の知識構造が生み出す「差異的効果」(differential effect) こそが，ブランドの資産的価値の源泉であるという考え方である（図1-1参照）。

ここで「差異的効果」とは，消費者がある特定のブランドのマーケティング活動に対して示す反応と，それと同等の製品・サービスであっても，架空ないし無名のブランドが行うマーケティング活動に対して示す反応との差異（そのような差異を生むブランドの効果）であり，また，「消費者の反応」とは，マーケティング・ミックスの各要素によって生起される消費者の知覚，選好，行動である（結果的に，それは強いロイヤルティや価格上昇への抵抗，ブランド拡張への肯

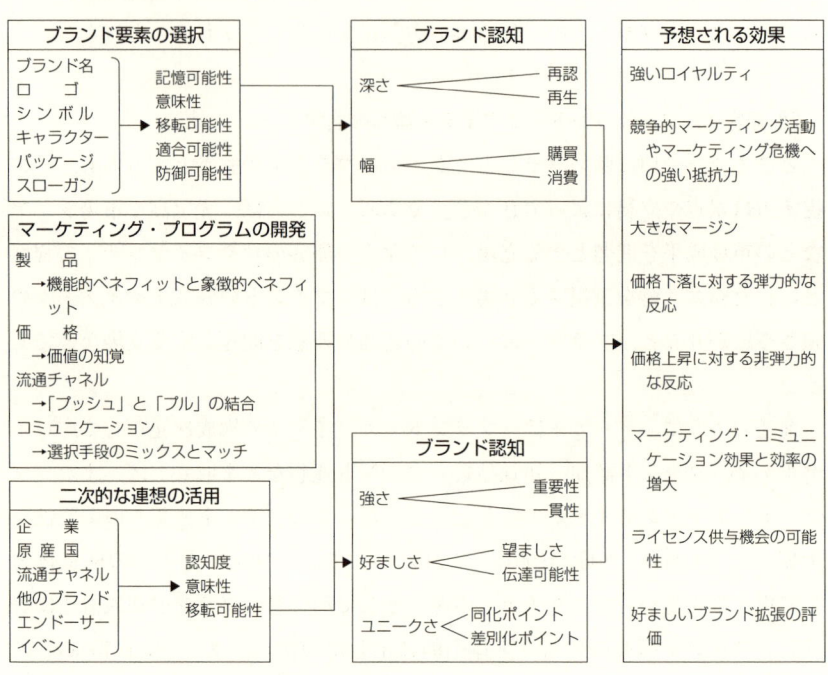

図 1-1 顧客ベース・ブランド・エクイティの枠組み

(出所) Keller［1998］訳書 102 頁を一部修正。

定的評価などの企業にとってのベネフィットをもたらす)。

したがって,「顧客ベース・ブランド・エクイティ」とは,消費者が当該ブランドについてすでによく理解しており（すでにブランド認知やブランド連想が形成されており),そのような彼/彼女の記憶内のブランド連想が,強く好ましくかつユニークな場合に生じる当該ブランドのマーケティング・ミックスへの特異的・差異的な反応と,それに基づく差別的優位性を指す概念なのである。

なお,図 1-1 の左側に位置する 3 つのボックスは,消費者のブランド知識を構築するうえでの手段群を示している。すなわち,それは,①ブランドを識別するうえでの手掛かりとなり,かつブランド知識の核となる「ブランド要素」,②ブランド知識の内実を提供するための「マーケティング・プログラム」（＝マーケティング・ミックス),③ブランド知識形成において利用可能な「二次的連想」という 3 つの手段群である。

2 ブランド構築における価値と関係性

⌘ 価値の創造と獲得・維持

　冒頭でも述べたように，今日の市場においては，製品やサービスのコモディティ化が急速に進行し，企業は自ら創り出した価値を獲得し維持すること，すなわち利益を上げ続けることが，困難になってきたといわれている（恩蔵［2007］）。また，顧客が求める価値が，単なるモノの価値を超えてコトの価値（経験価値）へとシフトするなか，適切なかたちで顧客価値を伝達し実現することの重要性は急速に高まっている。

　ところで，田中［1997a］［1997b］によれば，本来，ブランドには，企業が生み出した何らかの「革新」を保持・発展させるための役割があり，その「革新」を「価値」（顧客にとっての有意味性の程度）と「関係」（顧客が自分に関係があると感じる程度）という2つに転化することが，マーケティング上の最重要課題であるという。そして「関係」とは「価値」が購入や情報接触の過程を経て「絆」へと転化した結果であり，このようにして形成されたブランドと顧客との「関係」をベースにしてこそ，1回限りでない長期間にわたる継続的な交換関係が成立するのだという。

　また，和田［1998］［2002］は，そのブランドに焦点を当てた独自の関係性マーケティング論の中で，製品の品質・機能を超えたブランド価値を構築することの重要性を強調する。

　すなわち，彼によれば，製品の価値は，基本価値（当該製品が製品として存在するための基本的な品質や機能），便宜価値（その製品の使用や消費にあたっての便宜性），感覚価値（製品を消費するにあたっての感覚的な楽しさや形態的な魅力），観念価値（製品コンセプトそのものが生み出す価値）という4層構造のかたちで捉えることができ（図1-2参照），製品の品質や機能を表現する基本価値や便宜価値と，ブランド価値を表す感覚価値や観念価値とを明確に区分する必要があるという（前者が「効用」を生み出すのに対して，後者は「感動」を生み出す）。つまり，いわゆる「製品力」と「ブランド価値」とを峻別することがきわめて重要であり，

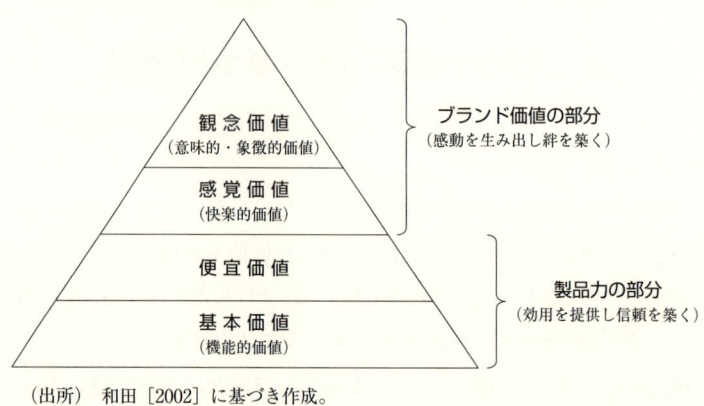

図1-2　価値次元の階層性

（出所）　和田［2002］に基づき作成。

製品（企業）と消費者との関係性の構築は，ブランド価値の形成を通してのみ行われるというのが彼の主張であった。

以上のように，価値の創造と獲得・維持という今日的な戦略課題の中から，「価値」と「関係性」というブランド構築における2つの基軸が浮かび上がってくる。そして，ある意味で，2000年代に展開されたブランド論は，この2つの基軸をめぐるものであったといっても過言ではない。そこで，以下，この2つの議論の流れを簡単に整理しておこう。

⌘ 価値をめぐる議論の展開

先述したように，1990年代後半，ブランド論は「いかにして強いブランドを構築するか」といった実践論へと急速に移行していった。その中で，世紀の変わり目の頃から注目を集めたのが，顧客がブランドと出会い，さまざまな経験をする接点づくりの問題であり，それらの接点において提供されるブランドの経験価値に関する議論であった。

具体的には，パイン（B. J. Pine）とギルモア（J. H. Gilmore）による「経験経済」に関する議論（Pine and Gilmore［1999］）やシュミット（B. H. Schmitt）が提案する「経験価値マーケティング」などを契機とする一連の議論であった。なかでも，特にシュミットは，早くから「経験価値」の重要性に着目し，その戦略的活用の枠組を提示してきた代表的論者である。たとえば，いち早く五感

を通した感覚的な経験（sensory experience）を与える「エスセティクス」（aesthetics: 審美的要素としての外観や雰囲気）の重要性を指摘している（Schmitt and Simonson [1997]）。そして，物性面や機能面での差別化が困難なコモディティ化市場においては，エスセティクスを通して生み出される感覚的経験を戦略的に活用することで，企業やブランドのアイデンティティを確立し，顧客との強い絆を築き上げるべきだと主張した。

　その後，シュミットの経験価値に関する議論は，2冊目の著書である *Experiential Marketing* の中で，単に感覚的な経験価値だけでなく，情緒的，認知的，行動的，関係的なものを含む5つのタイプの経験価値領域にまで広げられ（Schmitt [1999]），また，3冊目の *Customer Experience Management* においては，さまざまな接点を通して顧客とブランドとの情動的なつながりを築いていくための枠組み（ブランド経験価値のデザインと顧客インターフェイスの構築）へと発展していくのである（Schmitt [2003]）。

　このように，経験価値という視点をもつことによって，ブランドが提供する顧客価値の次元は，感覚的・情緒的なものから，関係性にかかわるものまでの広がりをもつことになり，次に述べる関係性をめぐるブランド論とも交差することになる。また，製品やサービスそれ自体が生み出す価値だけでなく，その購買や消費のプロセス（特に消費のプロセス）において生み出される価値も含めて，顧客価値を幅広く捉えるための枠組みともなっていく（Schmitt and Rogers eds. [2008]）。そして，このことは，後述するように，「価値提供」から「価値共創」へというブランド価値をデザインするうえでの大きな発想の転換へとつながっていくのである。

⌘ 関係性をめぐる議論の展開

　一方，ブランド構築における関係性の問題に関しても，1990年代に展開された「統合型マーケティング・コミュニケーション」（IMC）や「リレーションシップ・マーケティング」に関する議論の影響を受け，ブランドと顧客との間の絆，あるいは，ブランドを介した顧客との関係性に焦点を当てた「ブランド・リレーションシップ」（brand relationship）の問題として，主に2つの流れで議論されていく。

まず1つ目の議論の流れとしては，ブランドを介した顧客との関係性の構築・維持のあり方を問題とする一連の研究がある。すなわち，1990年代の初めに提唱されたIMC論は，さまざまな顧客接点を活用したコミュニケーションの重要性を説く議論にすぎなかった（Schultz, Tannenbaum, and Lauterborn [1993]）。しかし，その後，1990年代後半になると，ブランド問題への関心が高まるなか，コミュニケーションを統合する際の核としてブランドが位置づけられ，新たに「統合型ブランド・コミュニケーション」（IBC）という概念が登場することになる（Schultz and Barnes [1999]）。そして，さらに，2000年代に入ると，ブランドを介した顧客との関係性（ブランド・リレーションシップ）の構築こそが，IMCの目的であるとする議論が登場するようになっていく（Schultz and Schultz [2004], Schultz et al. [2009]）。

　もう1つの議論の流れは，リレーションシップ・マーケティングやブランド・パーソナリティ論とも関連しつつ，顧客とブランドとの直接的な関係性としてブランド・リレーションシップを捉え，情動的な絆や愛着などの問題を重視する立場の研究である（畑井 [2002]）。たとえば，フルニエ（S. Fournier）の研究などを契機に，ブランドを消費者の生活を支えるパートナーとして位置づけ，ブランドと消費者との相互作用やその関係性の発展プロセスなどが取り上げられてきた（Fournier [1998]）。特に，近年では，ブランド・リレーションシップの形成要因として，「ブランドと自己との結びつき」（brand-self connection）に着目し，その心理面や行動面での効果に関する研究が行われてきている（MacInnis, Park, and Priester eds. [2009]）。

　また，顧客は，当該ブランドと強固な結びつきをもつ他の顧客とも相互作用し，関係性を取り結ぶことがある。このように，ブランドを介して結びつく消費者の集団のことを「ブランド・コミュニティ」と呼び（Muniz and O'Guinn [2001], 久保田 [2003]），それは新たなブランド・リレーションシップ研究の切り口として注目を集めていく。

3 ブランド論の新たな地平を求めて

⌘「価値提供」から「価値共創」へ

　前述のように，2000年代に起きたブランド論における大きな潮流変化として，経験価値をベースとした顧客との関係性の問題に力点を置く新たな展開を指摘することができる（青木 [2011]）。具体的には，経験価値という視点をもつことで，ブランド価値の構成次元は関係性を含むものへと広がり，また，製品やサービスそれ自体が提供する価値だけでなく，その購買や消費のプロセスにおいて，顧客と企業（あるいは製品）が相互作用するなかで生まれる価値に注目が集まるようになった（Schmitt and Rogers eds. [2008], MacInnis, Park, and Priester eds. [2009]）。そして，このような「価値共創」の側面に着目することの重要性は，さまざまなかたちで指摘されている。

　たとえば，プラハラード（C. K. Prahalad）とラマスワミ（V. Ramaswamy）は，①企業は一方的に価値を創造できる，②価値はもっぱら製品やサービスの中にある，という従来型の「価値提供」の前提を疑問視し，「価値は企業と消費者がさまざまな接点で共創する体験の中から生まれる」という「価値共創」（co-creation of value）の考え方を提示した（Prahalad and Ramaswamy [2004]）。

　同様の主張は，マーケティング論の領域においても，「モノかサービスか」という二元論の立場はとらず，モノはサービスに包摂されるとする「サービス・ドミナント・ロジック」（service-dominant logic, 以下，S-Dロジック）に関する議論の中で，繰り返し行われてきた（Vargo and Lusch [2004], Lusch and Vargo eds. [2006]）[2]。

　すなわち，価値を生み出すのは企業であり，モノとしての製品に埋め込まれた価値が，企業から顧客へと一方的に提供されるとする従来の「グッズ・ドミナント・ロジック」（goods-dominant logic, 以下，G-Dロジック）に対して，S-Dロジックでは，価値を生み出すのは企業と顧客の双方であり，さまざまな顧客接点や相互作用を通して，双方向的なかたちで価値は共創されると考える。また，G-Dロジックでは，購買時にモノが貨幣と交換される際の「交換価値」

表 1-2 「価値提供」から「価値共創」へ

	従来の価値提供	新たな価値共創
価値創造の主体	企業	企業と顧客
価値創造の源泉	製品や技術	顧客の経験
価値創造の発想	価値を創造するのは企業。顧客は，企業が創造した価値を受け取るかどうか	価値を創造するのは企業と顧客。企業と顧客が価値を共創する

(出所) 藤川 [2008] 34 頁を一部修正。

(value-in-exchange) を重視するのに対して，S-Dロジックでは，購買の前後も含む消費や使用のさまざまな文脈の中で，企業と顧客の共創によって実現される「使用価値」(value-in-use) ないし「文脈価値」(value-in-context)[3] を重視する点に特徴がある（井上・村松 [2010]）。

表 1-2 は，これら一連の議論をふまえて，従来の「価値提供」の考え方と新たに S-D ロジックなどで提示された「価値共創」の考え方を，価値創造の主体，源泉，発想という観点で比較したものである（藤川 [2008]）。同表からうかがえるように，「価値提供」から「価値共創」へというマーケティング上の認識ないし発想の転換は，ブランド自体の捉え方とその分析視点（いわば「ブランド観」とでもいうべきもの）の再考を迫るものであった。

⌘ 価値の共創と関係性

前述のような G-D ロジックから S-D ロジックへの転換，あるいは「価値提供」から「価値共創」への転換とは，ある意味において，「価値があるから製品を買う」のではなく，むしろ「消費することによって価値は生まれる」という認識ないし発想の転換でもある。また，企業と顧客との相互作用を重視するという視点は，必然的に，顧客との関係性という概念がもつ意味を，あらためて問い直すことにもつながる（南 [2008]）。

もちろん，ここでいう関係性とは，単なるリピート購買やブランドに対する従属的なロイヤルティといったものを意味しない。顧客との価値共創を前提として顧客接点やコミュニケーションを意図的にデザインすることで形成される関係性，あるいは，そこでの価値共創の結果として生み出される顧客との絆としての関係性である。すなわち，顧客にとって意味ある価値を実現するために，

顧客とともに価値を共創する。顧客との価値共創のために顧客との関係性を志向する。そして，顧客との価値共創の結果として，顧客との関係性がさらに強化される，という好循環の形成こそが課題となる（南 [2008]）。そして，そのような好循環の中心に位置するのがブランドであり，価値共創を通した関係性の構築こそが今日のブランド戦略における最重要課題であるともいえる。

　前述のように，Schultz et al. [2009] に代表される近年の IMC 論においては，まさに，このような意味で，顧客とブランドとの関係性の構築を核とした理論の再構成が試みられている。また，リレーションシップ・マーケティングの分野においても，S-D ロジックに基づく価値共創や経験価値の概念を中核に据えた新たな枠組みづくりの提案が行われている（Baron, Sonway, and Warnaby [2010]）。このほか，近年出版されたブランド論に関する 2 冊のハンドブックでは，ブランドの経験価値やブランド・リレーションシップに関連して，価値と関係性の問題が交差する領域の話題が取り上げられている（Schmitt and Rogers eds. [2008]，MacInnis, Park, and Priester eds. [2009]）。

　ところで，顧客とブランドの間の絆を強めるためには，前述したブランド・コミュニティなどを活用し，一対一の関係から他の顧客も含めた関係性へと発展させていくことも重要である。この点で，インターネットの登場は，消費者間のコミュニケーションを容易にしたが，特に，近年，普及の著しいソーシャル・メディアによって，ブランド・コミュニケーションの影響力は急速に拡大してきている（池尾 [2003]，宮田・池田編 [2008]，清水 [2013]）。

⌘ 2 つのブランド観の間で

　企業から顧客への一方向的な価値の提供という図式ではなく，企業と顧客との双方向的な価値共創のプロセスに着目するという認識・発想の転換は，必然的に，ブランド自体の捉え方，あるいはブランド観についても再考を促すものであった。

　前述のように，エクイティ論登場以降のブランド研究の変遷を振り返ったとき，その主流には，強いブランドの条件を明らかにすべく，望ましいブランド知識構造の解明と整理に焦点を当てた研究の系譜が存在する。たとえば，ケラーが提示した「顧客ベース・ブランド・エクイティ」論は，その代表例であり，

表1-3 2つのブランド観の対比

	従来のブランド観 （情報ベースのブランド観）	新たなブランド観 （意味ベースのブランド観）
ブランドの役割	選択を支援する情報伝達手段 （リスク削減と単純化の手段）	生活を支援し，人生に意味を与える手段
指針となるメタファー	ブランドは情報	ブランドは意味
コンテクスト（文脈）の役割	コンテクストはノイズ	コンテクストがすべて
中心的構成概念	知識を構成する認知や態度	消費の経験的・象徴的側面
研究の対象領域	購買（交換価値）	消費（使用価値・文脈価値）
マーケターの役割	ブランド資産を生み出し所有する （価値の提供）	ブランドの意味の創り手の1つ （価値の共創）
消費者の役割	ブランドという情報の受動的な受け手	ブランドの意味の能動的な創り手
消費者の活動	機能的・情動的な便益の実現	意味づけ

（出所）　Allen, Fournier, and Miller［2008］p. 788 を一部修正。

　選択という望ましい消費者の反応を生み出すためのブランド知識（具体的には，「広くて深いブランド認知」や「強くて好ましくかつユニークなブランド連想」）をいかにして創り出すかが，ブランド構築の課題として位置づけられていた。また，そこでは，消費者情報処理理論などに依拠するかたちで，選択プロセスにおいてブランド知識が果たす役割や効果に対して，主たる関心が向けられていた。

　このような従来型のブランドの捉え方について，Allen, Fournier, and Miller［2008］は，「情報ベースのブランド観」（information-based view of branding）と呼び，その特徴を表1-3のように整理している。また，それと対比させるかたちで，新たに「意味ベースのブランド観」（meaning-based view of branding）なるものを提示している[4]。

　すなわち，前者の従来型のブランド観においては，ブランドは情報であり，消費者の選択プロセスを支援する手段であり，リスクの削減や意思決定を単純化するための手段である。そこでは，購買の分析に焦点が当てられ，選択に影響するブランド知識が主たる関心の対象となる。また，消費者は，ブランドという情報の受動的な受け手として位置づけられ，ブランド資産を生み出し所有するのは企業であると考える。

　これに対して，後者の新たなブランド観においては，ブランドは意味であり，

人々の生活を支援し，人生に意味を与えるための手段である。分析の焦点は消費や使用のプロセスに当てられ，そこでの経験的な側面やブランドの象徴的な意味が問題とされる。また，消費者は，そのようなブランドの意味の能動的な創り手として位置づけられ，企業はブランドの意味を創造する主体の1つにすぎないと考えるのである。

本来，これら2つのブランド観は，アレン（C. T. Allen）らが主張するような代替的なものではなく，相互補完的な位置づけにあると考えられる。ただし，前述のように，「価値共創」という側面を含めてブランド問題を考えていくとき，後者の「意味ベースのブランド」観に軸足を置くかたちで，研究枠組みの拡張を図る必要がある。

いずれにせよ，マーケティング上の課題が，「make and sell」（作って売る）から「sense and respond」（感じ取って対応する），そして「co-creation」（共創）へと大きく変化するなか，新たなブランド観に基づく枠組みの確立が求められている。

おわりに

以上，本章においては，ブランディングの歴史を振り返ることから始め，過去60年を超えるブランド論の変遷をたどりつつ，ブランド戦略をめぐるさまざまな考え方や議論について，整理を行ってきた。

近年，主にS-Dロジックの視点に依拠したものであるが，メルツ（M. A. Merz）らもブランド研究の時代区分と内容整理を行っている（Merz, He, and Vargo [2009]，メルツ＝高橋 [2011]）。最後に，本章での議論を検証する意味も込めて紹介しておこう（図1-3参照）。

図1-3に示されているように，これまでのブランド研究の焦点は，ブランドを単なる識別子として捉える考え方から，ダイナミックで社会的なプロセスとして捉える考え方に至るまで，大きくシフトしてきたとしている（時期区分などでの若干の違いはあるが，基本的な動向の把握は，本章での議論とおおむね一致している）。

また，彼らは，この間，ブランド研究は，

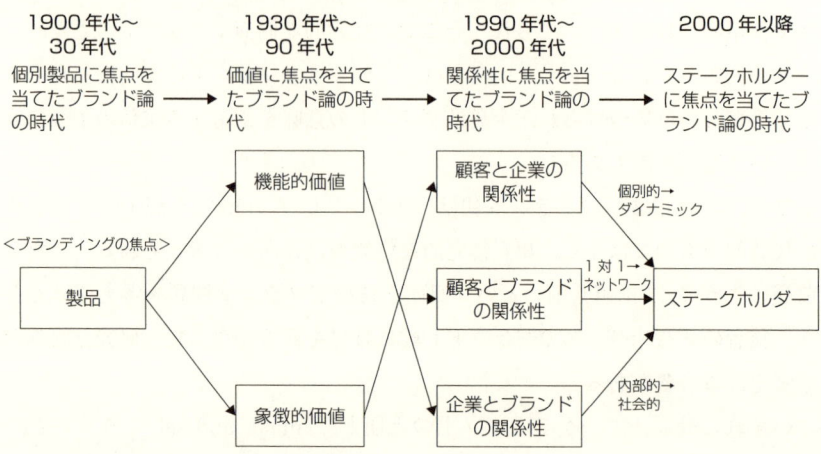

図1-3 ブランド論における焦点の変化

(出所) Merz, He, and Vargo [2009] p. 332 を一部修正。

① 企業がブランド価値を創造するという発想から，ブランド価値は，顧客を含むすべてのステークホルダーとの相互作用によって共創されるという発想へと進化した。
② 顧客の位置づけも，価値創造プロセスにおける外生的存在から，内生的存在（価値創造主体の一部）へと進化した。
③ ブランドを付与して財を販売するアウトプット志向から，ブランドは顧客との相互作用によって共創されるというプロセス志向へと進化した。
④ ブランド価値は，交換価値を通じて評価されるのではなく，使用価値や文脈価値によって評価されると考えるように進化した。

と主張しており（メルツ＝高橋［2011］），この点でも本章での整理と大きく違わない。

もとより，過去60年を超えるブランド論議の整理を限られた紙幅で行うことは困難であり，本章での議論は，メイン・ストリームでの動向把握に限定されている。特に，2000年代に入り，ブランド論は，企業ブランドやBtoBブランド，地域ブランド問題などを射程に入れつつ，急速に拡大し多様化してきた。それらの新たな潮流については，本書の後続する章での議論に譲ることとしたい。

注
1　Tedlow［1990］は，アメリカにおけるマーケティングの発展を，「分断の時代」（〜1870年代），「統合の時代」（1880年代〜1940年代），「細分化の時代」（1950年代〜）に区分している。
2　S-Dロジックの議論は，サービスの概念を拡張することにより，マーケティングの理論的枠組みを捉え直そうとする試みである。このため，その影響はブランド研究以外のさまざまな領域にも及ぶ。たとえば，Lusch and Vargo eds.［2006］などは，その議論の広がりの一端を知ることができる論文集である。
3　「使用価値」という用語は，モノの使用価値に限定された価値として誤解されるおそれがある。このため，近年では，消費者使用の広い文脈の中での価値という意味で，「文脈価値」という用語が用いられている。
4　アレンらによれば，コンテクスト（文脈）から切り離され，製品属性などのかたちで分解される「情報」に対して，「意味」はコンテクストの中で解釈され，部分を理解するために抽象化された全体像であるとしている（Allen, Fournier, and Miller［2008］p.784）。

参考文献

Aaker, D. A.［1991］*Managing Brand Equity: Capitalizing on the Value of a Brand Name*, Free Press.（陶山計介・中田善啓・尾崎久仁博・小林哲訳『ブランド・エクイティ戦略——競争優位をつくりだす名前，シンボル，スローガン』ダイヤモンド社，1994年）

Aaker, D. A.［1996］*Building Strong Brands*, The Free Press.（陶山計介・小林哲・梅本春夫・石垣智徳訳『ブランド優位の戦略——顧客を創造するBIの開発と実践』ダイヤモンド社，1997年）

Allen, C. T., S. Fournier, and F. Miller［2008］"Brands and Their Meaning Makers," in C. P. Haugtvert, P. M. Herr, and F. R. Kardes (eds.), *Handbook of Consumer Psychology*, Lawrence Erlbaum Associates, pp. 781-822.

Baron, S., T. Sonway, and G. Warnaby［2010］*Relationship Marketing: A Consumer Experience Approach*, Sage Publications.

Barwise, P.［1993］"Brand Equity: Snark or Boojum?," *International Journal of Research in Marketing*, 10(1), pp. 93-104.

Cunningham, R. M.［1956］"Brand Loyalty: what, where, how much," *Harvard Business Review*, 34(1), pp. 116-128.

Fournier, S.［1998］"Consumers and Their Brands: Developing Relationship Theory in Consumer Research," *Journal of Consumer Research*, 24(4), pp. 343-373.

Gardner, B. B. and S. Levy［1955］"The Product and the Brand," *Harvard Business Review*, 33, pp. 33-39.

Keller, K. L.［1998］*Strategic Brand Management: Building, Measuring, and Managing Brand Equity*, Prentice Hall.（恩蔵直人・亀井昭宏訳『戦略的ブランド・マネジメント』東急エージェンシー出版部，2000年）

Lusch, R. F. and S. L. Vargo (eds.) [2006] *The Service Dominant Logic of Marketing: Dialog, Debate, and Directions*, M. E. Sharpe.

MacInnis, D. J., C. W. Park, and J. R. Priester (eds.) [2009] *Handbook of Brand Relationships*, M. E. Sharpe.

Merz, M. A., Y. He, and S. L. Vargo [2009] "The Evolving Brand Logic: A Service-Dominant Logic Perspective," *Journal of The Academy of Marketing Science*, 37, pp. 328-344.

Muniz, A. M and T. C. O'Guinn [2001] "Brand Community," *Journal of Consumer Research*, 27(4), pp. 412-432.

Pine, B. J., II and J. H. Gilmore [1999] *The Experience Economy: Work is Theater & Every Business a Stage*, Harvard Business School Press.（岡本慶一・小高尚子訳『[新訳] 経験経済——脱コモディティ化のマーケティング戦略』ダイヤモンド社，2005年）

Prahalad, C. K. and V. Ramaswamy [2004] *The Future of Competition*, Harvard Business School Press.（有賀裕子訳『価値共創の未来へ——顧客と企業のCo-Creation』ランダムハウス講談社，2004年）．

Schmitt, B. H. [1999] *Experiential Marketing: How to Get Customers to Sense, Feel, Think, Act, and Relate to Your Company and Brands*, Free Press.（嶋村和恵・広瀬盛一訳『経験価値マーケティング——消費者が「何か」を感じるプラスαの魅力』ダイヤモンド社，2000年）

Schmitt, B. H. [2003] *Customer Experience Management: A Revolutionary Approach to Connecting with Your Customers*, John Wiley & Sons（嶋村和恵・広瀬盛一訳『経験価値マネジメント——マーケティングは，製品からエクスペリエンスへ』ダイヤモンド社，2004年）

Schmitt, B. H. and D. L. Rogers (eds.) [2008] *Handbook on Brand and Experience Management*, Edward Elgar Publishing.

Schmitt, B. H. and A. Simonson (1997) *Marketing Aesthetics*, Prentice Hall.（河野龍太訳『「エスセティクス」のマーケティング戦略——"感覚的経験"によるブランド・アイデンティティの戦略的管理』プレンティスホール出版，1998年）

Schultz, D. E. and B. E. Barnes [1999] *Strategic Brand Communication Campaigns*, NTC Business Books.

Schultz, D. E. and H. F. Schultz [2004] *IMC: The Next Generation*, McGraw-Hill.（博報堂タッチポイント・プロジェクト訳『ドン・シュルツの統合マーケティング——顧客への投資を企業価値の創造につなげる』ダイヤモンド社，2005年）

Schultz, D. E., B. E. Barnes, H. F. Schultz, and M. Azzaro [2009] *Building Customer-Brand Relationships*, M. E. Sharpe.

Schultz, D. E., S. T. Tannenbaum and R. F. Lauterborn [1993] *Integtrated Marketing Communications: Putting It Together and Making It Work*, NTC/Contempray Publishing.（有賀勝訳『広告革命 米国に吹き荒れるIMC旋風——統合型マーケティングコミュニケーションの理論』電通，1994年）．

Smith, W. R. [1956] "Product Differentiation and Market Segmentation as Alternative Marketing Strategies," *Journal of Marketing*, 21(1), pp. 3-8.

Stobart, P. (ed.) [1994] *Brand Power*, The Macmillan Press.（岡田依里訳『ブランド・パワー――最強の国際商標』日本経済評論社，1996年）

Tedlow, R. S. [1990] *New and Improved : The Story of Mass Marketing in America*, Basic Books.（近藤文男監訳『マス・マーケティング史』ミネルヴァ書房，1993年）

Vargo, S. L. and R. F. Lush [2004] "Evolving to a New Dominant Logic for Marketing," *Journal of Marketing*, 68, pp. 1-17.

青木幸弘編［2011］『価値共創時代のブランド戦略――脱コモディティ化への挑戦』ミネルヴァ書房。

池尾恭一編［2003］『ネット・コミュニティのマーケティング戦略――デジタル消費社会への戦略対応』有斐閣。

井上崇通・村松潤一編［2010］『サービス・ドミナント・ロジック――マーケティング研究への新たな視座』同文舘出版。

恩蔵直人［2007］『コモディティ化市場のマーケティング論理』有斐閣。

久保田進彦［2003］「リレーションシップ・マーケティングとブランド・コミュニティ」『中京商学論叢』49(2)，197-257頁。

清水聰［2013］『日本発のマーケティング』千倉書房。

田中洋［1997a］「マーケティング基礎概念としてのブランド」青木幸弘・小川孔輔・亀井昭宏・田中洋編『最新ブランド・マネジメント体系』日経広告研究所，73-102頁。

田中洋［1997b］「ブランド主導型マーケティング・マネジメント論」青木幸弘・小川孔輔・亀井昭宏・田中洋編著『最新ブランド・マネジメント体系』日経広告研究所，115-132頁。

畑井佐織［2002］「消費者とブランドの関係性の意義――ブランド育成と構築の視点から」『マーケティングジャーナル』22(2)，101-114頁。

藤川佳則［2008］「サービス・ドミナント・ロジック――「価値共創」の視点からみた日本企業の機会と課題」『マーケティングジャーナル』107，32-43頁。

南知惠子［2008］「顧客との価値共創――サービス・ドミナント・ロジックをてがかりに」『マーケティングジャーナル』107，2-3頁。

宮田加久子・池田謙一編［2008］『ネットが変える消費者行動――クチコミの影響力の実証分析』NTT出版。

メルツ，マイケル=高橋郁夫［2011］「サービス・ドミナント・ロジックによるブランディングおよびブランド・コミュニケーションへの新視点」『日経広告研究所報』255，12-18頁。

和田充夫［1998］『関係性マーケティングの構図――マーケティング・アズ・コミュニケーション』有斐閣。

和田充夫［2002］『ブランド価値共創』同文舘出版。

第 2 章

ブランドと経営学の接合

阿久津聡

はじめに

　ブランドがマーケティングの分野を越えて広く経営学全般で本格的に議論されるようになったのは，少なくともアメリカでは1980年代後半から，日本ではその約10年後の90年代後半からだと記憶している。2000年代半ばにはブランドと経営学の接合についての議論はかなり整理され，筆者もその頃に，経営におけるブランドの位置づけや経営戦略論におけるブランド戦略の位置づけをまとめて発表した（アーカー＝阿久津［2002］，阿久津［2002］）。

　それから約10年の歳月が経過したが，経営におけるブランドの位置づけや経営戦略論におけるブランド戦略の位置づけ自体は大きく変化していない。経営の中核にブランドを位置づける戦略的ブランド経営の重要性は，当時も今も変わらない。当時まとめられた分析枠組みや理論モデルは，現在でも大枠ではよく機能している。

　しかし，この10年に生活者や企業を取り巻く経済・技術・社会環境は目まぐるしい変化を遂げたことはいうまでもなく，それにともなって，ブランド経営においてカギとなる現象や重要な問題は変遷している。

　周知のとおり，人類の歴史の中で長らく続いた農業経済は，18世紀半ばから19世紀にかけて起こった産業革命をきっかけに産業経済に移行した。そして20世紀に入って脱工業化が進展し，サービス経済に移行したといわれてい

る[1]。さらに，20世紀の終わりに，パインとギルモアは，サービス経済が経験経済（エクスペリエンス・エコノミー）と呼ばれる状況へと変化してきたと指摘した（Pine and Gilmore [1999]）。

　ブランドの議論が活発化したのは，経験経済の台頭とほぼ並行している。それから約10年，経済環境はさらに変化し経験経済から新しい段階へと移行しつつあるのではないか，というのが筆者の印象である。

　その新しい経済を，筆者は「ソーシャルエコノミー」と呼んでいるが（阿久津ほか [2012]），それは，消費者の意識が，これまでの経験経済の特徴であった「企業に完璧にお膳立てされた舞台で最高の経験を味わう」ことではなく，「他の消費者と経験を共有して楽しむ」ことや「企業や他の消費者と一緒に価値を創り上げていくプロセスを楽しむ」ことにあるのが，その特徴だと考えたからである。

　そうしたことが可能になったのは，経済活動を取り巻く技術革新と社会変化が，生活者がさまざまな消費コミュニティに参加し，他者とつながりながら消費経験を共有したり，提供価値そのものを一緒につくったりすることを容易にしたからである。ここでいう技術革新とは，たとえばソーシャルメディアの登場であり，スマートフォンなどのモバイル・デバイスの進化であり，社会変化とは，たとえばグローバル化や住居モビリティ化，さらにはそれらにともなうソーシャル・ネットワーク化や情報・コミュニケーションのオープン化のいっそうの進展である。

　本章では，まず，経営におけるブランドの位置づけをあらためて確認するため，「戦略的ブランド経営の枠組み」について振り返る。次に，この10年間に台頭してきた「ソーシャルエコノミー」，およびそれに関連するいくつかのカギとなる経営トレンドについて簡単に紹介し，それがブランド経営に与える含意を考察する。

　繰り返しになるが，ブランドを取り巻く環境が著しい変化を遂げているなか，ブランドを経営の中核においたブランド経営が重要であることは変わらないものの，その焦点やアプローチといった具体的な内容については更新すべき点がいくつかある。それはいったい何か，今後の戦略的ブランド経営のあり方について検討し，本章を締めくくる。

1 戦略的ブランド経営の枠組み

　図2-1に示されているように，かつて筆者らが提唱した戦略的ブランド経営の構造は，組織文化と事業戦略，そしてブランド戦略の3つの要素からなっている（アーカー=阿久津 [2002]）[2]。さらにブランド戦略の部分は，個々のブランド戦略の中核を成すブランド・アイデンティティとブランド・ポートフォリオの構造を示すブランド体系という2つの要素に分けることができる。これらの要素はダイナミックに一貫したものであるべきで，互いにシナジーをもっていることが望ましい。あらためて，1つ1つ見ていくことにしよう。

⌘ **組織文化とブランド・アイデンティティの関係**
　まず，ブランド戦略の1つの要素であるブランド・アイデンティティとは，企業がブランドに表現させたいことを明確に表したもので，理想的な連想の集合とでもいうべきものである。アイデンティティとなる連想を明確化し，精緻化していくプロセスからブランドを戦略的に構築していくことが可能となるため，これをブランド戦略の重要な要素と考える。
　ブランド・アイデンティティは，組織文化を反映するようなものでなければ，なかなか根づかない。たとえば，いい加減でまったく信用できない企業が信頼性を謳ったブランドを提示したところで，それは内にも外にもむなしく響くだけである。もし革新的なブランドを確立したいのならば，まずは組織の内部にそうした文化や価値観が共有されているかを確認すべきであろう。
　一方で，明確なアイデンティティをもつブランドの立ち上げに成功すれば，それによって組織文化に刺激を与えることができる。
　これまで保守的といわれてきた大企業が，自由な発想をもった開発チームを結成して，革新的なアイデンティティをもったブランドの立ち上げに成功したとしよう。ブランドによって明確に表現された革新性が，組織のめざす価値観として内外にきちんと伝えられれば，大企業といえども，組織文化は徐々に刺激を受けてダイナミックに変化していくだろう。

図2-1 戦略的ブランド経営の枠組み

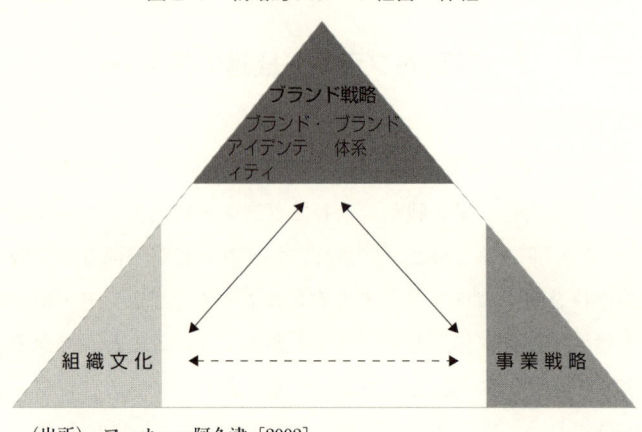

```
           ブランド戦略
        ブランド・  ブランド
        アイデンティ  体系
          ティ

             ↑
           ↙   ↘
          ↙     ↘
    組織文化 ←------→ 事業戦略
```

（出所）　アーカー＝阿久津［2002］。

つまりブランド戦略は，組織文化を反映する一方で，それらを突き動かし，ある方向に導いていく役割をも担いうるのである。

⌘ 事業戦略とブランド体系の関係

それでは，ブランド戦略と事業戦略との関係はどうであろうか。結論を先にいえば，ブランド戦略は，事業戦略によって方向づけられる一方で，それを支援し，持続させるものでなければならない。どの業界で，どのようなポジションを築いて，いかに競争していくかという事業戦略は，ブランドがどのカテゴリーの中でどのように顧客に認知されるのかということと軌を一にする。

つまり，事業戦略は，ブランドが考慮されたり購買されたりする製品市場の文脈を規定するのである。それは，多くの場合，ブランド戦略を展開する前に事業戦略を規定する必要があることを示唆している。

一方で，事業戦略を持続させるためには，ブランド戦略として効果的なブランド体系が構築されなければならない。ブランド体系とは，企業がもつ複数のブランド間の相互の関係とそれぞれのブランドに与えられた役割のことである。いわばブランド・ポートフォリオが体系的に構築されたものである。

たとえば，新しい事業に参入する際には，新ブランドに信頼性を付与したり高品質をイメージさせたりするために，関連市場で確立した既存ブランドを活

用することができる。これは，2つのブランドにそれぞれ役割を与え，関係性をもたせるブランド戦略であり，これによって事業戦略は支援され，安定する。

複数のブランドそれぞれに意図的に役割を与えてブランド間の関係性を明確に定めることによって，有機的な体系をつくりだすことができる。ブランド体系は企業が所有する複数のブランドを，全体として効果的に管理するために不可欠な概念であり，ブランド戦略の重要な要素である。

⌘ 3つの要素の相互関係

この分析枠組みは概念的な構造モデルであり，プロセスを示唆するものではないが，筆者らの経験によれば，3つの要素とその関係性について1つ1つチェックすることによって，どこから手をつけるべきかが明らかになる。たとえば，すでに明確な事業戦略があり，強い組織文化ももつ企業の場合，ブランド戦略の立案はさして難しいことではない。

しかし一般的には，事業戦略が明確でない企業が多い。その場合は，ブランド戦略を立案しようとしても事業戦略がはっきりするまでは先に進めない。その意味では，ブランド戦略は事業戦略を明確にさせる格好のデバイスになる。事業戦略が明確になる前に，ブランド戦略を仮にでもつくらなければならない場合もある。ここでブランド戦略の精緻化が，置き去りにされた事業戦略の立案を推進する役割を果たすこともある。

このように，はじめから事業戦略が明確に定められている場合もあれば，ブランド戦略によって事業戦略の立案が促進される場合もある。事業戦略がすでに明確に存在するのであれば，それを支援するようにブランド戦略を立案すればよい。

組織文化についても同様である。なかには，そもそも組織に文化と呼べるような個性がなかったり，規模を拡大する過程で文化が希薄になったりして，明確な文化をもたない企業がある。そのような企業では，育むべき組織文化の指針となり原動力となるようなブランド戦略を立案することにより，組織文化を際立たせていくことができる。

ブランド・アイデンティティは，企業がブランドに表現してほしいと考える連想の集合である。それは，こうありたいという現実的な理想を反映したもの

でもあり，必ずしも現在の文化を反映しているものに限定する必要はない。

もちろん，限度の問題はあるが，組織文化とダイナミックに整合性がとれればよいのである。はじめから組織に強烈な文化や共有された価値観があり，それが市場でも評価されるものであれば，それを反映するブランド戦略を立案すればよい。特に，製品市場などの文脈によって評価のポイントが異なるような場合は，事業戦略とも整合性をもてるように，ブランド戦略を介してシナジーを追求していくよう心がけるべきである。

2 戦略的ブランド経営がもたらす5つのインパクト

以上述べてきたように，戦略的ブランド経営の3つの要素とその関係性を1つ1つ診断していくことによって，どこから手をつけるべきかが明確になってくるはずである。これを，企業レベル，事業部レベル，そして個別ブランドのレベルで明らかにしていく必要がある。あらゆるレベルで，事業戦略，ブランド戦略，そして組織文化を明らかにし，それらが整合性とシナジーをもった関係をつくりだしていくのである。

それでは，こうした考え方によってどのような洞察が得られるのだろうか。ここでは，戦略的ブランド経営のフレームを導入することによって得られる重要なインパクトを5つにまとめてみた。

⌘ ブランド・アイデンティティの明確化と精緻化が実現する

戦略的ブランド経営の枠組みでは，ブランド戦略の要素としてブランド・アイデンティティとブランド体系を考えた。ブランド・アイデンティティの明確化と精緻化はその核であり，ブランド戦略を推進していく原動力となる。

ブランド・アイデンティティを明確化し，さらに精緻化するためには，あらかじめ顧客分析，競合分析，自己分析からなる戦略的なブランド分析をしておく必要がある。こうした分析は事業戦略を立案する際にも通常行われるものだが，ブランド・アイデンティティを意識することによって，格段に効果的なものになる。顧客分析では消費者心理の深層まで調査され，洞察が引き出される。

競合分析では，他社の戦略的ポジショニングだけでなく，ブランド・イメージやアイデンティティまでも明らかにされる。自己分析では，自社の活動や能力の診断だけでなく，既存のブランド・イメージと組織の文化や価値観が比較検討される。

その後の作業はアイデンティティの明確化と精緻化をそれぞれ2ステップずつに分け，計4ステップで考えるとわかりやすいだろう。

明確化の第1のステップは，言語化，もしくは色や図形なども使ったコード化である。アイデンティティは，ブランドを製品として捉えるだけでなく，組織や人，シンボルとして比喩的な捉え方をすることによって，言語化された概念やデザインに落とし込みやすくなり，明確化が促進される。筆者らの経験では，ブランドが異なる文脈でも適切に意味を表現するためには，通常6から12の側面をもたなければならない。

明確化の第2のステップは，構造化である。両手でも数え切れないようなアイデンティティの側面をバラバラにもっていたのでは，扱いが難しくなる。焦点をはっきりさせるために構造化することが望ましい。一般的に，ブランド・アイデンティティは，コア・アイデンティティ，拡張アイデンティティ，そしてブランド・エッセンスに整理することができる。

コア・アイデンティティは，組織の文化と価値観および事業戦略を反映するブランドのビジョンであり，簡潔で不変的である反面，抽象的で曖昧である。それに対して，拡張アイデンティティは，コアに入らないすべてのアイデンティティ要素を含む。強調される文脈が限定されることもあるが，意味のあるグループに編成され，コア・アイデンティティの曖昧さを補う。

ブランド・エッセンスは，複数の次元に分かれるコア・アイデンティの要素を1つに結びつける車輪のハブのようなもので，価値提案を促し，顧客を共鳴させることによって持続的な競争優位の源泉となるものを表現する。

たとえば，音楽や航空といった異なる業界で活躍するヴァージン・ブランドについて考えてみよう。コア・アイデンティティには「サービス品質」「革新」「楽しさとエンタテインメント」「価格に見合う価値」といったいくつかの異なる次元がある。拡張アイデンティティとしては，挑戦的なアンダードッグのイメージや，ユーモアがあり破天荒だがきわめて有能で，つねに仕事の質が高い

といったパーソナリティ，シンボルとしての同社の創業者であるリチャード・ブランソン，または気球，手書き風でインパクトのある赤いロゴなどがある。そして，ブランド・エッセンスは「偶像破壊」である。

ブランド・アイデンティティは明確化とともに，精緻化される必要がある。それはブランドを受け入れられやすく，完成度の高いものにするためである。明確化だけでは，ブランド・アイデンティティは不完全で曖昧になりやすく，それだけでブランドが象徴する豊かな世界を伝達し，社員やパートナーを鼓舞し，意思決定を支援することが十分にできないからである。

精緻化の第1のステップは，アイデンティティを支えるブランド活動の実践である。アイデンティティの完成度を高めるためには，アイデンティティに実体をもたせる活動を見直さなければならない。というのも，アイデンティティは，ブランドをつくる人たちの正直で偽らない真摯な思いと活動があって，はじめて実体をともなうからである。

顧客との約束やそれに対する組織のコミットメントを表すブランド・アイデンティティが成就するためには，それに不可欠な資産や能力，活動に対する投資といった取り組みが必要である。こうした取り組みは，ブランド戦略と事業戦略，そして組織文化を結びつけるもので，戦略的要請と呼ばれる。それは，ブランド戦略として何を実行していかなければならないかを規定し，組織に要請することを示している。

精緻化の第2のステップは，アイデンティティの効果的なコミュニケーションである。ブランド・アイデンティティをより豊かで包括的に表現するためには，組織内外の役割モデルを特定することが効果的である。

社内にブランド・アイデンティティを表現するにふさわしい逸話や人物，イベント，プログラムなどがあるかどうか。また，社外，たとえば異業種のブランドに，自社ブランドがめざすべき理想となるようなものがあるかどうか。ブランド・アイデンティティを伝達するために，広告は有効な手段となるが，それに頼りすぎてはいけない。役割モデルによって，簡潔な言葉に落とし込まれたアイデンティティでは表現しきれない，ブランドの背景や意味，そして情緒を伝えることができるはずである。

ブランド・アイデンティティは，強烈な個性をもったカリスマ経営者によっ

てつくられることが多い。たしかに，ホンダやソフトバンク，アップルなどの例は，それを如実に物語っている。しかし，ブランドをトップの個性のみに規定してしまうと，組織的な構築は実現されない。上記のブランド・アイデンティティの明確化と精緻化のステップは，組織文化と結びつけることで，組織的な構築の具体策を提示してくれる。特定の個人が暗黙裡にもっているブランド・アイデンティティを明確に表現し，精緻化に励むことによって，組織の内外でしっかりと共有できるようになるからである。

　カリスマ創業者といえども，いつかは会社を去ることになり，大企業の場合は何千，何万人という社員がブランド戦略の実践に携わることになる。当然，1人の人間の力には限界があり，明確なブランド・アイデンティティが社内に広く共有されなければならない。アイデンティティの構築を組織文化と結びつけることで，カリスマ的個人のみがブランド・イメージをつくるのでなく，組織で独自のアイデンティティを確立する方法論が導き出されるのである。

⌘ ブランド体系が事業戦略と合致する

　残念なことに，一般的に日本企業はブランド体系をあまりよく理解していないと考えられる。コーポレート・ブランドが何でもこなすと誤解しているとしか思えないような資源配分を行っている企業が非常に多い。また，日本企業のコーポレート・ブランドが表現しようとするアイデンティティはイノベーションや信頼，高品質，あるいは環境志向といったものが多く，IT企業や製薬会社はいうまでもなく，消費財メーカーなどの間でも申し合わせたように似通っている。一方で，菓子や清涼飲料，日用品雑貨などを中心に，商品ブランドに関しては，製品としての内容がほとんど変わらず，名前やパッケージだけが異なるような新ブランドを次々と立ち上げるようなことをする企業も少なくない。コーポレート・ブランドで差別化できない一方で，個々の商品ブランドにはほとんどインパクトがないということが，市場で差別化できない最大の原因となっている。

　ブランド体系とは企業がもつ複数のブランド間の相互的関係とそれぞれのブランドに与えられた役割のことで，いわばブランド・ポートフォリオが体系的に構築されたものである。価値ある資産として，ブランドをさまざまな事業の

文脈で活用したいと考えることは自然なことである。新しいブランドを立ち上げるには費用もかかるし，困難もともなう。また，あまり多くのブランドを使用するとブランド体系が複雑になり，企業と顧客の双方にとってわかりにくくなる。しかしその反面，1つのブランドを多くの異なる文脈に拡張することは，そのアイデンティティを希薄にするリスクをともなう。アイデンティティを明確に保ちながら，新しい事業を展開する際の資産として活用していくにはどうすればよいのだろうか。その解決策が，ブランド体系の構築である。

　日本で比較的早い時期からブランド体系の構築に成功したと考えられてきたのは，ソニーである。ソニーには，プレイステーション，ウォークマン，ブラビア，AIBO，ソネットといったサブブランドがあり，それらはソニーと強い連想で結ばれていた。つまり，ソニーを象徴するブランドは，単にソニー・ブランドだけではなかった。ソニーがイノベーションを表すのであれば，それは，事業文脈を限定しアイデンティティを明確にしたいくつものサブブランドによっても推進されていたのである。これらのサブブランドは，ソニーから保証を受けている一方で，それぞれがソニー・ブランドがもつアイデンティティのいくつかを共有し，それらを特定の事業の文脈で具体的な製品やサービスとして具現化することによって，顧客に強力なインパクトを与えてきた。しかし，いまだに日本企業でブランド体系を効果的に構築している例は比較的少ない。

　ブランド体系は，与えられた事業文脈の中でどのような役割をブランドにもたせるかによって，マスターブランド戦略，サブブランド戦略，保証付ブランド戦略，個別ブランド戦略という4つの基本戦略に類型化することができる。ここでいう事業文脈とは製品市場文脈とも呼ばれるもので，ブランドが考慮されたり購買されたりする状況を規定するものである。たとえばパナソニックで考えるならば，生活家電事業，美容健康事業，住宅設備建材事業，自転車事業などが異なる事業文脈になる。さらに，同じ自転車事業でも日本市場，アメリカ市場，ヨーロッパ市場といった地理的な相違が，ブランドに異なる文脈を提供する。

　さて，4つの基本戦略の中で，両極にあるのがマスターブランド戦略と個別ブランド戦略である。マスターブランド戦略とは，1つのマスターブランドに説明的なサブブランドを付加することによって，一連の製品市場に拡張するも

のである．三菱や三井，ヴァージンやBMWといったブランドが，典型的なマスターブランド戦略の例である．一方，個別ブランド戦略では，独立した単独ブランドが，それぞれ市場で影響力を最大化するよう努力する．

タイドやパンテーンをもつP&Gなどが，個別ブランド戦略をとる企業として知られてきた．これらの間に位置するのが，サブブランド戦略と保証付ブランド戦略である．サブブランド戦略はマスターブランド戦略に近く，サブブランドが単に製品市場を説明するだけでなく，顧客に適切な連想を与えることで，マスターブランドとともに購買決定を左右するドライバーの役割を果たす．保証付ブランドは個別ブランド戦略に近く，それぞれのブランドは独立しているが，それと同時に多くの場合，組織ブランドに保証されている．その際，エンドーサーと呼ばれる組織ブランドは，ドライバーとしての役割は強くもたず，あくまで信頼性や認知を保証付ブランドに与える支援的役割が中心となる．これら基本戦略は，各ブランドの相対的役割の強弱によって，それぞれさらに2つから3つのサブ戦略に分かれる．

企業がもつすべてのブランドとサブブランドの集まりをブランド・ポートフォリオとすれば，ブランド体系とは，ブランド・ポートフォリオの体系立った構造ということができる．ポートフォリオの構造は，先に説明した事業文脈間でのブランドの役割のほか，ポートフォリオ内でのブランドの役割などによっても規定される．

ポートフォリオ内でのブランドの役割とは，主に投資配分の判断基準にするもので，現在は小さくても将来の高い売上が予想される戦略ブランドや，その逆に現在は大きな売上をもたらすが先細りが避けられないキャッシュ・カウ・ブランドなど，いくつかの類型がある．ブランド体系については，アーカーの著作（Aaker and Joachimsthaler [2000], Aaker [2004]）に詳しい．詳しく知りたい読者にはそちらを参照していただき，ここでは，複雑な市場に対応するためには複数のブランドが必要になりうること，そして複数のブランドを混乱させないためには，それなりのブランド体系の構築が必要となることを，再確認するにとどめたい．

戦略的ブランド経営は，企業が資産であるブランドを拡張することによって，はじめから強力な競争優位性をもって事業戦略を展開することが可能であるこ

とを示唆している．市場の文脈に合わせて事業戦略を変えることは，ブランドを使い分けることで容易になる．こうして複数の事業に合わせて複数のブランドを展開し，1つの企業として整合性を保ちシナジーを生み出すためのカギがブランド体系である．

　個々のブランドの役割を明確化し，全体としてバランスのとれたブランド体系を構想・実践すれば，多くの事業分野で持続的な競争優位性を享受することができる．

　⌘ 経営プロセスにブランド構築が一体化する
　ブランド・アイデンティティと同様に，言語などの形式知に落とし込んで組織内で共有努力をすべきなのが，ブランド構築のプロセスである．仮に優れた個人やチームによってブランドが生み出され，ある市場で育成されたとしても，組織の他のメンバーにその方法が共有されなければ，ブランドを異なる事業に拡張していくことはおぼつかない．特に日本では，ブランド価値測定ではつねに上位にランキングされるような食品や消費財メーカーでさえも，ブランド・マネジャーが変わるごとにマーケティングの方法が一変してしまうことがよくある．

　欧米企業と比べて日本企業がグローバルにブランドを展開することにとりわけ苦労しているのは，言語の壁や文化の違いが大きいこともさることながら，ブランド構築の方法が個々人の暗黙知にとどめられ，形式知化されていないことにも起因しているようである．

　たとえば，グローバルにブランドを展開しているネスレやコカ・コーラ，ディズニーといった欧米企業では，通常，ブランド・アイデンティティはもちろんのこと，アイデンティティの精緻化の方法や，色や書体，レイアウトに至るロゴやシンボルの正確な提示方法などが詳細に記載されたブランド・マニュアルを作成している．海外進出をして久しい日本企業でも，欧米企業並みのブランド・マニュアルをもっているところはいまだ少ない．逆に，海外子会社の現地スタッフが一足先にブランド・マニュアルを作成してしまい，後で本社が慌てるなどということもある．

　すべての企業がネスレやディズニーになることはできないし，なる必要もな

いが，組織内でのプロセスの共有は必要である。それは，誰もが皆，同じモデル，同じインプットとアウトプット，同じ語彙を使うということから始まる。

　海外子会社などが自国市場の文脈に合わせてブランド戦略を立案し実行することはかまわないが，少なくとも作業モデルは本社と同じものを使うべきだろう。その結果，ブランドの見せ方は異なっても，共通する特徴が増えていき，ブランド全体が次第に調整されていくはずである。同じブランドに対してはどこでも同じプロセスをもつべきであり，そのためにはプロセスそのものができる限り明示的に表現されなくてはならないのである。

　しかし，すべてのプロセスを意味あるかたちで記述することは，残念ながら不可能である。ブランド構築のプロセスを実行に移す際には，暗黙的な知識である勘やノウハウなどが不可欠である。そうした記述困難な知識は，暗黙知のままに組織文化の中に取り入れて，共有していくほかはない。たしかに，暗黙知を文化に取り入れて組織に浸透させることは，マニュアルを普及させたり作業モデルを共有したりすることに比べて，困難であろう。しかし，記述や共有しにくいもののほうが，模倣も困難であり，持続的な競争優位の源泉になることを忘れてはならない。努力は報われるはずである。

　戦略的ブランド経営の枠組みは，モデルやマニュアルといった形式的に表現された知識だけでなく，思いやノウハウといった暗黙的な知識を，新たな無形資産として組織文化の中に取り込むべきことを示唆している。ブランドの中身そのものだけでなく，それをつくりだし活用する組織能力もまた，競争力の源泉としてきわめて重要なのである。

⌘ 組織的にブランド戦略が推進される

　ブランド構築は，組織的な壁を乗り越えないとなしえないものである。たとえ会社がブランドを構築しようという方向で動いていたとしても，またブランド構築の方法を心得ている場合でさえ，組織的な障壁のために達成できないということが多々ある。特に，企業ブランドに強く頼っている日本企業の場合には，他と比べて大変難しいことになる。というのも，企業ブランドが展開される文脈は多様で，しかも，それぞれに異なった人たちが対応し，調整もとれていないというのが典型的なパターンだからである。

この問題は個々の製品ブランドにもある。その原因は，進みすぎた組織の分権化である。細分化された機能を担当する部署があちこちに分散し，意思決定が統一されていない。1つのブランドをたくさんの人間が扱い，それぞれが違うことをやっているために，ブランド構築上望ましくないさまざまな問題が生じている。分権化が進んだ組織で，いかにしてブランドに関する曖昧さや混乱をなくし，シナジーを生み出していくかはなかなか難しい。

　こうした問題を解消するには，前述したように，組織の全員がブランドを管理運用する際に同じモデルを用いるよう，十分な権限をもったブランド担当者を置くことである。それは，異なる文脈でブランドを扱う人たちすべてに画一的に同じことをさせるためではなく，ブランドが傷つくようなことが起こらないようにするためである。

　たとえばネスレでは，主要ブランドすべてにグローバル・ブランド・チャンピオンを置いている。このように，社内に必ず誰か，ブランドを高め，保護するように注意深く見守っている個人あるいはチームがいることはきわめて重要である。筆者らがみてきた限り，組織によって方法はさまざまであるが，ブランドを担当し，責任をもつ人が，組織の高いレベルにいることは望ましい。それは CEO でもよい。

　マネジャー・レベルの者でも，条件がそろっていればブランド管理は十分に務められる。しかし，ブランド担当者の地位が組織の中であまり高くない場合は，十分な資源と権限が与えられているかどうか，しっかりと確認しておく必要がある。

　この資源と権限の問題は，ブランド戦略の実行一般についても当てはまる。欧米の企業はブランド経営のためによくチームを設けるが，何の責任もない代わりに資源も権限も与えられないというケースがよくある。ブランド・チームには，少なくとも明確な責任とそれにともなう資源と権限を与えるべきである。チームの組織的な位置づけも，特定のマーケティング部門や事業部の中の権限と役割で展開するのであれば，組織文化と事業戦略との統合は実現されない。戦略的ブランド経営の枠組みに基づけば，ブランド構築は経営そのものとみなされ，ブランド担当者やブランド・チームは組織の要所に設置され，ブランド戦略は組織的に推進される。

⌘ ブランド価値測定が戦略をモニターする

　株式時価総額などをベースにした企業ブランド価値測定の結果は，全社的な組織文化とそれに基づいたブランド・アイデンティティの価値について洞察を与えてくれる。

　一方，ブランド・ポートフォリオ内の投資配分の判断について示唆を得たいのであれば，事業文脈別にブランド価値を測定すればよい。測定方法の基本は，企業ブランドの場合と似ているが，時価総額ではなく利益（もしくは割引将来利益）をベースにする場合が多い。

　その際に注意しなければならないのは，ブランド価値の推定は誤差が大きいため，どれだけのブランド資産が構築されたかを調べたり，ブランド構築のための投資計画や予算案を作成したりする際には参考となるが，マーケティング活動の評価にはあまり参考にならないということである。特定の活動がブランド資産の構築にどれだけ影響を与えたかについて，または特定のブランド・エクイティ指標がどれだけ株価に影響を与えたかについて示唆を得るためには，変数間の因果関係を規定した計量モデルが有効である。

　この場合，因果関係モデルは，ある時点にとられたデータのみを使って分析するものであってはならない。というのも，説明変数の影響にラグがあったり，説明変数間に因果関係があって識別困難になってしまったりと，問題が多いためである。この場合は，時系列モデルを使い，必要に応じて同時推定モデルなども取り入れるべきであろう。

　ブランドを従来のマーケティングの視点で見ると，その効果測定は短期的な売上のみで判断されがちである。これを戦略的ブランド経営の枠組みで見ることで，事業戦略をモニターする指標としてもブランド価値評価の意義が見出されるのである。

3 ソーシャルエコノミーにおけるブランド経営

　冒頭で述べたとおり，世界経済はこれまで何度か質的な変化を遂げてきた。サービス経済以前は長い間産業経済があり，それ以前はそれよりもずっと長い

間農業経済があった。1985年頃からサービス経済に移行し，21世紀に入って経験経済（エクスペリエンス・エコノミー）に移行してきた（図2-2参照）。

　この経験経済への移行にうまく乗って成功した企業に，スターバックスがある。Pine and Gilmore ［1999］に，スターバックスが急伸した背景とその理由がよく説明されている。

　かつて農業経済の頃は，コーヒー豆はそのままで売られていた。それが工業経済になると，コーヒー豆を挽いてきれいに包装し，すぐ消費できるようなかたちで販売されるようになった。そして，価格は何倍にもなった。さらに，モノにサービスを付加して販売するサービス経済になると，喫茶店ですぐに飲めるかたちでコーヒーが提供されるようになった。これによって産業経済のときよりも価格は何倍にもなったが，文句をいう客はいない。さらに，経験経済では，単に飲める状態で提供するということではなく，香りやくつろげる雰囲気，それに付随するサービスすべてをコーディネートして提供する，まさにそのお店での上質な「経験」を販売するようになった。それによって，それまでの喫茶店の価格よりもさらに倍近い価格となったのである。

⌘ ソーシャルエコノミーの特徴

　戦略的ブランド経営の枠組みは，サービス経済から経験経済への過渡期に生まれた。経験経済では，企業が自社の価値観を顧客へ提供し，それが多くの顧客の心に響くかどうかが生き残りの条件であった。企業の価値観はつまるところブランドに集約されるため，そのような経済環境のもとでブランド・マネジメントが一躍脚光を浴びることになった。ブランドの価値は，それがもつストーリーで決まる。同じコーヒーを提供していたとしても，その消費のストーリーの違いによって提供価値に差が生じるのである。

　そしてここ数年の経済変化は，経験経済からソーシャルエコノミーへのシフトを示唆している。経験経済での提供価値の本質は「思い出に残る」特別な経験であった。企業はそのような上質な体験や完成された世界観を提案し，消費者はそれに価値を見出すことによって経済活動が行われていた。それは舞台消費という概念でまとめられる（図2-3参照）。

　ただ，その価値は，時とともに刷新され続けなければならない。つまり，企

図2-2 経験経済からソーシャルエコノミーの時代へ

	1985	1990	2000	2005	2010
	サービス・エコノミー		エクスペリエンス・エコノミー		ソーシャルエコノミー
経済動向	バブル経済 金満ニッポン	バブル崩壊→ 失われた十年	ITバブル崩壊 小泉経済改革	穏やかな経済成長 リーマンショック 世界不況	震災と円高 日本経済停滞
消費動向	ステイタスシンボル重視	実質価値重視 通信革命	五感消費 ブランドイメージ エンタメ消費 本物志向 口コミの台頭	「経験」の飽和 つながりの萌芽	つながり消費 手ごたえ消費
流行トレンド	DCブランド 外車	スウォッチ Windows95 プライベートブランド デジカメ	ユニクロ スターバックス 六本木ヒルズ ディズニーシー 伊右衛門	星のや 動画共有サイト IKEA SNS キッザニア ファストファッション	AKB48現象 ソーシャルゲーム フリー／シェア
ハードデバイス	ファミコン ゲームボーイ	PHS／iMac 携帯（ムーバ） ポケベル	DVD 携帯（FOMA） iPod mini	iPod nano wii ニンテンドーDS iPhone 格安パソコン	iPad（タブレット） android
通信インフラ	電話モデム 1Kbps	ISDN	ADSL 光ファイバー	bluetooth 無線LANの普及	公衆wi-fiの普及
ツールサービス	ニフティサーブ	netscape yahoo InternetExplorer google i-mode	2ちゃんねる 価格.com チャット wikipedia 楽天市場 ブログ	my space mixi iTMS YouTube ニコニコ動画	mobage／GREE twitter／facebook

（出所）　阿久津ほか［2012］。

業は消費者の「経験」への飽きに対して対策を講じなければならないということである。たとえば今，居酒屋に行けば，メニューは木の板に貼られた和紙に墨で書かれ，店内は和紙の間接照明，店員は作務衣のような洒落た装束で和の感じを出しながら「いらっしゃいませ」と挨拶をする，ということが多い。当初はそういう隠れ家的な雰囲気が新鮮に感じられ，人気だった。しかし，今ではどこに行っても似たようなサービスがあり，嫌ではないが，特別な感じもなくなってくる。そうなってくると他社と差別化された価値観の提供とはいえず，当然ブランド価値も低下してくる。

図2-3 ソーシャルエコノミーの構造

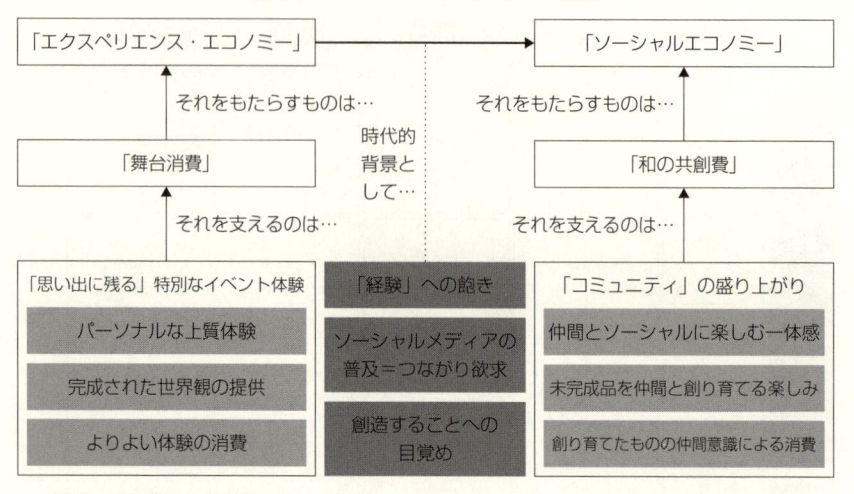

```
┌──────────────────┐                    ┌──────────────────┐
│「エクスペリエンス・│ ─────────────────→ │「ソーシャルエコノミー」│
│  エコノミー」      │                    │                  │
└──────────────────┘                    └──────────────────┘
        ↑        それをもたらすものは…          ↑  それをもたらすものは…
        │              時代的                  │
┌──────────────────┐  背景と            ┌──────────────────┐
│    「舞台消費」    │   して…           │   「和の共創費」   │
└──────────────────┘                    └──────────────────┘
        ↑  それを支えるのは…                    ↑ それを支えるのは…
```

「思い出に残る」特別なイベント体験	「経験」への飽き	「コミュニティ」の盛り上がり
パーソナルな上質体験	ソーシャルメディアの普及＝つながり欲求	仲間とソーシャルに楽しむ一体感
完成された世界観の提供		未完成品を仲間と創り育てる楽しみ
よりよい体験の消費	創造することへの目覚め	創り育てたものの仲間意識による消費

（出所）阿久津ほか［2012］。

　経験経済の時代には，このような消費者の経験への飽きをどのようにして防ぐかが企業にとって大きな課題だった。もちろん，それはソーシャルエコノミーの時代においても生じるが，課題に対するアプローチがこの2つの経済タイプにおいては決定的に異なってくる。経験経済では，企業から顧客へ経験を提供するという，一方向的なアプローチであるのに対して，ソーシャルエコノミーでは，企業と顧客が協働して新たな経験価値を共創していくという双方向的アプローチなのである。

　経験経済の時代は，消費者個々人のパーソナルな消費に焦点が当てられてきたが，つながりに対する欲求が根底にあるソーシャルエコノミーでは，ネットワーク，つまり人と人との関係性や絆に焦点が当てられる。さらに，経験経済では企業側にすべてをお膳立てしてもらうことが前提で，それをどこまで完璧にやってくれるのかが顧客の価値判断基準になっていた。それがソーシャルエコノミーでは，顧客自らが価値創造プロセスに積極的に参加し，企業や他の顧客とともにどう価値をつくることができるかというプロセスそのものが，より重要な価値判断基準になっている。

　人々のネットワークの器としてさまざまなコミュニティがあり，それをベースに仲間とソーシャルに楽しむ一体感，未完成品を仲間とともにつくり育てる

楽しみの再発見といったものがソーシャルエコノミーの土台にある。筆者らはこれを「和の共創費」と呼んでいる。

つまり，経験経済では個人に焦点を当てた価値観の提供であったが，ソーシャルエコノミーではコミュニティもしくはその中の人と人との関係に焦点を当てた価値観の提供に移行しつつあり，それにともない，企業の課題は顧客との価値共創のプロセスをどうつくるかということに移行してきている。ただ，いずれの場合も「ブランド」がキーワードであることに変わりはない。

⌘ ブランド経営への含意

ソーシャルエコノミーでは，コミュニティの中で企業と顧客が価値を共創していくような経済活動に焦点が当てられるようになるのだが，具体的に企業はどのように共創を仕掛けていけばいいのだろうか。ここでまず重要になるのは，コミュニティをどう定義づけするかということである。

たとえば，企業が自社のコミュニティ・サイトをつくり，消費者の意見交換の場を設けたとする。企業のマネジャーは，消費者のコミュニティでのつながりを確認することはできるが，だからといって企業主導でそのコミュニティをより発展させられるかといえば，話はそれほど簡単ではない。企業が運営するコミュニティ・サイトでありながらも，消費者が主役となって活動するようにならなければならない。そのためには，消費者が自発的にコミュニティを盛り上げる活動をするための，何らかの仕掛けが必要になってくるのである。

では，その仕掛けのポイントは何なのだろうか。それは価値観の共鳴だと筆者は考えている。たとえば，同好コミュニティというものを考えてみてほしい。同好コミュニティとは，興味や自分の価値観を基本に集まっているコミュニティを指す。つまり，地縁，血縁，同窓，同郷といった要素で結びつくコミュニティではなく，同じ興味を共有する人々の集まりのことである。企業は，このようなコミュニティを形成していく手助けをするという意識が重要になってくるだろう。そういうコミュニティに単に外から情報を提供するのではなく，彼らが求めている価値観や関係性を強める役割を企業が担うことが肝要になる。

5年ほど前には，このようなことを積極的に行う企業の事例はほとんどなかった。最近になって，一般的に企業に先駆けて，AKB，B-1グランプリ，ニ

コニコ動画などが同好コミュニティを主導する代表的な事例として認識されるようになった。

これらソーシャルエコノミーの先進事例については阿久津ほか［2012］で詳説しているのでここでは避けるが，同好コミュニティによる消費行動に焦点を当てたブランド戦略は，ブランド・コミュニティ戦略として以前から存在していた。以前からコミュニティ戦略に優れたブランドとしては，アップルやハーレーダビッドソンがある。

アップルは，これまでも人と人とのつながりの中へ価値観を提供し，人々のコミュニティづくりを促進してきた典型的なブランドである。ブランド側から提供する理念，考え方，価値観に共感する人たちが集まり，以前から同好コミュニティとしてユーザー・コミュニティを形成していた。そこでは定期的な新製品発表などのイベントで盛り上がり，コミュニティのメンバーは発売前から新製品を求めて行列をつくった。そして，そのことがマスメディアのニュース番組などで取り上げられると，一気に社会現象に拡大した。アップルは，コミュニティを活用することで，このようなサイクルを繰り返し生み出してきた。

ハーレーは，桁外れに濃い価値観とそれに基づくライフスタイルをもっているブランドである。ブランドは自由，独立，タフネスを象徴しており，このブランドに憧れてそのライフスタイルを求めて顧客が集まり，ハーレー・オーナーズ・グループ（HOG）を中心にブランド・コミュニティが形成されている。ハーレーの社員はHOGやディーラー・ネットワークと協働してよりよいコミュニティづくりに励みながら，顧客とブランド価値を共創している。

このように企業と顧客が一緒になって価値を共創していくという方法は何も今に始まったことではない。ただ，今ではソーシャルメディアを活用して，どんなブランドでも，場合によっては個人でも，方法によってはほとんどコストを掛けずにこの動きを起こすことができるようになってきたのである。

ソーシャルエコノミーの時代に戦略的ブランド経営に推進するにあたって注意する点は何か。もちろん，企業の価値観と顧客の価値観をしっかりと把握し，つなげていくというプロセスは従来と変わらず重要である。ただ，これらをつなぐコミュニケーション・ツールとしてのSNSやモバイルの登場によって，コミュニケーションの方法にイノベーションが起きているという状況をしっか

りと認識する必要がある。というのも,個人がコミュニティに対して自分の意見を発信したり,他のユーザーと一緒になってブランドの新しい価値観を提案したりするという行為が,これまでとは比較にならないぐらい容易にできるようになったからである。

以下に,ブランド理念と価値共創という切り口で,これからの戦略的ブランド経営の注意点をまとめ,本章を締めくくりたい。

⌘ 高次のブランド理念

ソーシャルエコノミー下の戦略的ブランド経営を考えるうえで重要になってくるだろうと筆者がまず考えるのが,ブランド理念の有無,つまり「高次の思い」によってブランド・アイデンティティがつくられているかどうかである。

ステンゲルは,グローバルに強いブランドの多くが明確な高次の理念をもっていることを示し,その重要性を指摘した(Stengel [2011])。たとえばアップルは「創造的な探索と自己表現の手立てを人々に提供する」,グーグルは「あらゆる好奇心を瞬時に満たす」という,わかりやすく強力な理念を持っており,それに基づいたビジネスを実践している。

個別ブランド戦略を採用する企業の典型とされ,これまで企業名を表に出さずに,タイドやパンパースといったブランドを個々に宣伝してきたP&Gでさえ,最近では個別ブランドの背景にあるP&Gの理念を前面に打ち出すようになってきている。

ソーシャルの時代には,情報の不均衡が大きく解消されている。仮に隠し事をしようとしても,ネット検索やソーシャルメディアを通して,企業情報は消費者に簡単に知られてしまうようになった。それゆえ,個別の製品ブランドだけをコミュニケーションしようとしても,消費者の多くはその背後にある企業の評判や考え方について確認するようになった。企業グループ全体として筋の通った理念の発信が,かつてないほどに重要になっている。企業ブランドを中心に,多くのブランドに高次のブランド理念が求められるようになったのである[3]。

⌘ ブランド価値の共創

 次に重要なことは，理念をベースに，従業員や顧客とともにブランド価値を共有・共創していく仕組みである。最後に，ブランド価値共創の日本企業の事例をいくつか紹介する。

 ブランド・アイデンティティの核に高次の理念があれば，顧客とのブランド価値共創が促される。しかし，それは従業員の間で理念がしっかり共有されていることが前提になる。最近では，消費者との情報不均衡の解消とともに，従業員1人1人の発信力や影響力も大きくなり，自社ブランドについて彼らが情報発信する場が形成されつつある。ブランド理念が彼らに深く浸透していることの重要性が増している。

 ヤマハ発動機では，最近"Revs Your Heart"という新しいスローガンを掲げた。その際に，まずは従業員にそのスローガンを浸透させなければならないのだが，トップダウンで情報発信してもなかなかうまくいかない。やはり，1人1人がそのスローガンについて考え，自由にコミュニケーションできる場が大切であると同社の経営陣は考えたが，社員同士で意見交換させようにも同社は売上の75％以上が海外である。では，世界中で働く社員同士が侃々諤々(かんかんがくがく)と議論するにはどうすればいいのだろうか。

 そこでカギとなるのが社内SNSである。たとえば，日本の本部と南米の社員が議論する際に社内SNSを使えば，同じ時間に集まる必要はない。また記録を残しておけば，次にそれを読んだ人たちはコメントを記入することができる。さらに，SNSでは基本的にハンドルネームが使用できるため，上下関係を気にする必要もなく自由な議論ができる。こうした取り組みは，技術や社会の革新によって可能となった新たなブランド価値向上のアプローチだといえる。

 一方，消費者とのブランド価値共創の実践事例として，カゴメ，カルビー，無印良品を紹介しよう。カゴメがブランド・アイデンティティとして標榜する「自然を，おいしく，楽しく」は，近年その重要性が指摘される食育がその背後にあり，高次の理念といえる。食育のカギは，栽培し，収穫して，料理して，食べるという一貫性をもたせた経験だといわれている。そこでカゴメは，トマトジュースに使用しているトマトの苗を顧客に配布し，一緒にそれを育てるといった取り組みを行っている。そして収穫した後はレシピ大会を行い，食事会

も開催している。ただし，カゴメはサポートをしてはいるが，主役はあくまで顧客で，顧客同士で盛り上がっていく場をつくることに専念している。

　カルビーのブランド理念は「自然の恵みを大切に活かし，おいしさと楽しさを創造して，人々の健やかなくらしに貢献します」と，それほど肩肘張ったものではないが明確な理念である。そして，顧客と交流の場をもつことによって，この理念に共感を得てもらえるような取り組みを積極的に行っている。このような活動はネット上だけではなく，実際のイベントでも開催され，好評を得ている。

　良品計画の無印良品は，無駄のない本質だけを提供する，ノーブランドという概念のブランドとして出発し，今では「くりかえし原点，くりかえし未来」を掲げている。くらしの良品研究所を中心に交流の場をもち，MUJICOINというコミュニティ通貨の流通・活用や，顧客に商品開発に参加してもらうクラウド・ソーシングなど，消費者とのブランド価値共創においても技術や社会革新を活かした高度な取り組みを行っている。

お わ り に

　本章では，ブランドと経営学の接合という視座から，アーカーと阿久津（アーカー＝阿久津［2002］）による「戦略的ブランド経営の枠組み」に基づいて，この10年に台頭した「ソーシャルエコノミー」（阿久津ほか［2012］）が戦略的ブランド経営にもたらす含意を議論した。

　戦略的ブランド経営の枠組み自体は，この10年でほとんど変わっていないことをあらためて確認したが，その焦点やアプローチといった具体的な内容については更新すべき点がいくつか認められた。本章の中で，主たる新焦点の概要は説明できたと思う。しかし，紙幅の関係もあって，残念ながらブランド経営の最新のアプローチの詳細についてはほとんどふれることができなかった。

　幸いなことに，つい最近，共同研究者であるアーカーが，最新のアプローチまでしっかりと取り入れて，ブランド経営のエッセンスを体系的にまとめた著書『ブランド論』（Aaker［2014］）を発表した。本書の読者であれば，きっと参考になるだろう。

注

1 このような大きな社会・経済の仕組みの変遷について議論している学者・評論家は少なくないが，興味がある初学者には，トフラーの『第三の波』(Toffler [1980]) が古典としてお勧めできる。

2 本節以下にある戦略的ブランド経営の枠組みについての説明は，およそアーカー＝阿久津 [2002] に基づいているが，その後の理論的進展も取り込むべく，必要に応じて修正を加えている。

3 ソーシャルエコノミーの台頭と時を同じくして，ポーターとクラマーは，CSV（共通価値の創造）と呼ばれるコンセプトを提唱した (Porter and Kramer [2011])。これからの企業は，企業にとって大切なこと（経済的価値）と社会にとって大切なこと（社会的価値）の2つの価値を両立していく必要があるという考え方である。インドの TATA 自動車やキリンのノンアルコール・ビールなどが事例としてあげられる。高次のブランド理念の必要性を異なる文脈から支持しているといえよう。

参 考 文 献

Aaker, D. A. [2004] *Brand Portfolio Strategy: Creating Relevance, Differentiation, Energy, Leverage, and Clarity,* The Free Press.（阿久津聡訳『ブランド・ポートフォリオ戦略——事業の相乗効果を生み出すブランド体系』ダイヤモンド社，2005年）

Aaker, D. A. and E. Joachimsthaler [2000] *Brand Leadership: The Next Level of the Brand Revolution,* The Free Press.（阿久津聡訳『ブランド・リーダーシップ——「見えない企業資産」の構築』ダイヤモンド社，2000年）

Aaker, D. A. [2014] *Aaker on Branding: 20 Principles That Drive Success,* Morgan James.（阿久津聡訳『ブランド論——無形の差別化をつくる20の基本原則』ダイヤモンド社，2014年）

Pine, B. J., II and J. H. Gilmore [1999] *The Experience Economy: Work Is Theater & Every Business a Stage,* Harvard Business School Press.（岡本慶一・小高尚子訳『［新訳］経験経済——脱コモディティ化のマーケティング戦略』ダイヤモンド社，2005年）

Porter, M. E. and M. R. Kramer [2011] "Creating Shared Value," *Harvard Business Review,* January-February.（邦訳「共通価値の戦略」『DIAMOND ハーバード・ビジネス・レビュー』6月号，8-31頁）

Stengel, J. [2011] *Grow: How Ideals Power Growth and Profit at the World's Greatest Companies,* Crown Business.（池村千秋訳『本当のブランド理念について語ろう——「志の高さ」を成長に変えた世界のトップ企業50』阪急コミュニケーションズ，2013年）

Toffler, A. [1980] *The Third Wave,* William Morrow and Company.（徳山二郎監訳『第三の波』日本放送出版協会，1980年）

アーカー，デービッド・A.＝阿久津聡 [2002]「ブランドが組織と戦略を統合する」『DIAMOND ハーバード・ビジネス・レビュー』3月号，68-79頁。

阿久津聡［2002］「経営戦略論におけるブランド戦略研究の位置づけ──『外から内』と『内から外』の弁証法的綜合に向けて」『組織科学』36(1)，14-29頁。

阿久津聡・谷内宏行・金田育子・鷲尾恒平［2012］『ソーシャルエコノミー──和をしかける経済』翔泳社。

第3章
ブランド・リレーションシップの戦略

久保田進彦

はじめに

　誰でも「なぜそのブランドが好きなんですか」と問われて，戸惑うことがあるだろう。機能的に突出しているわけでもないし，デザインが卓越しているわけでもない。しかしどことなく愛着がある。じつはこの素朴な心理は，これまでのブランド論で十分に説明することができないものだった。

　ブランドへの愛着は，ブランドとの結びつきの感覚ともいえるだろう。このようなブランドとの結びつきの感覚を「ブランド・リレーションシップ」という。人々はブランドとの間に，関係性（リレーションシップ）を感じることがあるというわけである。

　ブランド・リレーションシップは比較的新しい概念である。人々がブランドに対して愛着を感じることは 1980 年代から指摘されてきたが（たとえば Belk [1988]），本格的に研究が始まったのは 1998 年にフルニエ（S. Fournier）が論文を発表してからである。ブランド・リレーションシップは，その後，今日に至るまで，ブランド・マネジメントの新たな課題として注目を集め続けている。

　本章ではブランド・リレーションシップのマネジメントについて，戦略的観点から論じていく。ただし具体的な戦略について語る前に，まず，ブランド・リレーションシップとは何なのか，どのような効果を生み出すものなのかについて説明することにする。なぜなら，われわれは「得体の知れないもの」をマ

ネジメントすることはできないからである。ブランド・リレーションシップとは何かについて，しっかりと理解できていなければ，せっかくの努力も徒労に終わりかねない。「急がば回れ」というスタンスで，ブランド・リレーションシップの位置づけと効果について理解することから始めよう。

1 ブランド・リレーションシップの理解

　ブランド・リレーションシップは，伝統的なブランド論と無関係ではない。ブランド論におけるブランド・リレーションシップの位置づけは，ケラーの提唱するブランド・レゾナンスのピラミッド（図3-1）を用いることで理解が容易になる（Keller [2013]）。

　⌘ ブランド・レゾナンスのピラミッド
　ブランド・レゾナンスのピラミッドは，ブランド・エクイティを構築するための4つの段階を描いたものである。ケラーによれば，強いブランドを構築するには，これら4つの段階を順番に積み重ねていく必要がある。
　ピラミッドの第1段階であるアイデンティティ（識別）は，そのブランドを同定することを意味しており，ブランド認知に相当する。名前や顔を知らなければ印象も形成されないように，強いブランドをめざすには認知度を高めることが必要となる。そしてこのためには，セイリエンス（顕現性）を向上させることが目標となる。セイリエンスとはそのブランドが，消費者の意識において支配的となる程度（思い出したり考えたりする程度）である。
　第2段階のミーニング（意味）とは，ブランドそのものの属性，ベネフィット，あるいは付帯的な性質について理解や印象を形成することである。これらの理解や印象には，頭で理解するパフォーマンス（特徴）もあれば，心で捉えるイメジャリー（表象）もある。パフォーマンスもイメジャリーも，消費者が抱くブランドについてのイメージである。
　第3段階のレスポンス（反応）とは，ブランドそのものについての，個人的な意見，評価，あるいは感情的反応をともなうイメージを形成することである。

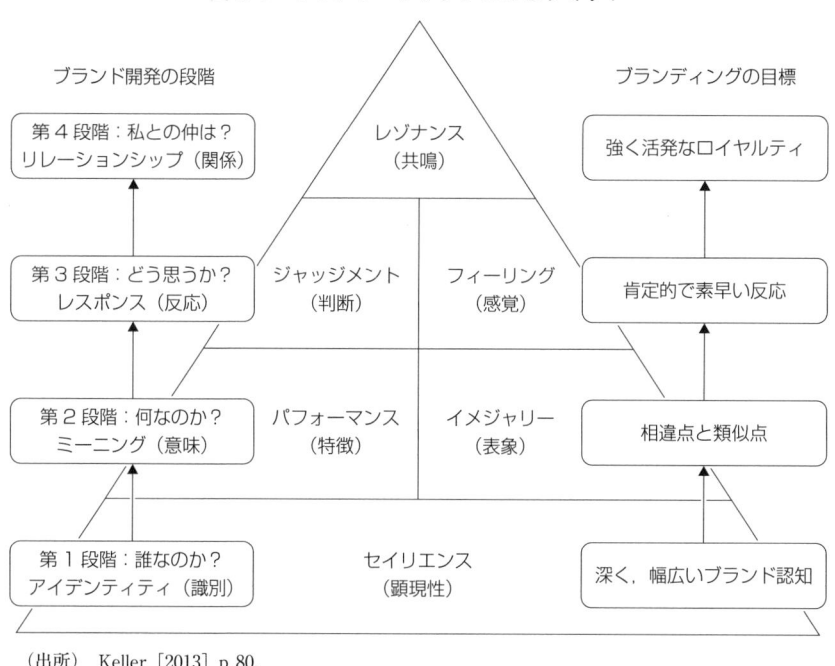

図3-1　ブランド・レゾナンスのピラミッド

```
              ブランド開発の段階                                          ブランディングの目標

         第4段階：私との仲は？          レゾナンス                      強く活発なロイヤルティ
         リレーションシップ（関係）      （共鳴）

         第3段階：どう思うか？     ジャッジメント   フィーリング         肯定的で素早い反応
         レスポンス（反応）         （判断）        （感覚）

         第2段階：何なのか？       パフォーマンス   イメジャリー          相違点と類似点
         ミーニング（意味）          （特徴）        （表象）

         第1段階：誰なのか？           セイリエンス                     深く，幅広いブランド認知
         アイデンティティ（識別）      （顕現性）
```

（出所）　Keller［2013］p. 80.

　第2段階と第3段階の違いは，ブランドについての評価の有無である。すなわち第2段階にはブランドへの評価が含まれないのに対して，第3段階には肯定的評価が含まれている。なおこれらの肯定的な評価にも，頭で考える判断（ジャッジメント・良い）と，心で受け止める感覚（フィーリング・好き）がある。

　第4段階のリレーションシップ（関係）とは，顧客がブランドに同調（in sync）している状態を意味している。この段階は，ブランドと共鳴するという意味で，レゾナンスと命名されている。ブランド・リレーションシップは，第4段階と深くかかわるものである。より正確に述べれば，ブランド・リレーションシップが形成されることによって，第4段階のレゾナンスが達成されることになる。

⌘　「ブランド自体のイメージ」と「ブランドと自分の結びつきのイメージ」

　ところでブランド・リレーションシップといっても，消費者とブランドの間

に物理的な結びつきが存在するわけではない。ブランドとの絆は，あくまでもメタファーである。するとブランド・リレーションシップも，結局のところは第2段階や第3段階と同じく，ブランドについてのイメージのように思えてくる。

この疑問は間違いではない。ブランド・リレーションシップとはブランド・イメージの一種である。より正確に述べれば，第2段階と第3段階がブランドそのものについてのイメージであり，「ブランド自体のイメージ」であるのに対して，ブランド・リレーションシップは「ブランドと自分の結びつきのイメージ」である。たとえばGoogleであれば，「高い技術力」「自由で革新的」「都会的」などは，ブランド自体のイメージであり，「友だちのような存在だ」「頼りになる相棒だ」などは，自分との結びつきのイメージといえる。

⌘ ブランド・リレーションシップと伝統的ブランド論

ブランド・リレーションシップは伝統的なブランド論の延長線上にある。これまでのブランド論（あるいはマーケティング活動）は，その多くが第1段階から第3段階の達成を目標としたものであった。すなわちブランドの名前やパッケージを広く知らしめ（第1段階），特徴や印象を伝え（第2段階），好ましいイメージや肯定的な態度を形成しようとしてきた（第3段階）。これに対して，ブランド・リレーションシップのマネジメント（第4段階）では，ブランド自体のイメージにとどまらず，ブランドと消費者自身の結びつきのイメージを形成しようとする。

いうまでもなく，第1段階から第3段階に至る，伝統的なブランド・マネジメント活動の重要性は現在でもまったく揺らいでいない。しかし，より強い顧客基盤を構築するには，第4段階を無視するわけにいかない。次節で述べるように，ブランド・リレーションシップには，第2段階や第3段階にはみられない，優れた効果があるからである。

2 ブランド・リレーションシップの特徴的効果

　ブランド・リレーションシップの戦略について理解するには，まずブランド・リレーションシップの効果を理解する必要がある。「それが，どのような効果をもたらすか」を知らなければ，戦略策定に活用することは難しい。
　ブランド・リレーションシップの効果について理解する際に重要なのは，伝統的なブランド・マネジメントで扱われてきた「ブランド自体のイメージ」(第1節参照) の効果とどう異なるかを明確にすることである。なぜなら，ブランド自体のイメージのもたらす効果と相違がなければ，マネジリアルな観点に立つ限り，ブランド・リレーションシップについて論じる必要性は乏しくなるからである。このような理由から，以下ではブランド・リレーションシップに特徴的な効果について説明していくことにする。

⌘ 頑健な継続購買

　パクらは，「ブランドに対する愛着」(brand attachment) と「ブランドに対する態度」(brand attitude: 良い・好き) の効果について比較をした (Park et al. [2010])。その結果，困難性の高い行動ほど，前者から強い影響を受けることが明らかになった (図3-2参照)。具体的には，ブランドに愛着を抱いている消費者には「ニューモデルが出たら，いつも買う」「そのブランドを買うために，他ブランドを買わず数カ月待つ」などといった，強いリピート傾向がみられることが確認された。
　興味深いことに彼らの研究は，このような頑健な継続購買傾向が，ブランドに対する肯定的な態度では高まらないことを示している。したがって，顧客のリピートをより確実にするには，ブランド自体のイメージを高めるだけでなく，ブランド・リレーションシップを高めることが重要だといえる。
　また学術的な研究ではないが，実務データを用いた価格感度分析 (PSM: Price Sensitivity Measurement) では，ブランド・リレーションシップが高い消費者ほど，上限価格 (そのブランドにいくらまで支払ってよいと思うか) も高くなる傾向

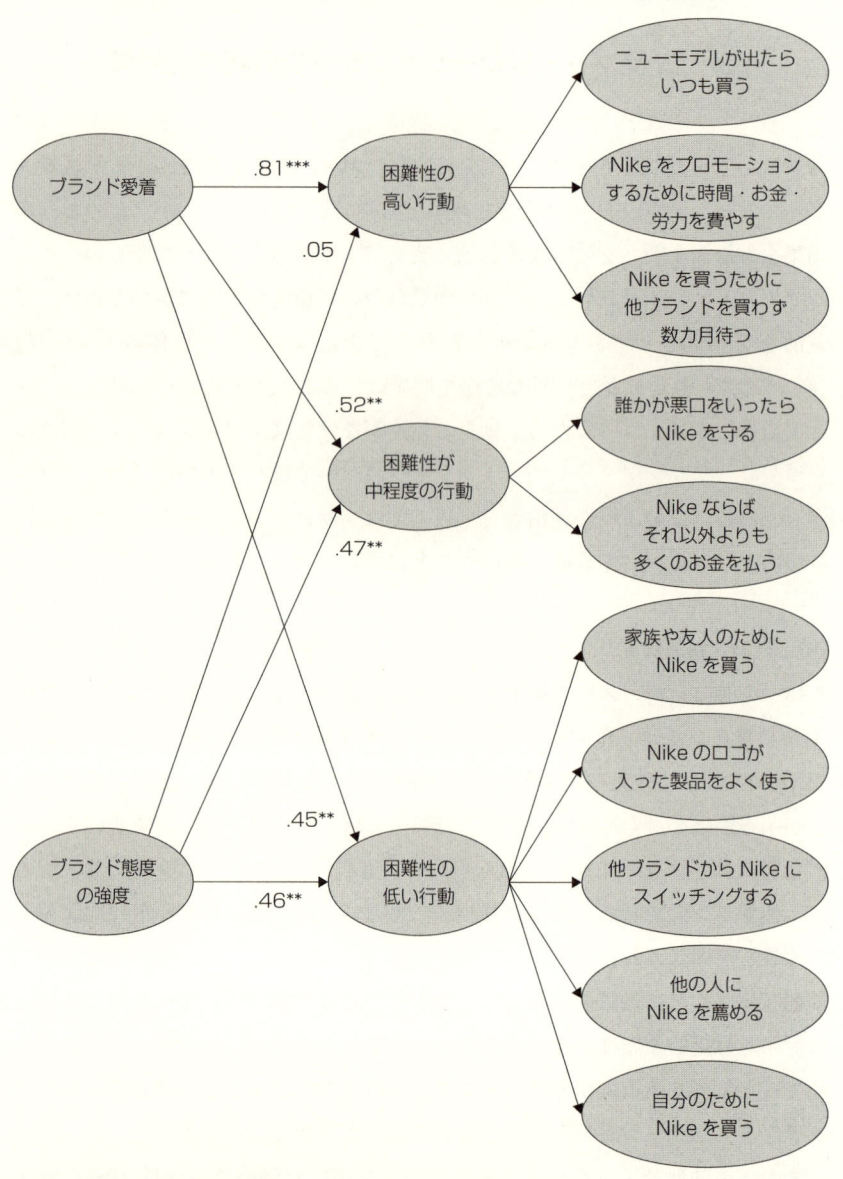

図3-2 ブランド・リレーションシップの効果（頑健な継続購買）

```
ブランド愛着 ──.81***──→ 困難性の高い行動
                         ├──→ ニューモデルが出たらいつも買う
                         ├──→ Nikeをプロモーションするために時間・お金・労力を費やす
                         └──→ Nikeを買うために他ブランドを買わず数カ月待つ

ブランド愛着 ──.05──→ 困難性が中程度の行動
ブランド愛着 ──.52**──→ 困難性が中程度の行動
                         ├──→ 誰かが悪口をいったらNikeを守る
                         └──→ Nikeならばそれ以外よりも多くのお金を払う

ブランド態度の強度 ──.47**──→ 困難性が中程度の行動
ブランド態度の強度 ──.45**──→ 困難性の低い行動
ブランド態度の強度 ──.46**──→ 困難性の低い行動
                         ├──→ 家族や友人のためにNikeを買う
                         ├──→ Nikeのロゴが入った製品をよく使う
                         ├──→ 他ブランドからNikeにスイッチングする
                         ├──→ 他の人にNikeを薦める
                         └──→ 自分のためにNikeを買う
```

（注）　図中の数値は標準化推定値を表す。$**p<.01$，$***p<.001$。
（出所）　Park et al.［2010］p. 11 を一部修正。

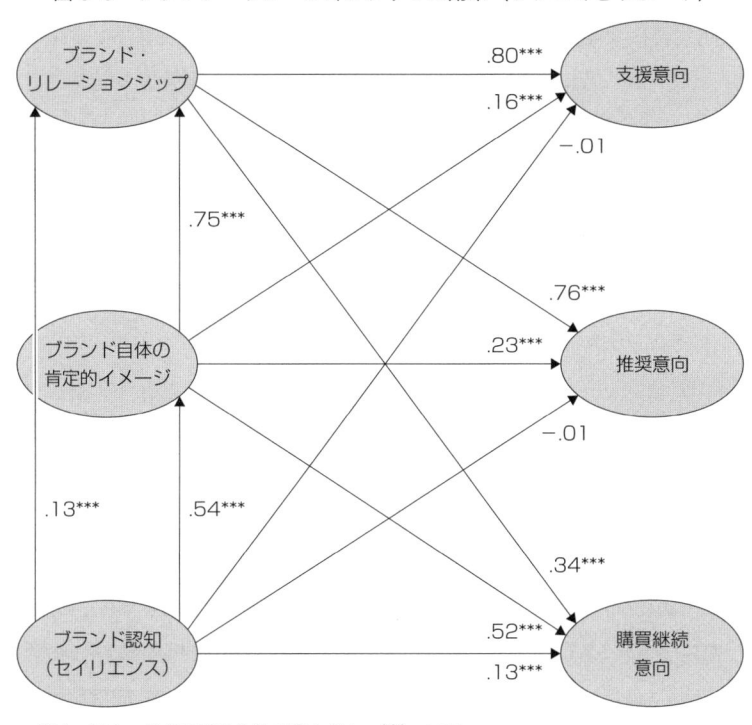

図3-3 ブランド・リレーションシップの効果（クチコミとサポート）

```
ブランド・リレーションシップ ──.80***──→ 支援意向
                        ──.16***──→
                        ──−.01──→
ブランド自体の肯定的イメージ ──.76***──→ 推奨意向
                    ──.23***──→
                    ──−.01──→
ブランド認知（セイリエンス） ──.34***──→ 購買継続意向
                   ──.52***──→
                   ──.13***──→
.75*** / .13*** / .54***（潜在変数間の相関）
```

（注）図中の数値は標準化推定値を表す。***$p<.001$。
（出所）久保田［2013］130 頁を一部修正。

がみられることも報告されている。

⌘ クチコミとサポート

　ブランド・リレーションシップには，頑健な継続購買をもたらすだけでなく，推奨（クチコミ）や支援（サポート）を促進する効果もある。ここでいう支援とは，ブランドに対する利他的な行動であり，直接自らの利益にならないにもかかわらずとられる，そのブランドに対する協力的あるいは援助的な行動のことである。たとえばブランドの問題点や改善点を当該企業に向かって積極的にフィードバックしたり，新製品の開発に積極的に協力したりすることがあげられる。

　久保田［2013］は，ブランド認知（ブランド・セイリエンス），ブランド自体の

肯定的イメージ，ブランド・リレーションシップが，購買継続意向，推奨意向，支援意向に及ぼす影響について研究をしている。その結果，ブランド・リレーションシップは，特に推奨意向と支援意向に対して強い影響を及ぼすことが明らかになった（図3-3参照）。

そのほか，ブランド・リレーションシップが好ましいクチコミに影響を及ぼすことは，バトラらの研究によっても示されている（Batra, Ahuvia, and Bagozzi [2012]）。

⌘ 免疫効果とガーディアン効果

(1) 免疫効果

ブランド・リレーションシップには，ブランドの失敗や悪評に対して寛容になる効果もある。たとえばドノヴァンらは，ブランド・リレーションシップには，ブランドの失敗がマイナスの成果（購買意図の低下，ブランドの回避，ブランドへの復讐など）に結びつくのを防止する役割があることを指摘している（Donovan et al. [2012]）。彼女らによると，シナリオをつかった実験（iPodの故障への反応，スターバックスにおけるオーダーミスへの反応）でも，実際に起こったブランドの失敗（2007年のiPhoneのリコールと値下げ）を用いた調査でも，ブランド・リレーションシップが形成されている消費者ほどブランドの失敗に対して寛容な反応を示した。

ブランド・リレーションシップが形成されている消費者は，否定的な情報に接触しても，肯定的な評価を保ち続ける。たとえば杉谷[2011]は，2000年代後半にトヨタ車にリコール問題が生じたとき，「高品質だ」「耐久性が高い」といった機能的評価や，「スタイリッシュだ」「かっこいい」といった憧れ感は低下したにもかかわらず，「思い入れがある」「自分にあっている」といった愛着感は低下しないことを発見した。また同様の結果は，チェンらによっても報告されている（Cheng, White, and Chaplin [2012]）。

これらのブランドの失敗や否定的な情報に抵抗する効果は，ブランド・リレーションシップの免疫効果ということができるであろう。

(2) ガーディアン（自警団）効果

ブランド・リレーションシップには，ブランドの失敗や悪評に直面したとき

に肯定的評価を保ち続けるだけでなく，より積極的にそれに立ち向かおうとする効果もある。

たとえばバトラらは，「ブランドへの愛情」（brand love）が強いほど，否定的な情報にふれた場合に対抗的な情報（ブランドについての肯定的な発言）を発信する傾向が強まることを確認している（Batra, Ahuvia, and Bagozzi [2012]）。また先に紹介したパクらの研究においても，ブランドに対する愛着が強いほど，「誰かが悪口をいったら Nike を守る」といった対抗的な行動をとりやすいことが示されている。

これらはブランド・リレーションシップのガーディアン（自警団）効果といえるだろう。インターネット上で，あるブランドに関する否定的な書き込みや，悪意のある書き込みを見つけたとき，ブランド・リレーションシップが形成されている消費者らは，これに対して反論をしたり，火消し役を演じてくれたりする傾向があると考えられる。

⌘ 絶対的差別化

ブランド・リレーションシップには，さらにユニークで重要な効果がある。消費者は，あるブランドとの間にリレーションシップを形成すると，競合ブランドとの比較を拒むようになる（久保田［2013］）。すなわち，ブランドと自己との結びつきが強くなるにつれて，「他のブランドと同じに扱いたくない」であるとか「他のブランドと一緒にしたくない」という気持ちが生じ，他ブランドを選択肢集合の中から追い出してしまう。この結果，消費者の意思決定プロセスから，いくつかの代替的選択肢の中から特定のブランドを選ぶ段階である「選好」（preference）が省略されることになる。

一連の現象を企業の立場からみれば，ブランドが別格化されることで，「比べられずに選ばれる」ことになる。つまり，ブランド・リレーションシップが形成されることによって，他ブランドとの比較を通じた相対的な差別化ではなく，他ブランドとの比較を拒むことによる絶対的な差別化が達成されるのである。前述のパクらの研究にみられた，「Nike を買うために他ブランドを買わず数カ月待つ」といった行動も，このメカニズムによって解釈できる。

絶対的差別化の重要性は，そのブランドと他ブランドの間に一定の共通項

（比較軸）があるにもかかわらず，消費者がこれらを無視することにある。そのブランドに惚れ込んでいるファンは，他ブランドの相対的優位点を無視しがちになるというわけである。Apple ブランドのファンが，Windows や Android の優位点を無視することが多いのは有名である。

　企業の立場に立った場合，これは競合ブランドのマーケティング努力を無力化してしまうことになる。絶対的差別化は，ブランド自体のイメージにはまったくみられない，ブランド・リレーションシップ特有の効果である。

⌘ ブランド・リレーションシップの効果の整理

　これまで説明してきたブランド・リレーションシップの効果は，取引効果（ないしは購買効果）と，取引以外の効果の2つに分けて整理することができるだろう。

(1) 取引効果

　ブランド・リレーションシップには，ブランド自体のイメージ（すなわちブランド・レゾナンスのピラミッドの第3段階）によって生じる購買を「増強」する効果がある。これは図3-2に示したパクらの研究において，一般的な購買行動（自分のために Nike を買う，他ブランドから Nike にスイッチングする，家族や友人のために Nike を買うなど）に対する態度と愛着の影響が，ほぼ同程度であったことから裏づけられる。また図3-3に示した久保田の研究でも，同様の結果が確認されていた。

　他方，ブランド・リレーションシップには，ブランド自体のイメージにはみられない効果も存在する。すなわち，①「ニューモデルが出たらいつも買う」「そのブランドを買うために，他ブランドを買わずに数カ月待つ」といった頑健な反復・継続購買，②「他のブランドと同じに扱いたくない」「他のブランドと一緒にしたくない」という心理が引き起こす絶対的差別化と，それによる他ブランドの排除，そして③ブランドの失敗に対する寛容さである。これら3つの効果は，ブランド・リレーションシップには，ブランド自体のイメージとは質的に異なる取引効果が期待できることを意味している。

(2) 取引以外の効果

　続いて，取引以外の効果について整理する。最近のマーケティング理論では，

顧客基盤の価値を，取引だけに基づいて評価するのでは不十分であるという主張がなされている（Kumar et al. [2010]）。今日のビジネス環境において，顧客はさまざまな方法で企業に価値をもたらしていると考えられるためである。

たとえば小野ほか [2014] は価値ある顧客行動の例として，反復購買や継続購買といった取引行動のほかに，クチコミ，推奨，他の顧客の支援，ブログ投稿，レビュー投稿，法的活動への関与，顧客自らが企業に対してとる顧客主導の相互作用（価値共創）などをあげている。このような行動は「顧客エンゲージメント行動」（van Doorn et al. [2010]）といわれる。

クマーらは，顧客エンゲージメント価値を包括的に捉えるために，顧客を評価する4つの次元を提示している（Kumar et al. [2010]）。顧客の購買行動に着目する「顧客生涯価値」（CLV: customer lifetime value），新規顧客の紹介に着目する「顧客紹介価値」（CRV: customer referral value），クチコミなどによる他の顕在的および潜在的顧客への影響に着目する「顧客影響価値」（CIV: customer influencer value），そして革新や改善のためのアイディアとなる有益な情報を企業にフィードバックしてくれる行動に着目する「顧客知識価値」（CKV: customer knowledge value）である。

これら4つの価値次元と照らし合わせると，ブランド自体のイメージが主に顧客生涯価値（すなわち取引効果）と結びついているのに対して，ブランド・リレーションシップはそれ以外の3つの価値次元とも強く結びついている。小野ほか [2014] が指摘するように，生涯価値を含めた4つの価値を組み合わせながら顧客を評価していくことが，これからのマーケティングの課題となるならば，ブランド・リレーションシップのマネジメントは，今後よりいっそう重要性を増すことになるであろう。

3 ブランド・リレーションシップの戦略

⌘ ブランド・リレーションシップ戦略の考え方

本節ではブランド・リレーションシップの戦略について検討していくことにする。企業や組織のマネジメントの観点からブランド・リレーションシップ戦

略について検討する場合，2つの注意が必要である。

第1は，市場レベルの分析が重要となることである。マーケティングの対象は「消費者」ではなく「市場」だといわれることがある。企業や組織が永続するには，十分な利益を獲得できる数の顧客が必要となるためである。この考えに基づくと，ブランド・リレーションシップ戦略を策定するには，消費者レベルの分析（ある消費者がどのような状態か）だけでなく，市場レベルの分析（市場全体がどのような状態か）が重要となる。

第2は，ブランド・リレーションシップだけに焦点を当てた戦略は，現実的にはあまり意味がないということである。企業や組織のマネジメントにおいて，ブランド・リレーションシップは，ブランド・ロイヤルティや顧客ロイヤルティ，あるいは前節でふれた顧客エンゲージメントを構築するための1要素として位置づけられるものだからである。

以上のような理由から，本節では，ブランド・リレーションシップを組み込むことによって可能となる新しい市場ロイヤルティ分析フレームワークを紹介するとともに，そこから導かれる定石的な戦略について説明していくことにする。具体的には，顧客をいくつかのセグメントに分解することで，顧客基盤の状態を客観的に確認することができるRPマトリクスと，市場における自社ブランドの受け入れられ方について知ることのできるVBマップを用いて，ブランド・リレーションシップの戦略について検討していく。

⌘ RPマトリクス
(1) RPマトリクスの概要

RPマトリクス（relationship-purchasing matrix: 絆 - 購買マトリクス）は，顧客エンゲージメントを形成する4つの価値次元のうち，顧客の購買行動（すなわち取引効果）に着目したものである。図3-4に示されたように，このマトリクスは，ブランド・リレーションシップの程度（縦軸）とブランド購買の程度（横軸）から構成されている。このマトリクスを用いることで，ブランド・リレーションシップという顧客心理と，実際の購買行動の関係を，視覚的に整理することが可能となる。

図 3-4　RP マトリクス

　　　　　　　　　ブランド購買（行動）
　　　　　　　　少　　　　　　　　　　多

	少	多
ブランド・リレーションシップ（心理）　高	セグメント C ブランド・リレーションシップは形成されているが、購買には積極的でない顧客	セグメント A ブランド・リレーションシップが形成されており、なおかつ積極的に購買してくれる顧客
低	セグメント D ブランド・リレーションシップが形成されておらず、購買も積極的でない顧客	セグメント B ブランド・リレーションシップは形成されていないが、積極的に購買してくれる顧客

（出所）　筆者作成。

(2) 各セグメントの傾向と基本的戦略

《セグメント A》

　セグメント A は，ブランド・リレーションシップが形成されており，なおかつ積極的に購買してくれる消費者から構成されるセグメントである。いうまでもなく，このセグメントは重要な顧客基盤であり，いかにして彼らを維持していくかが優先度の高い課題となる。したがってこのセグメントでは，不活性化の防止が主要な戦略目的となる。

　ブランド・リレーションシップが高いことから，セグメント A には，新しい顧客の紹介（紹介価値），クチコミ（影響価値），有益な情報のフィードバック（知識価値）など，取引以外の価値行動も期待できる。彼ら自身に購買してもらうだけでなく，他の消費者に購買してもらうために，彼らをいかに活用するかが重要となるのである。とりわけ，すでに十分な購買量に達している消費者に対しては，このような戦略的目標を明確に設定することで，より効果的なマーケティング活動が展開可能となる。

　いま 1 つ重要なことは，セグメント A が充実している場合，ブランド・アイデンティティの変更に慎重になる必要があることである。消費者が共鳴している現在のブランドの価値観を大きく変更することは，彼らにとって「裏切り」と映りかねず，重要な顧客基盤を失う危険性を秘めている。

《セグメントB》

セグメントBは，ブランド・リレーションシップは形成されていないものの，積極的に購買してくれる消費者から構成されるセグメントである。このセグメントは積極的な購買行動ゆえに，セグメントAと並ぶ，重要な顧客基盤となる。

セグメントBへの対応には2つの考え方がある。1つは，ブランド・リレーションシップが形成されていなくても，購買量が十分であればそれでよいという考え方である。もう1つは，ブランド・リレーションシップの形成を促すことで，より頑健な顧客基盤を構築するという考え方である。

これらは，いずれか一方が正しいというものではなく，事業方針に従い選択されるべきものである。たとえば，ブランド駆動型でないビジネス（低価格，入手容易性，営業力，品質や技術力に依存するビジネスなど）を展開する企業の場合，前者を選択することが多くなるであろう。逆に，ブランド駆動型のビジネスを展開する企業や，長期的成長を狙う企業の場合には，顧客基盤の安定性を高めるために，後者を選択することが多くなると考えられる。

《セグメントC》

セグメントCは，ブランド・リレーションシップは形成されているが，購買には積極的でない消費者から構成されるセグメントである。意外に感じられるかもしれないが，このような消費者は少なからず存在する。

最も単純な理由は，購買行動を妨げる何らかの阻害要因が存在することである。代表的な阻害要因として，入手困難性，経済的制約（サンクコストを含む），時間的制約などがあげられる。また，ネットワーク外部性が重要となる財の場合には，他のユーザーの不在が致命的となる。さらにこのような阻害要因がなくても，その消費者がいまは購買したり利用したりする状況にないと考えている場合もある。たとえば若いころ愛用したアクセサリー・ブランドだが，現在は育児中であるために，身につける状況にないと考えている場合などである。

セグメントBと同様に，セグメントCへの対応にも2つの考え方がある。1つは，ブランド・リレーションシップの高さを，購買行動へ結びつけていく考え方である。これはセグメントCにおける基本的戦略であり，セグメントAへのシフトを期待するものである。いうまでもなくこの戦略を成功させるには，

購買しない理由を明らかにすることが必要となる。すなわち，さまざまな阻害要因について，ていねいに整理していくことが求められる。

　もう1つの戦略は，ブランド・リレーションシップの高さを，購買以外の活動に結びつけていくという考え方である。これはセグメントCにおける補助的な戦略であり，新しい顧客の紹介（紹介価値），クチコミ（影響価値），有益な情報のフィードバック（知識価値）といった，購買以外の価値行動を期待するものである。消費者の中には購買よりも，むしろこれらの行動に期待したほうがいい者もいる。この戦略を成功に導く鍵は，彼らにどのような行動を期待するのかを，具体的かつ明確に設定できるかである。

《セグメントD》

　セグメントDは，ブランド・リレーションシップが形成されておらず，購買も積極的でない消費者から構成されるセグメントである。ある消費者がこのセグメントに含まれる理由は，ブランド認知が不十分である（ブランド・レゾナンスのピラミッドの第1段階に至っていない），ブランド自体の理解が不十分である（第2段階に至っていない），ブランド自体のイメージが好ましくない（第3段階に至っていない），ブランド自体の好ましいイメージが，購買に結びついていない（第3段階に至っているが，その力を発揮できていない）のいずれかである。つまり彼らは，第4段階のブランド・リレーションシップ以前の段階にある。このためセグメントDの消費者には，伝統的なブランド・マネジメントの考え方を適用することになる。すなわちブランド・リレーションシップの形成より前に，認知率の向上，ブランド自体の理解と好印象の形成，好ましいイメージの効果を阻害している要因の排除といった課題に取り組むことになる。

　セグメントDの対応には，購買行動を高める（セグメントBへのシフトを期待する）方法と，非ターゲットと位置づけマーケティング努力を投入しないという方法があるが，いずれもブランド・リレーションシップ戦略から逸脱するため，本章では省略することにする。

(3) RPマトリクスの活用

　RPマトリクスの横軸であるブランド購買の程度には，さまざまな変数をあてはめることができる。またこれによって，多様な情報を手に入れることが可能となる。

最も一般的な変数は，購買量ないしは購買額である。本章でもこれまで横軸を購買量ないしは購買額として説明してきた。なお購買量や購買額の測定期間を中長期に広げることで，ブランド・リレーションシップと購買の安定性の関係について知ることができる。

　次に，一定期間当たりの購買回数（つまり購買頻度）をあてはめることで，ブランド・リレーションシップとリピート傾向の関係について知ることができる。また，「購買金額／購買回数」をあてはめることで，取引当たりの購買額（客単価）との関係について知ることができるし，「購買量／購買回数」をあてはめることで，1回当たりの購買量（まとめ買い傾向）との関係について知ることができる。さらに，「購買金額／購買量」をあてはめることで，価格感度との関係についてある程度まで知ることができる。値引きの有無や価格の変動による購買の変化について，推察可能だからである。

　これらはいずれもブランド・リレーションシップによる，購買の「質」の変化を示すものであることに注意してほしい。第2節において，ブランド・リレーションシップには，ブランド自体のイメージとは質的に異なる取引効果が期待できると述べた。頑健な顧客基盤を構築するには，このような購買の質的相違を把握することが大切な課題となる。

⌘ VBマップ

　ブランド・レゾナンスのピラミッドが示すように，市場におけるブランドの評価は，ブランド・リレーションシップだけでなくブランド自体のイメージによっても形成される。このためブランド・リレーションシップは弱くても，優れたパフォーマンスによって絶大な人気を誇るブランドがある。

　しかしRPマトリクスだけでは，このようなブランドを正確に評価することは難しい。なぜならRPマトリクスは，ブランド・リレーションシップと購買行動の関係に着目するものであり，ブランド自体のイメージについては考慮しないからである。RPマトリクスは，ブランド・リレーションシップと購買行動の関係を直感的に理解できるシンプルでわかりやすい分析ツールだが，優れたブランド戦略を策定するには補完的ツールも必要となる。

(1) VBマップの概要

VBマップ（volume-balance map：絆‐バランスマップ）は，市場における自社ブランドの「受け入れられ方」について知ることができる分析ツールである。

VBマップは，ブランド認知，ブランド自体のイメージ，ブランド・リレーションシップという3次元を組み合わせることで，市場における自社ブランドの状態を詳細に記述することができる。またこのマップは，ブランドを単体ではなく，他ブランドと対比するかたちで分析する点で，RPマトリクスと異なっている。

(2) VBマップの作成

VBマップを作成するには，まず，自社ブランドおよび競合ブランドについて「5層分析」を行う。これはブランド認知，ブランド自体のイメージ，ブランド・リレーションシップという3次元を組み合わせて，消費者を，絆層，好意層，中立層，拒否層，非認知層の5層に分解するプロセスである。5層分析によって消費者は，①自社ブランドにリレーションシップを形成している者，②リレーションシップは形成していないが肯定的な印象を抱いている者，③中立的な印象を抱いている者，④否定的な印象を抱いている者，そして⑤自社ブランドを知らない者に類型化される。

次に5層分析の結果に基づいて，ブランドごとに「ポジティブ・ボリューム」と「ポジティブ・バランス」を算出する。そして，これに従って各ブランドを布置することで，VBマップができあがる（図3-5）。

VBマップを構成する重要な変数である，ポジティブ・ボリュームとポジティブ・バランスについて説明する。ポジティブ・ボリュームとは，市場におけるポジティブ層（そのブランドに肯定的な評価をしている消費者）の規模であり，ポジティブ評価の量的側面（そのブランドは市場にどの程度受け入れられているのか）を示すものである。具体的には，市場における絆層と好意層の大きさであり，（絆層＋好意層）/（絆層＋好意層＋中立層＋拒否層＋非認知層）という式で計算される。VBマップでは，より多くの消費者に好まれているブランドほど，右寄りに布置されることになる。

ポジティブ・バランスとは，ポジティブ層に占める絆層の割合であり，そのブランドの肯定的な評価が，ブランド自体イメージによるものか，あるいはブランドとの心理的な結びつきによるものかの傾向を示すものである。したがっ

図3-5 VBマップ（ファストフード・ブランドの例）

ポジティブ・バランス
（ポジティブ層に占める絆層の割合）

高

● バーガーキング

● モスバーガー
● ケンタッキーフライドチキン

● ファーストキッチン

● マクドナルド　　　　● フレッシュネスバーガー
　● ロッテリア　　　　● ミスタードーナッツ

低

小　　　　ポジティブ・ボリューム　　　　大
（市場におけるポジティブ層の規模）

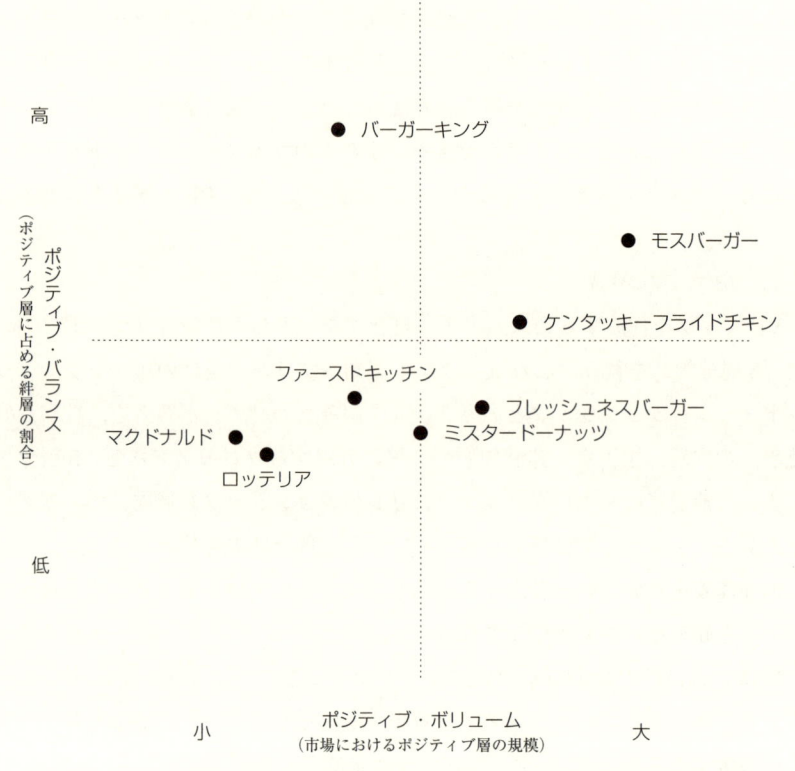

（出所）2013年3月に首都圏の一般消費者985名を対象に行った調査に基づき筆者作成。

てポジティブ・バランスは，ポジティブ評価の質的側面（そのブランドは市場にどのように受け入れられているのか）を表すことになる。また具体的には，肯定的な評価をしている消費者の中の，ブランド・リレーションシップを形成している者の割合として，絆層／(絆層＋好意層) という式で計算される。VBマップでは，ブランド・リレーションシップを形成している消費者が多いブランドほど，上方に布置されることになる。

　なお本章では各ブランドを「点」として表記しているが，売上高あるいは市場シェアを直径とした「円」とすることもできる。このように散布図ではなくバブル・チャートにすることで，消費者の心理と販売動向を対比することが可能となり，さらに深い洞察が可能となる。

図3-6 VBマップの解釈

小　ポジティブ・ボリューム　大
（市場におけるポジティブ層の規模）

	特定顧客愛着型	広範囲愛着型
高	・一部の顧客に強く愛されている。 ・好みがはっきりと分かれる個性的なブランドが多い。	・幅広い支持を得つつ，なおかつ愛着も強い。 ・品質やブランド自体のイメージに対する評価だけでなく，ブランドへの愛着も十分に形成されている。
	肯定的な評価が少ない　←　｜　→　肯定的な評価が多い	
	低評価型・低価格型・習慣型・非代替型	広範囲支持型
低	・中立・否定層・非認知層が多く，好意層があまり存在しない。 ・低価格や習慣（惰性）によって購買される場合や，競争が穏やかな場合，一定の売上や利益をもたらす。	・市場から幅広く支持されている。 ・製品そのものの品質や，ブランド自体のイメージが，ブランド・エクイティの駆動力となっている。

ポジティブ・バランス
（ポジティブ層に占める絆層の割合）

BRの形成者が多い　↑
BRの形成者が少ない　↓

■ 中立層＋拒否層＋非認知層　　▨ 好意層　　□ 絆層

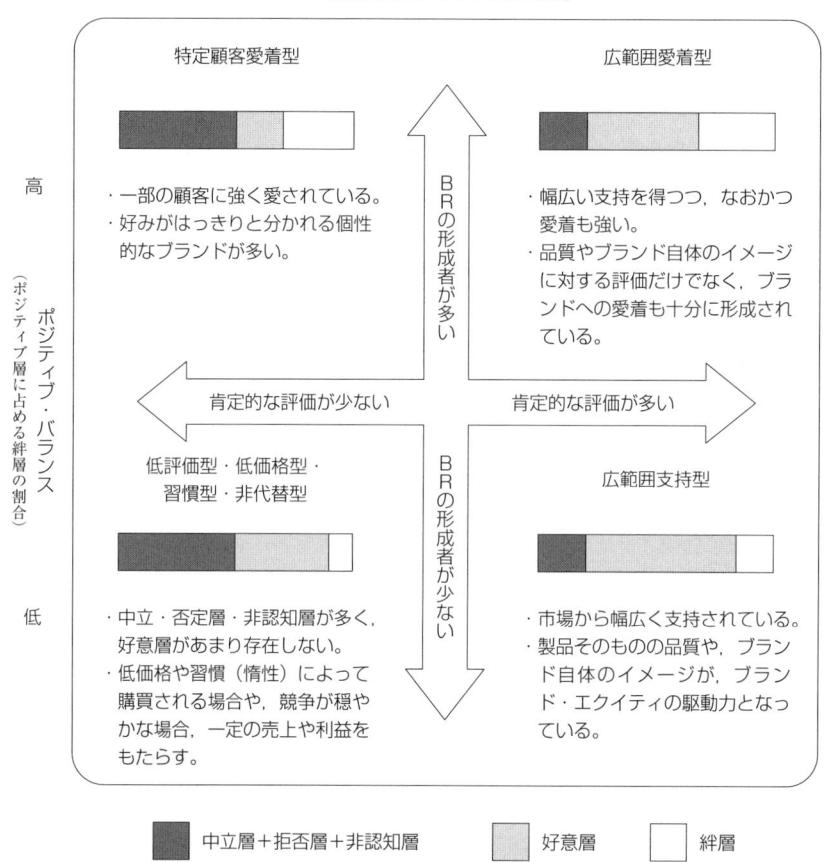

（注）　図中のBRはブランド・リレーションシップを指す。
（出所）　筆者作成。

（3）VBマップの解釈

　VBマップの解釈は，ブランド同士の相対的位置関係に着目することによって可能となる。たとえば製品ブランドであれば，同じ製品カテゴリーのブランド同士で比較をすることが一般的であろう。また企業ブランドであれば産業単位，あるいは戦略グループ（ある産業の中で互いに類似した戦略を追求している企業）単位での比較が考えられる。さらに戦略的ベンチマーキングの観点から，

異なる製品カテゴリーのブランドを比較対象にすることも有効となる。以下では，VBマップの典型的な解釈について説明する（図3-6）。

《右上方向：広範囲愛着型》

マップの右上方向に位置するブランドは，多くの消費者から肯定的な評価を得ており，なおかつブランド・リレーションシップを形成している割合も大きい。幅広い支持を得つつ，なおかつ愛着も強いブランドであることから，本章では広範囲愛着型ということにする。広範囲愛着型のブランドは，品質やブランド自体のイメージに対する評価だけでなく，ブランドへの愛着も十分に形成されており，絆層と好意層がバランスよく存在していることが特徴的である。

《右下方向：広範囲支持型》

マップの右下方向に位置するブランドは，相対的に多くの消費者から肯定的な評価を得ているが，ブランド・リレーションシップを形成している割合は比較的少ない。この方向に位置するブランドは，市場から幅広い支持を得ているので，広範囲支持型ということにする。広範囲支持型のブランドは，製品そのものの品質やパフォーマンス，ブランド自体のイメージなどが，ブランド・エクイティの駆動力となっていると考えられる。

《左上方向：特定顧客愛着型》

マップの左上方向に位置するブランドには，肯定的な評価をしている消費者は相対的に少ないものの，その多くが（ブランド自体の評価にとどまらず）リレーションシップを形成しているという特徴がある。この方向に位置するブランドは，一部の顧客に強く愛されていると考えられるため，特定顧客愛着型ということができる。特定顧客愛着型ブランドには，好みがはっきりと分かれる個性的なブランドが多い。

《左下方向：低評価型・低価格型・習慣型（惰性型）・非代替型》

マップの左下方向に位置するブランドは，肯定的な評価をしている消費者が相対的に少なく，なおかつブランド・リレーションシップを形成している者も比較的少ないものである。この方向に位置するブランドは，中立層や拒否層が多いために，市場におけるブランド評価が低く，売上や利益に苦戦していることが多い。

ただし左下方向に位置するブランドの中には，十分な売上や利益を達成して

いるものもある。これらは大きく2つに分けられる。第1は，低価格や習慣（あるいは惰性）によって購買されているブランドである。低関与製品，とりわけ食品や日用雑貨品の一部には，このような購買パターンのブランドも多い。第2は，代わりになるブランドがほかに存在しないために購買されているブランドである。代替ブランドが存在しなかったり，入手困難であったり，あるいはそのブランドに移るための費用（スイッチング・コスト）が高い場合には，たとえ評価の低いブランドであっても，消費者はしぶしぶ購入し続けることがある。

このように左下方向には，低評価型ブランド，低価格型ブランド，習慣型（惰性型）ブランド，非代替型ブランドの少なくとも4つのタイプが存在する。したがって自社ブランドや競合ブランドが左下に存在するときには，なぜそのブランドがそこに存在しているのかを冷静に分析することが重要となる。

(4) VBマップの比較レベル

VBマップにおけるブランドの比較には，カテゴリー内比較とカテゴリー間比較という2つのレベルがある。それぞれについて，例を用いて説明する。

《カテゴリー内比較》

カテゴリー内比較とは，競合するブランド同士（同一製品カテゴリーないしは同一産業のブランド同士）を比較することである。カテゴリー内比較は，VBマップの基本的な活用法である。ここでは例として，典型的なカテゴリー内比較である図3-5（ファストフード）に戻り，説明する。

右上方向には，モスバーガーが位置している。日本人の味覚に合わせた味つけの，やや手の込んだハンバーガーを提供するモスバーガーには，熱心なファンが多いといわれている。また同ブランドは，幅広い消費者から「おいしい」と好かれている。図3-5はモスバーガーのこのような特徴をみごとに示している。またモスバーガーほどではないが，ケンタッキーフライドチキンにも，一定のファン層が存在するようである。

右下方向には，フレッシュネスバーガーが位置している。同ブランドはモスバーガーと類似したブランド・コンセプトをもっているが，少なくとも現時点では，市場における受け入れられ方に違いがあるようである。フレッシュネスバーガーは，好感度は高いが，強い愛着を感じている人は少ないため，価格の

図 3-7　VB マップ（カテゴリー間比較）

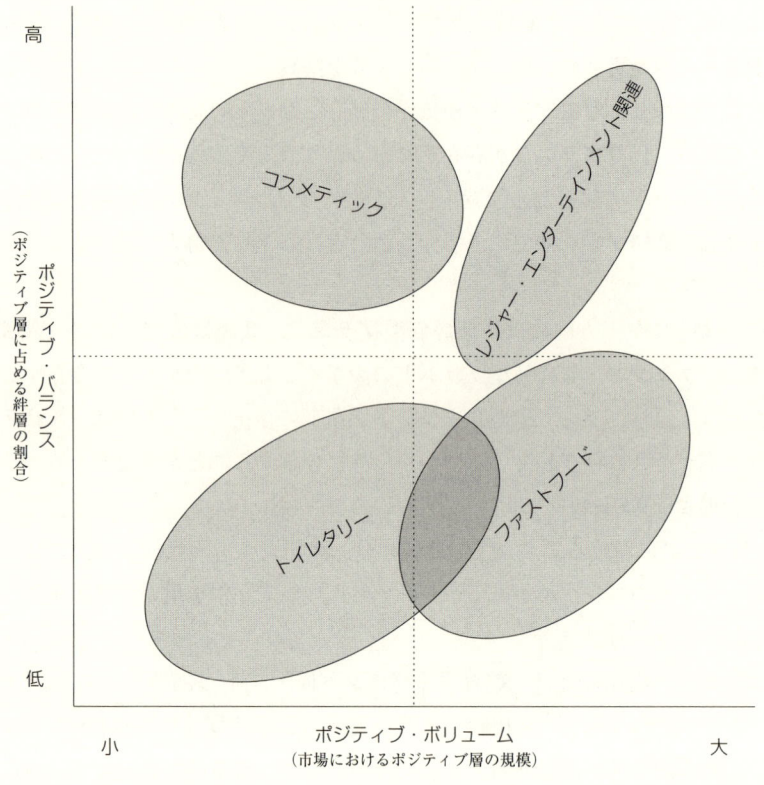

（縦軸）ポジティブ・バランス（ポジティブ層に占める絆層の割合）　高〜低
（横軸）ポジティブ・ボリューム（市場におけるポジティブ層の規模）　小〜大

領域：コスメティック／レジャー・エンターテインメント関連／トイレタリー／ファストフード

（出所）　筆者作成。

改定，ブランドの失敗，模倣ブランドの出現といったおりに，脆弱さを露呈する可能性がある。

　左上方向にはバーガーキングが位置している。独特の調理法，大きなサイズ，凝ったオーダー方法を特徴とする同ブランドが，一部のファンから強く支持されていることが確認できる。また左下方向に位置しているマクドナルドは，昨今の業績低迷を反映していると考えられる。

《カテゴリー間比較》

　カテゴリー間比較とは，異なる製品カテゴリーに属するブランド同士を比較したり，あるいは製品カテゴリー同士を比較したりすることである。図 3-7 からわかるように，製品カテゴリー（ないしは産業）ごとに，VB マップ上の位

70

置は大きく異なる。筆者がこれまでに行った調査によると，レジャー・エンターテインメント関連は右上方向，ファストフードは右下方向，コスメティックは左上方向，トイレタリーは左下に位置する傾向が発見されている。

レジャー・エンターテインメント関連が右上方向に位置しているのは，楽しさを提供する場所であるとともに，親密さやフレンドシップを訴えることが多いためであろう。多くの人が，積極的に接近したいと感じるため，好意度やリレーションシップが相対的に強くなる。対照的に，トイレタリーが左下に位置しているのは，多くの消費者にとって，意識的にかかわろうとするカテゴリーではないためと考えられる。

ファストフードは，俯瞰的に見ると右下方向に位置しており，熱心なファンは少ないが，多くの人に好意を抱かれている傾向が確認できる。ファストフードには，万人に受けるブランドが多いということであろう。反対にコスメティックは左上方向に位置しており，万人に受けるブランドよりも，個性の強いブランドが主流であることが読み取れる。

このようにカテゴリー間比較を行うことで，製品カテゴリーや産業におけるブランドの受け入れられ方について，一般的な傾向を知ることができる。

(5) VB マップの活用

《ポジションに応じた定石的対応》

最後に，VBマップの活用方法を紹介する。まずVBマップ上のポジションに応じた，定石的対応について説明する。

広範囲愛着型ブランド（右上）の場合，RP分析と組み合わせて，絆層がどの程度購買行動に貢献しているのかを確認してみるとよい。積極的な購買行動をみせるセグメントAが多いことが望ましいが，購買には積極的でないセグメントCも存在するだろう。この場合，彼らをどのように活用するか（彼らにどのような戦略目標をあてはめるか）が重要となる。

広範囲支持型ブランド（右下）の場合，好意層が中心となってブランドを牽引しているので，この層が購買行動に積極的であることが理想的である。逆に，ブランド自体の好ましいイメージが購買行動に結びついていない場合には，何らかの対応が必要となる。

特定顧客愛着型ブランド（左上）には2つの戦略が考えられる。第1は，個

性を薄めて，より大きなブランドをめざす方法である。かつて「ザ・ボディショップ」が採用した戦略がこれにあたるだろう。もう1つは愛顧層をしっかりとつかむ方法であり，ニッチ・ブランドとしての成功をめざす方法である。たとえば自動車の「スバル」や「アルファロメオ」が採用している戦略がこれにあたる。なお特定顧客愛着型ブランドの場合も，RP分析と組み合わせて，絆層がどの程度購買行動に貢献しているのかを確認することが重要となる。

《市場競争状態との対比》

VBマップを市場の競争状態と照らし合わせることで，戦略的な示唆を得ることができる。たとえば市場シェア競争の激しい業界では，より多くの消費者を顧客として取り込むために右上方向ないしは右下方向が有利となる。また市場シェア競争が穏やかな業界の場合，必ずしも幅広い消費者を取り込む必要がないので，個性豊かなブランドとして左上の方向を狙うことも考えられる。さらに低価格・習慣的購買が中心の業界や，代替的ブランドが少なく競争状態の穏やかな業界では，あえて左下のポジションを狙い，ブランド力以外で勝負することができる。

以上を前述した事例（図3-5）にあてはめてみると，ファストフード・チェーンのように幅広い消費者を顧客として取り込もうとする企業が多い業界では，右上ないしは右下のポジションが有利となる。またこの考えに基づけば，モスバーガーの成功は，熱心なファンを抱えつつも，多くの人々に支持されたことにあると解釈できる。対照的にバーガーキングは，熱心なファンは多いものの支持層広がりに限りがあるため，これが規模拡大の足かせになっていると推察できる。

《ま と め》

VBマップを用いる際に重要なことは，どのポジションが最良というわけではないことである。広範囲愛着型や広範囲支持型以外にも，大きな売上や高い利益を誇るブランドは数多く存在する。VBマップの本質とは，ポジションによって戦い方が違ってくることを示すものであり，どのような戦い方が最適かを検討するための資料となるものである。

また上に述べた対応方法は，いずれも，現在の顧客基盤や競争環境に従うことを前提としたものである。よりドラスティックな観点に立った場合，現在の

顧客基盤や競争環境にとらわれず，これを破壊する戦略も考えうることを付け加えておく。

おわりに

　本章では，ブランド・リレーションシップの位置づけと効果について説明するとともに，ブランド・リレーションシップの戦略について論じてきた。しかし本章で説明した内容は完成型といえるものではない。ブランド・リレーションシップ研究は現在も活発に行われており，新たな発見が次々と報告されているからである。ブランド・リレーションシップの戦略は，今後さらに進化をしていくだろう。

　重要なことは，ブランドのマネジメントは，ブランド・リレーションシップだけに依存するものではないということである。第3節の冒頭でも述べたように，ブランド・リレーションシップは，ブランド認知や，ブランド自体のイメージと複合的に活用するものであることを忘れてはならない。

　いま1つ重要なのは，顧客ないしは消費者を複数のグループ（つまりセグメント）に分けてマネジメントすることである。本章において繰り返し指摘してきたように，ブランド・リレーションシップ戦略では，顧客ないし消費者をポートフォリオとして捉え，異なる役割や価値を期待することが重要となる。また消費者同士のコミュニケーションにおいて絆層が重要な役割を担うことが多いことをふまえると，消費者間相互作用という観点から複数のセグメントを同時にマネジメントしていくことも大切となる。

　ブランド・リレーションシップを的確にマネジメントすることは，強いブランドをより強くすることにつながる。多くの読者がブランド・リレーションシップのマネジメントに積極的に取り組まれることを期待する。

＊本章の一部は，日本学術振興会より平成24〜26年度科学研究費助成事業の助成を受けたものである。また本章を執筆するにあたり，株式会社インテージから多大なるご協力をいただいた。この場をお借りして，お礼を申し上げたい。

参 考 文 献

Batra, R., A. Ahuvia, and R. P. Bagozzi [2012] "Brand Love," *Journal of Marketing*, 76(2), pp. 1-16.
Belk, R. W. [1988] "Posessions and the Extended Self," *Journal of Consumer Research*, 15(2), pp. 139-168.
Cheng, S. Y. Y., T. B. White, and L. N. Chaplin [2012] "The Effects of Self-Brand Connections on Responses to Brand Failure: A New Look at the Consumer-Brand Relationship," *Journal of Consumer Psychology*, 22(2), pp. 280-288.
Donovan, L. A., Novak, J. R. Priester, D. J. MacInnis, and C. W. Park [2012] "Brand Forgiveness: How Close Brand Relationships Influence Forgiveness," in S. Fournier, M. Breazeale, and M. Fetscherin (eds.), *Consumer-Brand Relationships: Theory and Practice*, Routledge, pp. 184-203.
Fournier, S. [1998] "Consumers and Their Brands: Developing Relationship Theory in Consumer Research," *Journal of Consumer Research*, 24(4), pp. 343-373.
Keller, K. L. [2013] *Strategic Brand Management: Building, Measuring, and Managing Brand Equity*, 4th ed., Prentice Hall.
Kumar, V., L. Aksoy, B. Donkers, R. Venkatesan, T. Wiesel, and S. Tillmanns [2010] "Undervalued or Overvalued Customers: Capturing Total Customer Engagement Value," *Journal of Service Research*, 13(3), pp. 297-310.
Park, C. W., D. J. MacInnis, J. Priester, A. B. Eisingerich, and D. Iacobucci [2010] "Brand Attachment and Brand Attitude Strength: Conceptual and Empirical Differentiation of Two Critical Brand Equity Drivers," *Journal of Marketing*, 74(6), pp. 1-17.
van Doorn, J., K. N. Lemon, V. Mittal, S. Nass, D. Pick, P. Pirner, and P. C. Verhoef [2010] "Customer Engagement Behavior: Theoretical Foundations and Research Directions," *Journal of Service Research*, 13(3), pp. 253-266.
小野譲司・藤川佳則・阿久津聡・芳賀麻誉美 [2014]「共創志向性——事後創発される価値の原動力」『マーケティングジャーナル』131, 5-31 頁。
久保田進彦 [2013]「ブランド・リレーションシップの段階的形成と特徴的効果」『消費者行動研究』19(2), 109-138 頁。
杉谷陽子 [2011]「消費者の態度における感情と認知——「強い」ブランドの態度構造の検討」『消費者行動研究』17(2), 143-167 頁。

第4章

ブランドパワーを
いかに測定するか

萩原雅之・上田雅夫

はじめに

　本章ではブランド管理に欠かせないブランド力の測定と評価について，研究者と実務家の橋渡しを目的に，まずビジネスの現場におけるブランド測定の現状と新しい動向について概観する。それをふまえ，ブランド力測定の方法論についてのレビューと問題点を整理し，新しいブランド力測定法として反応時間の計測が有効であることを示す。

1 実務におけるブランド測定の現状

⌘ 消費者調査によるブランド管理

　ブランド力の測定は，財務データや価格プレミアムから無形のブランド価値を金額に換算して算出する方法もあるが，ビジネス現場におけるマーケターの実務としては消費者調査（サーベイリサーチ）に依存しているのが現状である。ブランドを評価する指標は業界や企業ごとに異なるため，ブランド管理を経営課題に掲げる企業では，自社ブランドが消費者や顧客にどのように知覚されているかを定期的なサーベイに基づき管理するのが一般的である。
　「消費者の知覚」がブランド・エクイティの構成要素として体系化される以

前から，サーベイリサーチによる測定は行われていた。自社と競合ブランドについて，認知度，理解度，好感度，購入意向に加えて，ブランドや企業名から連想するイメージ・評価項目へのあてはまりを尋ねることで，自社ブランドの強み・弱みを明らかにすることができる。ブランド認知が不十分であれば，広告やプロモーションを行い，ブランド・コンセプトと異なるイメージがもたれていればクリエイティブ表現の変更を検討するなど，広告・PR活動への反映も比較的容易であった。

　ただ，消費者の頭にある知覚やイメージは，マーケターやリサーチャー側がすべて思いつくとは限らない。最初から測定項目をあげるのではなく，定性調査でブランド名から連想するイメージワードの洗い出しを行い，絞り込んだうえで，因子分析により各因子を代表する項目を選択する手続きが望ましい。ただ現実にはこのような手間をかける企業は少ない。

　解釈プロセスでは，クロス集計におけるカテゴリー間の関係を視覚的に把握できるコレスポンデンス分析が多くの場合用いられる。マーケティング戦略に欠かせないSTP（セグメント，ターゲット，ポジショニング）による分析に使いやすいからである。ネット調査会社が提供する集計ソフトにも，メニューとして実装されたことでより身近になった。

　実務上の手法開発やデータ蓄積で先行しているのは，広告会社や調査会社である。特に電通，博報堂，アサツーディ・ケイなどの大手広告代理店が主導する形で，ブランド診断と処方箋に基づき，広告プランニングまで一貫した提案を行えるのが強みとなっている。汎用性の高い分析フレームを外部から導入することも広く行われており，ヤング・アンド・ルビカム社の「ブランド・アセット・バリュエータ」（BAV: Brand Asset Valuator）[1]などが有名である。このような調査のメリットとしては，調査設計にトップレベルの知見を利用できることや，業態，業界を超えて全体的な水準の中で自社および自社ブランドの位置を把握できることなどがあげられる。

　近年は，ブランドを消費者の知覚のセットではなく，相互の関係性やユーザーの体験価値がブランド力であるという考え方が注目を集めている（川上・山口 [2013]）。単に質問紙でブランドと知覚を結びつけるだけではなく，行動観察やコミュニティを通して生活者にとってどのような存在なのかを定性的に把

握するリサーチも試みられている。

⌘ 第三者によるブランドサーベイ

独自のブランドサーベイを行うのはコストもかかるため，ビジネスの現場では，第三者の立場から調査会社が継続的に実施する調査のデータも積極的に利用されている。

たとえば，ブランドではなく社名で測定する「日経企業イメージ調査」は，2000社以上の認知度やイメージに関して30年以上のデータが蓄積されている。ブランドの隆盛を追いかけるには有効なデータだ。同社の広告局などの営業資料として広告主，広告会社へ配布されているが，日経広告研究所から一般向けにも販売されている。日経BPコンサルティングの「ブランド・ジャパン」は，日本の著名なブランド研究者の監修のもと，1500のブランド評価を，消費者とビジネスパーソン5万人以上のサンプルで行う調査である（吉田［2012］）。いずれも多くのブランドを測定しなくてはならないため，ブランドを組に分け，1人が回答するブランド数を固定して実施する[2]。

これらの調査は異なる業種，企業を同じイメージワードで測定している。総合ランキングは毎年注目を集めるが，多様な企業にあてはまる「公約数」的な物差しを選ばざるをえないという限界を理解したうえで利用すべきであろう。また大手メディアで広く結果が公表されるため，企業はこのような調査のランキングや得点をあげることを目標にするケースも出ている。ただブランドは本来，差異化という機能があるのですべてのブランドが同じ高得点をめざす必要はないともいえる。

また調査対象者や調査エリアについても注意を払う必要がある。1990年代までは訪問留置調査や電話調査が用いられていたが，現在ではネットリサーチが一般的であり，質問紙からネットリサーチへの移行期には継続性の問題から慎重さが求められていた。ブランド・ジャパンについては，ネットリサーチのバイアスを補正する傾向スコア補正法が用いられている。

多くのブランドサーベイでは，ブランドとイメージ項目を大きな表形式で質問するいわゆる「マトリクス」形式のデザインが用いられているが，回答者の負担が大きい。アクセスパネルの回答者の熱心さに依存していることも認識し

ておくべきだろう。PCでの回答を前提にした調査票をスマートフォンで回答する比率が高まっており，いずれネットリサーチの回答デバイスはスマートフォンが一般的になるとみられている。PC画面を前提とした大きな表形式のデザインは使えなくなるため，データの連続性の検証に向けた研究が必要である。

またウェブブランド測定へのニーズも高まっており，多くの第三者データが存在する。この場合は認知やイメージだけではなく，ウェブサイトへのアクセス量やユーザビリティなども測定項目に入るのが一般的である。

⌘ 検索データとソーシャル・リスニング

伝統的なサーベイリサーチ以外のブランド測定法も生まれている。その背景には，新しい消費者理解の方法が急速に普及している点をあげられる。ブランド・コミュニティなど企業と消費者の相互作用が生まれる場をつくり相互理解を進める方法や，観察や自然な行動や言葉の分析，さらには脳科学や画像認識などの先端技術の活用などがある（萩原［2011］）。

消費者の自然な行動や意識を可視化する仕組みとしては，検索データの分析がある。検索データでブランドをみていくということは，消費者の頭の中の関心や購買意向を可視化するということにほかならない。ウェブサイトのアクセス・ログではどんな検索語で流入したかを集計することができる。ブランドと特定の言葉との結びつきを表しており，検索語ごとのページ推移をみることで自社ブランドの構造を可視化することができる。Googleは，Google Trendという無償のデータベース・サービスを提供している。調べたいブランド名を入力すれば，出現率の推移について2004年以降のデータが入手できる。地域別のブレイクダウンや，そのブランドがどのような言葉とともに検索されているかなどもわかる。

たとえば全世界におけるキーワード"sony"と"samsung"の過去10年間の検索ボリュームの推移を表したグラフをみれば，ソニーブランドの凋落は一目瞭然である（図4-1）。毎年12月のデータが跳ね上がっているのは，いわゆるクリスマス商戦の時期であり，ブランド名を打ち込むのは購買意向の高いユーザーと推測できる。

"sony"というキーワードは12月の突起がなくなりつつあり，購買時に想起

図 4-1　キーワード "sony" と "samsung" の検索ボリューム（出現率）の推移

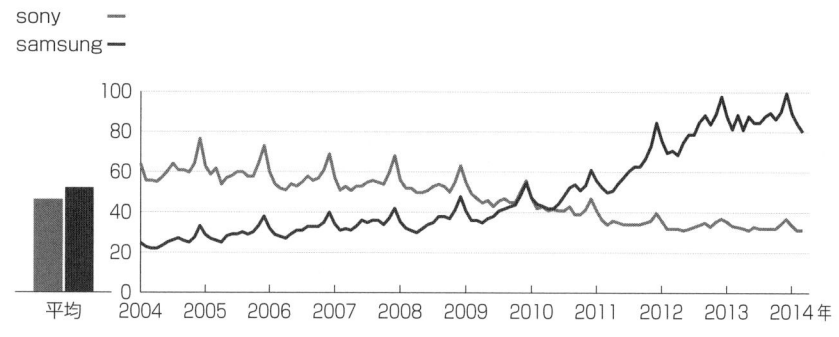

sony ―
samsung ―

（注）提供されるのは検索件数のボリュームではなく，当該期間における検索全体における出現率である。またスコアは，指定期間で最も出現率が高かった時期を100としたときの指数で表される。
（出所）Google Trend.

される力も弱くなっている。商品，サービス特性ごとの違いがあるので質問紙調査のようなランキングは不可能であるが，検索ボリュームは，ブランドの力を端的に表すものといってよいだろう[3]。

同様に，ツイッターやブログにおいて，自社ブランドがどの程度言及されているのかをモニタリングしている企業も多い。ネット上にはブランドに関するポジティブ，ネガティブな評価や体験があふれ，従来のような広告やPRによってコントロールすることは困難である。消費者がブランドをどういう文脈で話題にしているのかトラッキングするのは，いわば健康診断や毎日の体温測定のようなものであり，異常値が出た場合にはより詳しい診断が行われ処方箋が必要となる。このような定点測定と対応を一体運営することで，ブランド力測定が企業の業務プロセスの一部に組み込まれることになる。

検索データやリスニングは，多言語や国別の統計に対応しているのでグローバル・ブランディングにも使える。自社や競合ブランドがどのように検索されているか，どのような評判かといった現状を知るためのスタート地点となろう。また課題や仮説に対してデータを過去に遡って解析できることも，サーベイでは得られないメリットである。

⌘ エンゲージメントの測定は可能か

　ブランド戦略においては，消費者の認知や連想のセットだけではなく，個人としての体験の一貫性や，その深さを強く意識しなくてはならない。強いブランドは，個人的な経験や感情によって深く脳内に無意識レベルまで結びついており，記憶と感情の組み合わせで生まれるのである。

　質問紙調査では多くの場合，自分と関係なく，ふだん意識もしないようなブランドについても何らかの反応を求められる。ブランドAをイメージBと抱く人は同じ重みで扱われるが，愛着をもち即答する人も，悩みながら考えて答える人もいるわけで，その深さは個人差が大きいと考えられる。コレスポンデンス分析が示すのはブランド間の類似性であって，パッションの深さについては表現されていない点は留意が必要である。

　生活者体験に基づくブランド・エンゲージメントを伝統的な調査手法で把握するのは難しい。長く親しまれたブランドにロゴや味覚，パッケージ・デザインなど何らかの変更が加えられる場合，愛着の高い顧客から反発を受けることは珍しくない。最近では，2009年のトロピカーナのパッケージ変更の事例がある。新パッケージ案は多くの消費者調査によるチェックを経て自信をもって世に送り出されたが，直後から売上が20%減少し，6週間でもとのパッケージに戻さざるをえなかった。

　巨額の費用をかけたプロジェクトであり，シェルフ・インパクト・テストなど万全の事前調査が実施されたにもかかわらず，それが予想できなかったのは，調査手法選択に問題があったといえよう。ブランドの強さが市場への浸透（広さ）ではなく，顧客の愛着（深さ）にあるとすれば，熱心なブランドのファンの気持ちに焦点を当てるべきだったのである[4]。

　これら深さのレベルは顧客自身も気づいていないこともあるので，生体的な脳内反応を測定する技術にも注目が集まる。脳科学をベースしたマーケティング・コンサルティング会社バイオロジー社は，fMRI (functional magnetic resonance imaging) に変わるものとして，ウェブ上でブランドと画像イメージとの関係性の深さをレスポンス・タイム（反応時間）によって測定し，「最も欲求喚起するブランド」ランキングを公表した。顧客体験価値を具現化して成功したサウスウエスト航空がトップになるなど，財務的価値やブランド知覚によるラ

表4-1 大脳による2つのタイプの情報処理

システム1	システム2
Fast（速い）	Slow（遅い）
Automatic（自動的）	Conscious（意識的）
Intuitive（直観的）	Effortful（努力を要する）
Associative（連想的）	Rule-governed（規則に支配）
Emotional（感情的）	Neutral（客観的）

（出所） Kahneman [2011].

ンキングとは大きく異なっていたという（田邊［2013］）。

このような無意識の行動とブランド測定との関係は，われわれの大脳が用いる2つの情報処理システムとして説明される。自動的に処理されるシステム1と，意識的な思考が必要なシステム2という異なるモードの情報処理が自動的に行われることは「二重プロセスモデル」と呼ばれる（表4-1）。

ブランド評価や購買行動が自動的，無意識に行われているのはシステム1の働きである。しかしサーベイリサーチでは，ブランドからの連想が，直観的なものにせよ，熟考の結果であるにせよ，同じ重みとして扱われてしまう。質問紙へ回答するときには，システム2に頼らざるをえない[5]。無意識レベルで直観的に結びつくことがブランドとの関係性やエンゲージメントを表すとすれば，システム1（ファスト思考）の測定法を考えることは意義がある。

2 ブランド力の測定

前節で，主に消費者調査を用いてブランド力を測定する手法について説明したが，本節では調査だけの範囲に限らず，これまでの提案されてきた手法を幅広くレビューし，その特徴と課題について説明する。

⌘ ブランド力測定の手法

アーカーがその著書（Aaker [1991]）で，ブランド・エクイティという概念を提唱して以来，ブランド力の向上が企業の経営目標の1つとなった。ブランド力を向上させるには，まず，当該のブランドの現状を理解するため，ブラン

ド力の測定から始まる。ブランド力を測定する手法はいくつか提案されているが，大きく分けて2つに分類できる。1つは財務データを用いて測定する手法，もう1つは購買履歴データや消費者調査データといったマーケティング・データを活用する手法である。ブランドを企業の収益・価値という点で理解するのであれば，財務データを活用する方法を用い，消費者に対してどのような価値をどの程度提供できているかを確認する場合はマーケティング・データを活用する方法を用いる。

マーケティング・データを活用する手法は，使用するデータによってさらに2つに分けることができる。消費者の購買行動からブランド力を測定することが目的であれば，購買履歴データ[6]を用い，消費者の態度からブランド力を測定することが目的であれば，調査データを用いる。

購買履歴データを用いた研究では，Kamakura and Russell [1993] がブランド選択モデルを活用し，ブランドを選択する際に影響を与える要因を取り除き，定数項をブランド価値とした。この選択モデルを用いブランド力を測定する試みは購買履歴データにとどまらず，選択実験 (Swaif, Louviere, and Dubelaar [1993]) や電話調査 (Park and Srinivasan [1994]) などでも行われた。同じ消費者調査でも，選択モデルを活用しない研究として，どのような評価項目を活用するべきかといった調査項目の検討に関する研究 (Agarwal and Rao [1996]) や，因子分析を行い，その因子得点を用いて評価する手法が提案されている (Yoo and Donthu [2001])。また，Ailawadi, Lehmann, and Neslin [2003] は，プライベート・レーベルとの売れ行きの差よりブランド力を示そうとしている。これらの手法をまとめると表4-2のようになる。

既存の研究で提案された手法を用いれば，ブランド力を測定することはできるが，これまでの手法に課題がないわけではない。行動のデータによるブランド力を測定できるのは，スキャンしたデータに含まれるブランドが対象となり，スキャンをすることが難しい耐久財やサービスなどのブランドについては，ブランド力の測定は難しい。また，調査データはどの業種でも広く活用できるというメリットがあるが，消費者調査のデータには次に説明するような問題があり，調査手法自体は慎重に検討する必要がある。

表 4-2　ブランド・エクイティの測定

	データ	測定方法	対象
Kamakura and Russell [1993]	小売業のスキャンデータ	Mixture model で推定	ブランド・エクイティは定数項（さらに，見えるもの＝商品属性と見えないものに分離）
Swaif, Louviere, and Dubelaar [1993]	消費者調査（選択実験）	調査データを多項ロジットで分析	ブランド・エクイティを定数項としている（商品属性など，直接測定できないものとしている）
Park and Srinivasan [1994]	消費者調査（電話調査）	選択モデルでブランド・エクイティを測定（特徴は好みを金額換算している点）	知覚される品質のパラメーター
Agarwal and Rao [1996]	消費者調査のデータ（聞き取り調査）	消費者調査および実験（評価は収集のしやすさも考慮）	測定はブランド・エクイティを構成する「認知」「知覚と態度」などの各概念
Yoo and Donthu [2001]	消費者調査	因子分析による因子得点と負荷量（得点の重み付け）で計算	構成概念（潜在変数）にかかわる設問（10 問）の回答を足し上げて，総合点（MBE）としている
Ailawadi, Lehmann, and Neslin [2003]	・小売業からのデータ（価格，SP，売上，原価）・シェアなどは調査会社のデータ（Information Resources）	プライベート・ブランドとの売上の差（点数×売上）で示す	PB との売上の差が何で生じるかを検定している

（出所）　筆者作成。

⌘ 調査データの活用の問題

　ブランド力を測定するうえで調査データを活用することは，あらゆるブランドを対象に実施できるという利点はあるが，反対に問題もある。その問題は，過半の調査データは主に質問された回答を扱っているという形式に由来し，質問の仕方と得られた回答の両方に課題がある。

　質問に対する問題は，質問の与え方によってその回答が影響を受ける点である。Loftus, Miller, and Burns [1978] は質問の仕方で回答が異なり，人の記憶が頑健でないことを示した。Gal and Rucker [2011] は自由回答の有無により，選択肢の回答傾向に差があることを示した。また，Levy [1985] が指摘するように，質問が特定なものになれば「回答者が回答する情報の幅は狭くなる（内

容が薄くなる)」「構造的な質問は個人的な内容は語れない」といった問題がある。

　回答に関する問題としては，被験者が与えられた設問に対し，その答え（被験者の考え）を有している場合とそうでない場合に分けられる。回答を有している場合では，回答をそのままの形で発言せず，内容を変えて回答するという問題がある。被験者は自己の回答が質問した人に対する印象を考えて回答する傾向があり（Leary and Kowalski [1990]），さらに，被験者の回答は，ソーシャル・デザイアビリティ・バイアス（Social Desirability Bias），セルフエンハンスメント・バイアス（Self-Enhancement Bias），セルフイグナランス・バイアス（Self-Ignorance Bias）といった3つのバイアスに影響を受ける（Gregg and Klymowsky [2013]）。また，言語によるデータは，回答を言語に変換できる内容に限定されるという問題がある。特にイメージに関する質問などは，イメージが思い浮かんでも言語にすることは難しい場合がある。さらに，どのような回答についても，意識のあるときの回答のみを扱っているという問題もあり（Cooke and Buckley [2008]），あまり意識せずに行っている日常的な行動について，その理由を質問し回答を得ることの難しさを物語っている。

　これらの問題については以前から指摘されており，その対処方法は大きく分けて3つある。1つは間接的に尋ねる方法であり，マーケティング・リサーチでいう投影法の活用である。比喩を用いて尋ねる，第三者の立場で回答してもらうように尋ねることで，直接聞いたのでは答えにくい内容について回答を得る手法である。Haire [1950] は，消費者がインスタント・コーヒーを購入しない理由について，買い物メモを提示して，インスタント・コーヒーに対する消費者イメージを収集し，その理由を明らかにした。

　もう1つは，自発的な発言や行動からその態度を読み取ることである。質問された際にその答えがすぐに浮かばないと回答は得られないが，思いつくまで発言を待つことができれば（もしくは思いついてから発言してもらえば），そのような問題は生じない。また，発言にバイアスがかかるという問題も，自発的な発言であれば，質問者に対して配慮する必要がないため，バイアスが小さくなり発言した人の真の意見である可能性が高い。そのため，マーケティング・リサーチでは，自発的な発言を得るために，ソーシャル・メディア上の発言を収

集したり (Rappaport [2011])，ウェブ上に調査専用のコミュニティ (MROC: Marketing Research Online Community) を立ち上げ，コミュニティ上で交わされる日々の発言，会話から消費者の本音を収集している。また，ネットの検索ワード，アクセス・ログなども消費者の行動や態度を表すものであり，これらの分析から消費者の考えを推測できる。

　最後の方法は，非言語のデータの活用である。これまで提示した問題は，被験者から回答を言語で得ることも原因の1つである。そのため，言語以外のデータを収集することができれば，先に提示した回答の部分の問題は解決できる。マーケティングにおいて活用される非言語のデータとして，視線，脳の活動の状況（脳波，血流），反応時間などがある[7]。これらの3つの非言語のデータは，技術の進歩とともにさまざまな手法が開発され，活用される例が増えている。たとえば，脳の非侵襲的脳活動計測法では，fMRI，PET (positoron emission tomography)，MEG (magnetoenceparography)，NIRS (near infrared spectroscopy) などがあり（渡邊 [2008]），これらの手法を用いて，脳の活動状況を測定することでブランドの認知を測定した研究が報告されている (Esch et al. [2012])。

⌘ 反応時間を測定する意味

　先に，消費者の真の意見を収集する手段として，非言語のデータを収集する意味を指摘した。特に反応時間 (Response Latency) は，視認状況，脳の活動の2つと比較するといくつか利点がある。反応時間には Tyebjee [1979b] が指摘しているように次の3つの利点がある。その3つとは，①被験者に負担なく認知構造や情報処理の過程を収集することができる，②連続量でデータを得ることができる，③コストをかけずにデータを得ることができる，である。

　①については，反応時間を測定することは，質問（刺激）と回答の結びつきの程度，情報処理の過程を測定することであり (Mulligan, Grant, and Mockabee [2003])，記憶における検索の容易性を測ることでもある (Huckfeldt et al. [1998])。そのため，マーケティングにおいては，反応時間を測定することで，消費者の情報処理の過程を明らかにした。Tyebjee [1979a] は，反応時間とブランドの好みには関連性が高いことを示し，さらに，Tyebjee [1979b] は，競合するブランド間における選択が，ブランド間の差異がなければ，選択時間は

長くなる（迷いが時間に影響を与える）ことを明らかにした。Aaker et al. [1980] も Tyebjee [1979a] のように，ブランドの好みが反応時間に影響を与え，好みと時間は反比例することを示した（好みのブランドであれば，選択するにあたり検討する時間が必要ないため反応時間が短くなると考えられる）。このことは，意思決定の難しさと反応するまでの時間には正の相関があるためで（Klein and Yadav [1989]），一連の選択実験からも裏づけられている（Haaijer, Kamakura, and Wedel [2000], Otter, Allenby, and Van Zandt [2008]）。また，Satomura, Wedel, and Pieters [2014] は類似ブランドの判別に，反応時間を活用している。

②のデータが連続量で得られる利点は，データの活用，分析手法の適用という点で意味が大きい。かねてより，リッカート・スケールで測定することの問題点（間隔が等間隔ではない）という指摘がある（林 [1993]）。また，連続量でデータが得られれば，多変量解析の手法を応用できるため，分析の自由度が高い。

③については，反応時間の測定は視線や脳の活動と違って，特別な機器を利用するわけではないという点である。視線ではアイカメラ，脳の活動を測定するには fMRI や PET などの機器を用意する必要がある。一方，反応時間の測定にはそのような機器がなくとも測定できる。通常のネット調査で反応時間を測定するのであれば，ページからページの遷移時間を測定することで時間は収集できるため，時間を測定することはそれほど難しいことではなく，コストはそれほどかからない（プログラムを作成するコストは発生する）。もう1つは，できるだけ自然な状態で回答が得られる点である。ウェブを用いた調査では，被験者はコンピューターから出題される課題に対し，通常のネット調査と同じように答えるだけでよい。一方，視線の動きを収集するにはアイカメラの装着（もしくはその装置を前にした回答）が必要である。fMRI や PET はその機器の中に入る必要があり，その中で被験者は回答するため，自然な状況とはいいがたい。

3　ケーススタディ

前節で示したように，反応時間を測定することのメリットは示されているが，

ブランド力の測定のため反応時間を応用することは十分に論じられたわけではない。本節ではいくつかの事例を示しながら，反応時間をブランド測定にどのように活用するか論じたい。Keller [1993] は，ブランド力の源泉を消費者が有する当該ブランドの知識とした。ブランドに関する知識はブランド認知とブランド・イメージで構成されるので，ここではそれぞれについて例を示しながら論じたい[8]。

⌘ ケース①：ブランド認知の測定

ブランド力の測定に反応時間を活用するには，測定する手法と分析手法の両方について工夫が必要である。ウェブ調査で反応時間を測定するには，いくつか方法が考えられるが，最も簡単な方法はウェブページからウェブページの遷移時間を収集する手法である。1ページに1問分の単一回答の設問を設定することで，設問の回答結果と回答までの反応時間を得ることができる。ここでは，ブランド認知に関して反応時間を測定する手法を示す。

ブランド認知を測定する手法は，Laurent, Kapferer, and Roussel [1995] によって次の3つの手法があげられている。それぞれの測定対象は以下のとおりである。

- Spontaneous Awareness：カテゴリーを与えられて想起するブランド名。
- Top-of-mind Awareness：最初に想起したブランド名。
- Aided Awareness：ブランド名を提示したときにブランドを知っているか確認する。

これら3つの手法のどれにおいても，記憶の中の結びつき（もしくは検索の容易性）を測定するものである。Spontaneous Awareness は，カテゴリーとブランドの結びつきの程度を測定することであり，Top-of-mind Awareness は，その結びつきで最も強いものを測定している（結びつきが最も強いので検索されやすく，最初に想起される）。

ブランド認知は，あるカテゴリーを提示したときに想起されるブランドを把握することである。したがって，ブランド認知の測定とは，記憶におけるブランドの結びつきの程度を明らかにすることを目的としており，反応時間を測定する手法は先に示したように記憶の中の結びつきの程度を理解することができ，

図 4-2　ブランドの選択と回答時間

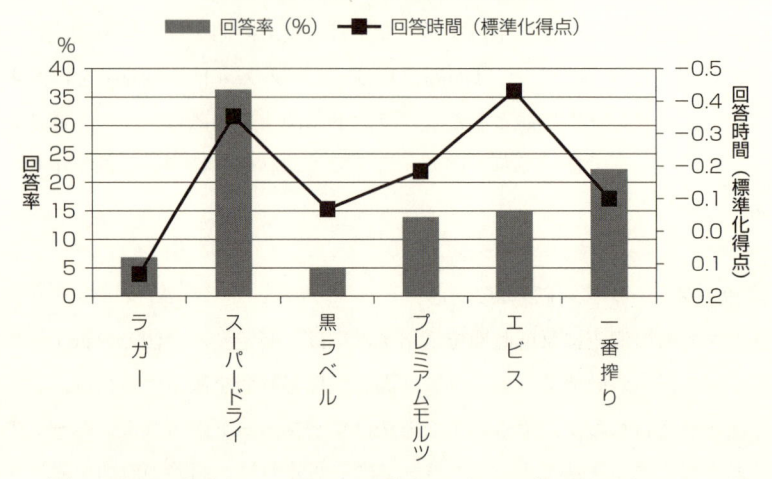

（注）　回答時間は標準化しているため，回答時間が速ければ負の値を示す。ここでは視覚的な見やすさを考え，軸を反転させている。
（出所）　上田［2013a］。

手法として理に適っている。そこで「ビールといえば『○○○』である」のような設問を設定し，選択肢としてブランドを提示し選択するまでの時間を測定した。ブランドの認知状況は回答率と反応時間で理解されるが，反応時間を活用する際は注意が必要である。反応時間に個人差があるため（Fazzio［1990］)，得られたデータに何らかの処理を施し，個人差の影響を取り除く必要がある。ここでは，平均値＝0，分散＝1 で標準化を行い，個人における回答時間の差の影響を取り除いた[9]。

　その標準化したデータについて回答したブランド別に平均値を求め，この平均反応時間と回答率をまとめると，図 4-2 のようになる。この結果を見ると回答率が同じ程度でも反応時間に差が見られ，反応時間を収集する意味が理解できる。従来の単一回答の調査では同じ程度の回答率と見られた，エビスとプレミアムモルツの反応時間を見ると，差があることがわかる。プレミアムモルツよりエビスのほうが反応時間は速く，回答者にとって記憶の中の結びつきが強いブランドであるといえる。また，スーパードライは回答率も高く，反応時間も速いことからブランド力の高さがうかがわれる。この結果を見ると，回答率と反応時間の2つの指標でブランド力を測定することの意味が理解できる。

図 4-3　想起の偏り

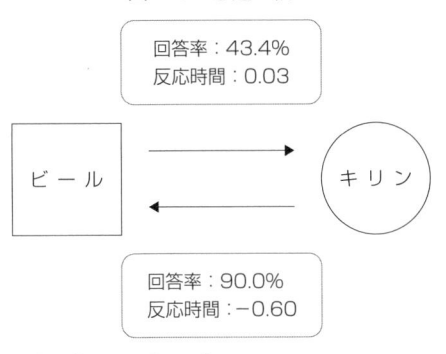

　回答率：43.4%
　反応時間：0.03

ビール　⇄　キリン

　回答率：90.0%
　反応時間：−0.60

（出所）　上田［2013a］。

　ブランド認知はカテゴリーを刺激として想起されるブランドを確認することであるが，ブランドとカテゴリーの関係は，ブランドを刺激として想起されるカテゴリーというブランド認知とは逆方向の関係もある。この想起の双方向性を利用して，ブランドの現状を理解することができる（小川・木戸［1998］）。さらに想起の双方向性について分析する際，想起率（回答率）のほかに反応時間（反応時間は平均＝0，分散＝1で標準化している）を加えるとブランドの現状がより深く理解できる（図4-3参照）。

　この結果を見ると，企業ブランドからカテゴリーの想起については回答率が高く，反応時間も速く，当該の企業ブランドが強く認知されていることがわかる。反対に，カテゴリーから企業ブランドの想起については回答率は低く，反応時間も遅い。カテゴリーにおける企業ブランドの想起率や反応時間を強化することは，当該のカテゴリーにおける自社ブランドの占有率を上げることを意味し，ブランド施策としては重要であろう。想起率を上げることは他のブランドを想起する人からのスイッチを促すことであり，簡単なことではない。それよりはすでにつながっている人（想起した人）について，そのつながりを強化するように働きかけるほうが効果的であると考えられる。さらに活用としては，反応時間が速いセグメントと遅いセグメントについて，どのような属性に差があるのかといった比較や，購買実態やブランドへの関与についても分析することで，反応時間の差が開いた要因が理解できる。

　このように反応時間の分析は，工夫するだけで実務における重要な示唆を提

供してくれる。ただし，ここであげた手法を実施するには1つ注意が必要である。個人の回答時間を標準化するため，被験者1人当たりの設問数が少ないと，外れ値の影響を受ける危険性がある。そのため，分析結果を安定させるためには，ある程度の設問数が必要となる。

⌘ ケース②：ブランド・イメージの測定

ブランド・イメージを測定する目的は，大きく2つに分けられる。1つは，ブランドの内的構造全体の理解を目的に置き，イメージ全体を理解することである。もう1つは，ブランドと直接つながる連想との関係からブランドが有する意味を理解することである。

前者は，イメージ全体を階層構造やネットワーク構造にまとめて表現する。そのような手法としては，ラダリング法（Reynolds and Gutman [1988]，丸岡 [1998]），ZMET（Zaltman and Coulter [1995]），評価グリッド法（讃井 [1995] [2001]）などマーケティング・リサーチで活用する手法と，Brand Concept Map（John et al. [2006]）のようにブランド・イメージの収集に特化した手法がある。後者は自由連想法や選択肢を提示して，どのような連想がブランドにつながっているかを理解する手法である。ブランドの意味を考えるとき，ブランドと直接結びつく連想に関して他の情報が得られれば，さらにブランドの理解は深まる。たとえば，得られた連想がどのような意味をもつのかといった情報や結びつきの強弱といった情報などである。

結びつきの強弱を測定する方法の1つに，想起するまでの反応時間を測定する方法がある。反応時間は記憶における検索の状態を示しており，ブランドと連想が強く結びついていれば検索されやすく，その結果，想起までの反応時間が速くなる。したがって，反応時間の速い連想を明らかにすることは，複数の連想の中で重要な連想もしくは記憶に定着した連想を理解することである。ただし，前節で示した手法のように複数の選択肢を提示し，あてはまるものを選んでもらう手法ではブランドとそれぞれの連想のつながりを測定するには不向きである。多重回答の設問を用意し，回答した順に時間を測定する方法も考えられるが，この手法では1ページに表示できる選択肢に限りがあるため，自由度の高い手法とはいえない。また，多重回答の設問はパソコンでは回答しやす

図 4-4 調査票の形式

「○○○」というブランドと次のキーワードはあてはまりますか

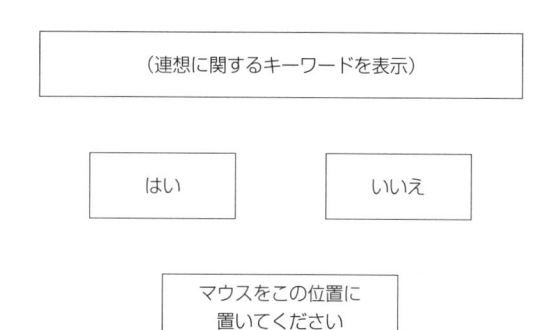

（連想に関するキーワードを表示）

はい　　　　　いいえ

マウスをこの位置に置いてください

（出所）筆者作成。

いが，スマートフォンやタブレット端末など画面が小さいデバイスでは回答しにくい。スマートフォンやタブレット端末の今後の普及を考え，デバイスを選ばないような調査手法が望ましい。

そこで，図4-4のような調査手法を考案した。図4-4にあるように，空欄にブランドの連想に関するキーワードを提示し，提示された内容がそのブランドにあてはまれば「はい」，あてはまらなければ「いいえ」のボタンをマウスでクリックする[10]。反応時間は連想が示されてからボタンを押すまでの時間を1/1000秒単位で収集した。提示する連想を当該のブランドにあてはまりそうな連想のみで構成すると，被験者は回答しながら「はい」しか続かないことを予想し，提示する連想を十分に見ないで回答することが考えられたからである。提示する連想には，明らかに当該のブランドとそぐわないものも入れている。

得られた反応時間のデータは前節と同様に処理した。具体的には，各個人の反応時間において平均＝0，分散＝1にしてデータを標準化し，連想別に標準化した値の平均値を求めた。ブランド・イメージを理解するには，どの程度の人がその連想を想起したかという情報も重要であるため，ブランドの回答率も反応時間とあわせて分析を行った。ただし，本章では当該の連想にそぐわない連想（不正解の連想）も入れているので，正解であった比率を回答率としている。その回答率を横軸に，反応時間を縦軸にとり散布図を作成した。散布図を見ると，右に下がる関係が見られた。このことより，ある回答率には期待され

第4章　ブランドパワーをいかに測定するか　　91

図 4-5 反応時間と回答率の関係

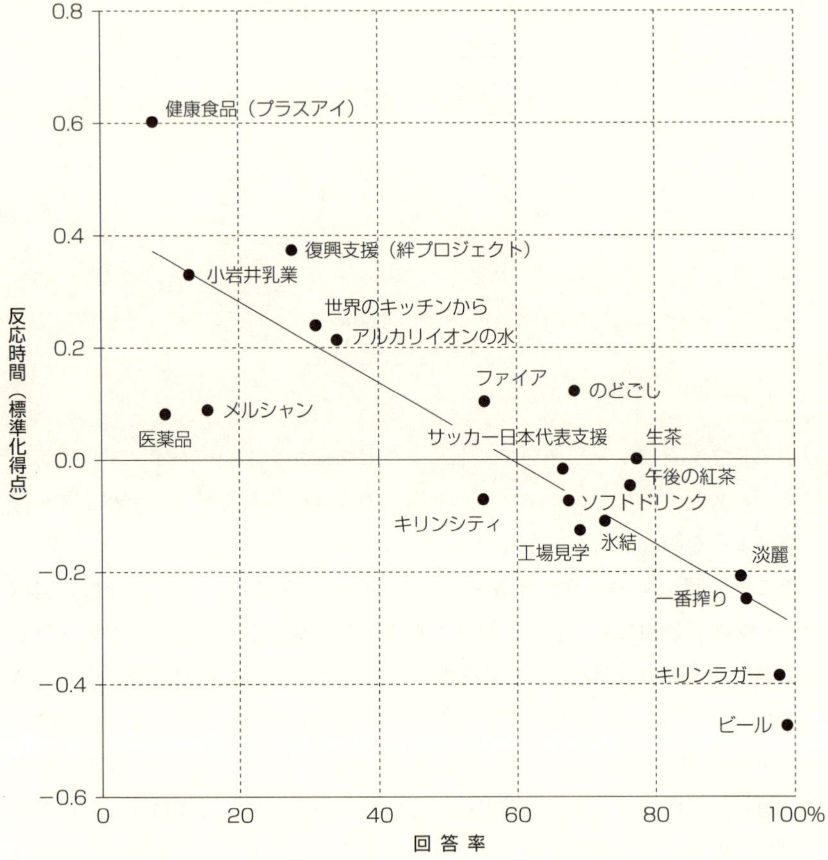

(出所) 著者作成。

る反応時間があると考え，ある回答率を説明変数，反応時間を従属変数に回帰分析を行い，得られた回帰直線を散布図上に描画した（図4-5参照）。この回帰直線より上にある連想は，ある回答率から期待される反応時間より遅い（図では上に布置される）連想であるといえる。想起する時間が遅い連想は問題のある連想であるため，何らかの対策をとるべき連想であることが理解できる。

⌘ 考　察

2つのケースを通して，反応時間を測定する効果は確認できた。ここでは，

反応時間を測定することがマーケティングにとってなぜ重要なのかを考えたい。反応時間を測定することには，2つの重要な点がある。1つはブランドとの関係性の理解ができる点であり，もう1つは行動に結びつくデータが得られる点である。前者については，近年，ブランドを管理するうえでブランドと消費者の関係性に注目が集まり，その関係性を測定するための尺度開発などがされている（久保田 [2010]，本書第3章参照）。このブランドとの関係性が注目された背景には，インターネットの普及，特にソーシャル・メディアの発達が見逃せない。企業がFacebook上で自社のブランドのページを作成し，消費者が参加して情報を共有するなど，これまで以上にブランドと消費者が結びつく機会が増えた。またこのようなコミュニティを利用することが特別なことではなくなっている。ブランドが消費者の生活に，消費・購買以外の要素で組み込まれ，企業にとっては，購買の前にどれだけブランドを生活の中に取り入れてもらえるかが重要になっている。このことを考えると，ブランドと消費者の関係性を理解することは，重要なマーケティング課題である。

　反応時間を測定することは，当該のブランドと何が結びついているのかを理解することである。先のケースで扱ったように，反応時間はブランドとイメージの結びつきの程度を理解することであり，ひいては当該の消費者にとって，どのようなイメージがブランドと近いのかを理解することである。ブランドとの関係性では，ネット上のコミュニティに参加する外的な関係もあれば，記憶におけるブランドとイメージといった内的な関係もある。反応時間を測定することは，内的な関係の理解という点でその意味は小さくない。このイメージの近さ，遠さを理解することで，ブランドのコミュニケーションの基礎的な知見を得ることができる。

　また，時間を測定することは，従来の調査では見過ごされてきた差異を明らかにする効果的な手法であるといえる。従来の調査では，回答の結果は得られても回答までの過程は得ることはできない。同じ回答でも即断で回答したのか，十分検討して回答したのかは，選んだ選択肢は同じでも意味が異なる。ケース①で示したように，マーケティングにおいては，この回答時間の差を理解することが重要な場合がある。2つの選択肢間で同じような回答率でも，反応時間に差が見られれば，採用するべき対応が異なる。ケーススタディでも扱ったよ

うに，自社ブランドと競合ブランドの認知に関し，認知率が同じだが反応時間が競合ブランドのほうが速ければ，その差を埋めるようなコミュニケーションを実施すればよい。一方，すでに反応時間が競合他社より速いが，回答率で差があれば，ブランドの認知を促すように媒体を選別しコミュニケーションを実施するべきであろう。

　ケース②では，ブランド・イメージを理解するため，ブランドと連想のつながりを測定したが，この結果をみると2つのことが理解できる。1つは，回答率が高いイメージは反応時間も速く，回答率と反応時間で散布図を描くと右に下がるグラフとなる。ただ，回答率が高くても回答に時間がかかるイメージもあり，そのようなイメージはブランドの価値，ブランドに対する意味づけに対しあまり貢献していないことが理解できる。イメージを強化したければコミュニケーションの内容，展開する媒体といったコミュニケーション全体の見直しが必要であろう。もし，見直しを行った場合は，その後の反応時間を測定することで改良の効果を測定することができる。また，回答率は高いが反応時間が遅い連想は，回答する際に躊躇（ちゅうちょ）するイメージと考えられる。そのため，コミュニケーションの内容は他社とある程度差別化することが望ましい。

　こういった実務的な示唆を得ることができる点が，反応時間を測定するマーケティング上の利点である。

おわりに

　ブランドの管理は，現状のブランド力を測定するところから始まる。ただし，本章でもふれたようにブランド力を測定するにはさまざまな手法があり，現在の技術の発達や環境の変化に合わせて新しい手法が提案されている。

　新しい手法を採用することは，心理的な障壁があり躊躇しがちだが，採用している手法が将来にわたって完璧な手法である保証もないため，つねに，新しい測定の手法は検討すべきであろう。ブランドは企業にとって，目には見えないが重要な資産であり，その価値を減少させないことが収益を継続的に生み出すうえで重要である。そのため，可能な限り正確にブランドの現状を測定する必要がある。ブランド力を測定する手法については，つねに，現状の手法の長

所と短所を理解し，その短所を補うような手法が提案された場合，その手法について十分に検討すべきである。

注 ───────
1 約50カ国，6万人の消費者調査に基づき，約4万3000ブランドをカバーする世界最大のブランド・データベース。
2 「ブランド・ジャパン（消費者編）」では，企業ブランドと商品・サービスブランド1000ブランドを50種類の調査票に分け，1人の回答者につき20ブランドずつ回答してもらう。総サンプル数は約3万4000。
3 ブランド・ジャパンでもソニーの順位は2002年，05年は1位であったが，08年には4位，11年には12位，12年には22位と相対的なブランドパワーは低下している。
4 Tropicana North America CEOのネイル・キャンベル（Neil Campbell）は，『ニューヨーク・タイムズ』の記事で「ロイヤルティの高い顧客のパッションに気づかなかった。それは調査からは得られない何かだ。」と語っている。
5 著名なマーケティング・リサーチャーのR.ポインターはそのブログの中で，"The questionnaires were asking System 2 to do a job that in the real world is done by System 1." と述べている。
6 購買した商品のバーコードを光学式読み取り機で読み取り（スキャンし），個人もしくは世帯の購買履歴を収集したデータ。店頭で商品の決済時にスキャンしてもらう方法と購買後にスキャンする方法がある。
7 購買履歴データも非言語のデータの1つである。購買履歴データを用いる理由として，日々の買い物時の価格など，消費者が正確に記憶しにくいものを正確に記憶できている点がある。
8 ここでは，上田［2013a］［2013b］の事例をもとに報告する。
9 データを標準化するため，平均値と標準偏差が必要である。そのため，全部で10問提示し，回答してもらっている。
10 この調査法をスマートフォンやタブレット端末で実施する際は，指でタッチしてもらう形式になる。

参考文献

Aaker, D. A. [1991] *Managing Brand Equity: Capitalizing on the Value of a Brand Name,* Free Press.（陶山計介・中田善啓・尾崎久仁博・小林哲訳『ブランド・エクイティ戦略──競争優位をつくりだす名前，シンボル，スローガン』ダイヤモンド社，1994年）

Aaker, D. A., R. P. Bagozzi, J. M. Carman, and J. M. MacLachlan [1980] "On Using Response Latency to Measure Preference," *Journal of Marketing Research,* 17, pp. 237-244.

Agarwal, M. K. and V. R. Rao [1996] "An Empirical Comparison of Consumer-based Measures of Brand Equity," *Marketing Letters*, 7(3), pp. 237-247.

Ailawadi, K. L., D. R. Lehmann, and S. A. Neslin [2003] "Revenue Premium as an Outcome Measure of Brand Equity," *Journal of Marketing*, 67, pp. 1-17.

Cooke, M. and N. Buckley [2008] "Web2.0, Social Networks and the Future of Market," *International Journal of Marketing Research*, 50(2), pp. 267-292.

Esch, F.-R., T. M. B. Schmitt, C. E. Elger, C. Neuhaus, and B. Weber [2012] "Brands on the Brain: Do Consumers Use Declarative Information or Experienced Emotions to Evaluate Brands?," *Journal of Consumer Psychology*, 22, pp. 75-85.

Fazzio, R. H. [1990] "Practical Guide to the Use of Response Latency," in C. A. Hendrick and M. S. Clark (eds.), *Research Methods in Personality and Social Psychology*, Saga, pp. 74-97.

Gal, D. and D. D. Rucker [2011] "Answering the Unasked Question: Response Substitution in Consumer Surveys," *Journal of Marketing Research*, 48, pp. 185-195.

Gregg, A. P. and J. Klymowsky [2013] "The Implicit Association Test in Market Research: Potentials and Pitfalls," *Psychology & Marketing*, 30(7), pp. 588-601.

Haaijer, R., W. Kamakura, and M. Wedel [2000] "Response Latencies in the Analysis of Conjoint Choice Experiments," *Journal of Marketing Research*, 37(3), pp. 376-382.

Haire, M. [1950] "Projective Techniques in Marketing Research," *Journal of Marketing*, 14(5), pp. 649-665.

Huckfeldt, R., J. Levine, W. Morgan, and J. Sprague [1998] "Election Campaigns, Social Communication, and the Accessibility of Perceived Discussant Preference," *Political Behavior*, 20 (4), pp. 263-294.

John, D., L. R. Barbara, K. Kim, and A. B. Monga [2006] "Brand Concept Maps: A Methodology for Identifying Brand Association Networks," *Journal of Marketing Research*, 43(4), pp. 549-563.

Kahneman, D. [2011] *Thinking, Fast and Slow*, Farrar Straus & Giroux. (村井章子訳『ファスト＆スロー——あなたの意思はどのように決まるか？（上・下）』早川書房, 2012年)

Kamakura, W. A. and G. J. Russell [1993] "Measuring Brand Value with Scanner Data," *International Journal of Research in Marketing*, 10(1), pp. 9-22.

Keller, K. L. [1993] "Conceptualizing, Measuring, and Managing Customer-based Brand Equity," *Journal of Marketing*, 57(1), pp. 1-22.

Klein, N. M. and M. S. Yadav [1989] "Context Effects on Effort and Accuracy in Choice: An Enquiry into Adaptive Decision Making," *Journal of Consumer Research*, 15(4), pp. 411-421.

Laurent, G., J. N. Kapfere, and F. Roussel [1995] "The Underlying Structure of Brand Awareness Scores," *Marketing Science*, 14 (3) pp. 170-178.

Leary, M. R. and R. M. Kowalski [1990] "Impression Management: A Literature Review and Two-Component Model," *Psychological Bulletin*, 107, pp. 34-47.

Levy, S. J. [1985] "Dreams, Fairy Tales, Animals, and Cars," *Psychology & Marketing*, 2 (2), pp. 67-81.

Loftus, E. F., D. G. Miller, and H. Burns [1978] "Semantic Integration of Verbal Information into a Visual Memory," *Journal of Experimental Psychology: Human Learning and Memory*, 4(1), pp. 19-31.

Mulligun, K., J. T. Grant, and S. T. Mockabee [2003] "Response Latency Methodology for Survey Research: Measurement and Modeling Strategies," *Political Analysis*, 11(3), pp. 289-301.

Otter, T. A., G. M. Allenby, and T. Van Zandt [2008] "An Integrated Model of Discrete Choice and Response Time," *Journal of Marketing Research*, 45(5), pp. 563-607.

Park, C. S. and V. Srinivasan [1994] "A Survey-Based Method for Brand Equity and Its Extensibility," *Journal of Marketing Research*, 31, pp. 271-288.

Pullig, C. S., J. Carolyn, and R. G. Netemeyer [2006] "Brand Dilution: When Do New Brands Hurt Existing Brands?," *Journal of Marketing*, 70(2), pp. 52-66.

Rappaport, S. D. [2011] *Listen First!*, Wiley.

Reynolds, T. J. and J. Gutman [1988] "Laddering Theory, Method, Analysis, and Interpretation," *Journal of Advertising Research*, 28(1), pp. 11-31.

Satomura T., M. Wedel, and R. Pieters [2014] "Copy Alert: A Method and Metric to Detect Visual Copycat Brands," *Journal of Marketing Research*, 51(1), pp. 1-13.

Swaif, J. E., J. T. Louviere, and C. Dubelaar [1993] "The Equalization Price: A Measure of Consumer-Perceived Brand Equity," *International Journal of Research in Marketing*, 10, pp. 23-45.

Tyebjee, T. T. [1979a] "Response Latency: A New Measure for Scaling Brand Preference," *Journal of Marketing Research*, 16, pp. 96-101.

Tyebjee, T. T. [1979b] "Response Time, Conflict, and Involvement in Brand Choice," *Journal of Consumer Research*, 6, pp. 295-304.

Yoo, B. and N. Donthu [2001] "Developing and Validating a Multidimensional Consumer-Based Brand Equity Scale," *Journal of Business Research*, 52, pp. 1-14.

Zaltman, G. and R. H. Coulter [1995] "Seeing the Voice of the Customer: Metaphor-Based Advertising Research," *Journal of Advertising Research*, 35(4), pp. 35-51.

上田雅夫[2013a]「Response Latencyのマーケティング活用──『反応時間』で消費者の本音を測る」『日経消費インサイト』3, 44-47頁。

上田雅夫[2013b]「Brand Awarenessの測定手法の提案」『日本行動計量学会大会発表論文抄録集』41, 16-17頁。

小川孔輔・木戸茂[1998]「ブランド自由連想の分析」中西正雄編『消費者選択行動のニューディレクションズ』関西学院大学出版会, 57-90頁。

川上慎市郎・山口義宏[2013]『プラットフォームブランディング』ソフトバンククリエイティブ。

久保田進彦[2010]「ブランド・リレーションシップ尺度の確立」『消費者行動研究』17

(1)，31-56頁。
讚井純一郎［1995］「ユーザーニーズの可視化技術」『企業診断』42(1)，31-38頁。
讚井純一郎［2001］「ガソリンスタンドの魅力」朝野熙彦編『魅力工学の実践』海文堂。
田邊学司［2013］『なぜ脳は「なんとなく」で買ってしまうのか？──ニューロマーケ
　ティングで変わる5つの常識』ダイヤモンド社。
萩原雅之［2011］『次世代マーケティングリサーチ』ソフトバンククリエイティブ。
林知己夫［1993］『行動計量学序説』朝倉書店。
丸岡吉人［1998］「ラダリング法の現在──調査方法，分析手法，結果の活用と今後の
　課題」『マーケティング・サイエンス』7（1・2），40-61頁。
吉田健一［2012］『リアル企業ブランド論──10年後を見据えて今やるべきこと』日経
　BPコンサルティング。
渡邊正孝［2008］「行動の認知科学」甘利俊一監修／田中啓治編『認識と行動の脳科学』
　東京大学出版会，204-263頁。

第 5 章

BtoB ブランドの展開

余田拓郎

はじめに

　1990年代に「ブランド・エクイティ」という概念が日本で紹介された後，さまざまな企業が全社横断的なブランド・プロジェクトを組織し，ブランド戦略の再構築に取り組んできた。しかしながら，その中心は消費財を扱う企業であり，BtoB (business-to-business) 企業におけるブランドへの理解は遅れているといえるだろう。

　BtoB企業がブランドに注目してこなかった理由は，次のように説明することができる。まず，BtoB取引の多くは専門化した購買担当者によって品質やスペック，調達コスト，納期などを判断基準として意思決定が行われる。このような状況をBtoB購買の前提とすれば，主観的な判断要素の1つであるブランドが入り込む余地は少ないだろう。

　また，BtoBでは長期的な取引関係が多いという点も，ブランドへの関心を低いものにしている。事業の中心が既存顧客との取引で構成される場合，あえてブランド構築に注力しなくても過去の取引実績があれば十分だろう。

　ところが近年，BtoB企業のブランドへの期待に変化が見られる。特に日本企業は，グローバル化の進展により，欧米企業や中国などアジアの企業に対抗して，新規顧客を取り込むことの重要性が増している。日本国内あるいは日本企業との取引の場合，自社の事業内容や強みをあらためて説明する必要はない

だろう。しかし，海外市場での新規顧客開拓ではそうはいかない。また，インターネットを中心とした低コストのコミュニケーション・インフラの登場もBtoB企業のマーケティングに変化をもたらしている。

　BtoB領域のブランド研究に目を向けるとビジネスと同様に，マーケティング研究の蚊帳の外に置かれてきたのだが，近年，コトラーらが*B2B Brand Management*（Springer, 2006），*Ingredient Branding*（Springer, 2010）と立て続けにBtoBブランドの書を上梓するなど，盛り上がりをみせつつある。

　また，Webster and Keller［2004］は，BtoBブランドの成功のためのガイドラインを整理して10項目に提言をまとめた。そこでは，組織購買プロセスのなかでのブランドの役割を理解すること，購買への関与者に対して価値ある提案を発信すること，多様な媒体を活用し効果的なブランド・コミュニケーションを展開することなどが指摘されている。BtoBブランドに関する研究は，豊富な研究の蓄積があるというわけではないが，徐々に体系的なまとまりをみせつつあるといってよいだろう。

　本章では，BtoB領域におけるブランド研究をレビューしつつ，実務への示唆を得ることとしたい。

1　BtoB購買におけるブランドの位置づけ

⌘　組織購買行動論

　BtoB取引の購買行動を考える際に重要なことは，「組織購買」「顧客との長期的関係性」，そして「合理的な動機・判断」という特質である（高嶋・南［2006］，余田［2011］）。BtoB購買では，消費財のような感情的なプロセスに基づく購買はみられず，合理的な動機に基づき，客観的な判断を拠りどころとして意思決定が行われるという理解が一般的である。

　しかし，BtoBマーケティングの領域で，客観的な意思決定しか注目されなかったわけではない。たとえば，コミュニケーション・アプローチが産業財購買者にも効果的であるとするLevitt［1965］，消費者行動分析に有用な役割理論や知覚リスクを援用した研究群，ロジャーズの新製品普及過程のモデルを産

業財購買者に適用した Ozanne and Churchill [1971] などである。とりわけ，1960年代〜70年代にかけて盛んになった組織購買行動研究では，産業財の購買者と消費者の基本的相違は，合理性や経済性にあるのではないという指摘がなされるようになった。そして，産業財の購買においても社会的・心理的要因の影響を強く受けるという前提のもと，消費者購買行動論を産業財購買行動の分析に援用した研究が多くみられるようになった。

その1つが，Webster and Wind [1972] である。ウェブスターらは，組織購買行動について，「公式の組織が購買する製品・サービスの必要性を認識し，ブランドやサプライヤーを識別し，評価し，選択することである」と定義づけ，ユーザー，インフルエンサー，決定者，バイヤー，ゲートキーパー（購買センターへの情報の流れを制御する人）などの役割を有する個人の購買行動に注目することの重要性を指摘した。

この点は，さらにその後に続く Sheth [1973] でも強調される。シェスは，情報探索，期待形成，意思決定に際してのコンフリクトといった変数を新たに購買行動モデルに組み込んだ。購買担当者，エンジニア，ユーザーなどの購買センターの構成員によって期待や知覚が異なることを指適している。

消費者行動論では消費者個人の意思決定行動が扱われるが，それに対して組織購買行動論では購買行動の多次元性が強調され，個人，集団，組織，環境の関数として購買行動が捉えられる。また，組織購買行動論では組織の購買行動を問題解決行動と捉え，認知能力に限界のある組織メンバーの意思決定過程を多くの関連変数の相互作用として記述している（野中 [1974]）。1970年代以降，ウェブスターらやシェスの包括的概念モデルをきっかけとして，産業財購買にともなう情報探索問題，購買意思決定への参加者，購買意思決定への特定のメンバーの影響あるいは意思決定のスタイルなどについて関心が向けられることになる。

⌘ 企業イメージ／レピュテーション

BtoB購買とブランドとの関連では，組織購買行動研究の先駆的な概念モデルの影響を受けて，客観的な意思決定だけでなく，主観的な要素や意思決定にかかわる諸活動の節約に関する議論が行われるようになったのである。たとえ

ば，Lehmann and O'Shaughnessy [1974] は，サプライヤーの企業イメージやレピュテーションなどの主観的評価が企業の購買において影響を及ぼすことを探索的に調査している。また，Abratt [1986] は，ハイテク市場における購買行動において，知覚された製品の信頼性が製品選択における重要属性の1つであることを明らかにした。

　この時期の研究は，広告やコミュニケーションとの関連の中で議論されることが多い。たとえば，Wilson [1986] は，特定の情報源からの情報を好んで受容することの先行要因に言及している。彼は，潜在的バイヤーが当該サプライヤー企業を知っていることと購買企業の地理的位置が，そのサプライヤー企業の製品に対する関心や，その企業からのパーソナルおよびインパーソナルのコミュニケーションを進んで受け入れることに関係があることを明らかにした。また，髙嶋・竹村・大津 [1996] は，産業広告の営業活動に対するオープン・ザ・ドア効果に言及している。TV・一般新聞・一般雑誌などの広告が知覚される場合には，営業担当者の質や能力が高く，情報を的確に提供するという好意的なイメージが形成されることを明らかにし，営業担当者の購買担当者への接触可能性を高めることを指摘している。

　こういった研究が少なからずみられるようになった一方，購買担当者個人の購買行動や感情に踏み込んだ研究が拡大したわけではない。つまり，集計単位を組織ではなく組織の個人に設定し，それぞれの役割や特定の情報への選好に焦点を与えながらも，ブランドはもちろん，購買担当者の感情や態度に注目する経験的研究は限定的だった。

⌘ BtoB におけるブランドの重要性

　この状況は1980年代後半〜90年代になって，徐々に変化をみせ始める。消費財領域のブランド研究の影響を受けて，BtoB 領域でもブランドに注目する研究がみられるようになった。つまり，ブランドを直接的に対象とする研究が現れ始めることになる。

　たとえば，Sinclair and Seward [1988] では BtoB 企業のブランド戦略の重要性について議論している。彼らは，北米での調査に基づき，ブランドの重要性に変化がみられると結論づけた。Shipley and Howard [1993] でも，企業規

模によってブランド展開に差がみられるものの,ブランドから強力なベネフィットがもたらされることを実態調査に基づき報告している。さらに,Michell, King, and Reast [2001] では上述のシンクレアらの研究を受けて,1988年と97年の調査結果を比較しつつ,その後もブランドの重要性が増していることを明らかにした。

　これらの研究では,BtoB 企業であっても,ブランドにかかわる戦略やマネジメントが重要であることを企業活動の実態から示唆を得ている。BtoB 領域においてブランドに直接フォーカスしたという点で,BtoB ブランド研究への貢献を認めることができるが,一方,それらが企業の活動実態の調査によって重要性を指摘する研究にとどまっている点において,具体的にマネジメントに活用できるものとはなっていない。

2　マネジメント対象としての BtoB ブランド

⌘ BtoB におけるブランド・エクイティ論

　1990年代半ばになると,こういった活動実態に関する研究がより普遍的な研究へと進展する。その1つの大きな潮流が,ブランド・エクイティ論の BtoB セクターへの展開を試みる研究群である。Gordon, Calantone, and di Benedetto [1993] や Yoon and Kijewski [1995] が,この研究の嚆矢といえるだろう。Gordon, Calantone, and di Benedetto [1993] は,ブランド・エクイティ論の産業財分野への展開の可能性に言及し,ブランド名が知覚品質に影響を及ぼすことを明らかにした。また,BtoB 取引における企業ブランドの重要性やディストリビューターのイメージの影響など BtoB に固有の問題も言及している。

　一方,Yoon and Kijewski [1995] は,BtoB セクターでもブランド認知がブランド選好に結びつくことについての経験テストを行っている。彼らは図5-1の概念モデルを提示し,それに従ってブランド認知と選好に関する仮説検証を試みた。この研究では,ブランド認知にフォーカスし,認知がブランド選好に対して閾値を有していること,また,認知度を高めていっても選好は飽和して

図5-1　Yoon and Kijewski [1995] のBtoBにおけるブランド選好モデル

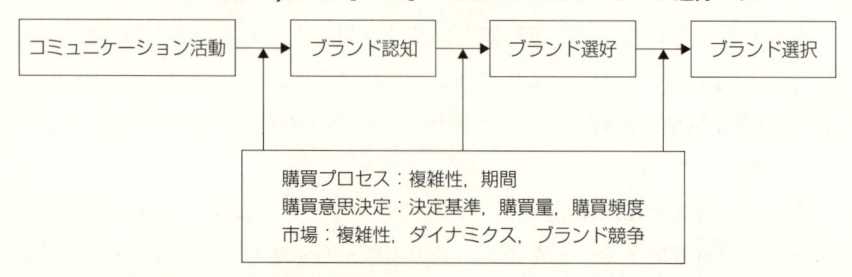

```
コミュニケーション活動 → ブランド認知 → ブランド選好 → ブランド選択
                    ↑           ↑          ↑
        ┌───────────┴───────────┴──────────┘
        │ 購買プロセス：複雑性，期間
        │ 購買意思決定：決定基準，購買量，購買頻度
        │ 市場：複雑性，ダイナミクス，ブランド競争
        └─────────────────────────────────────
```

（出所）　Yoon and Kijewski [1995] を訳出。

いくことなどを明らかにしており，実践への有益な示唆を提供している。

　さらに，Hutton [1997] では，消費者行動論の枠組みではなく，組織購買行動論の研究成果を参考にしつつ，どのような条件下でよく知られたブランドが選ばれるか検証している。そして，好みのブランドにプレミアム価格を支払う，そのブランドを推奨する，あるブランドを他の商品への選好へと拡大するといった形で，ブランド・エクイティが存在することを明らかにした。購買担当者は組織上の報酬システムに基づいた個人的目標をもっており，知覚リスク，時間的なプレッシャー，個人的失敗への態度などがブランド選択におけるモデレーター要因となっている。

　ブランドの効果は認知によるブランド選好効果に限定されない。Bendixen, Bukasa, and Abratt [2004] は，ブランド力の違いによって，買い手企業が支払う価格プレミアムの水準に相違があることを明らかにしている。よく知られたブランドは知られていないブランドより14%の価格プレミアムが存在するとされる。

　また，筆者らも，購買における企業イメージの影響を質問票調査によって実証している（余田 [2006]）。それによると，買い手企業は，売り手企業の企業イメージ，たとえば「過去に満足度の高い取引実績がある」というイメージや「信頼できる」というイメージによって，面談の要請に応じやすく，また提案内容への期待も高まるという調査結果を得た。

　これらの研究の特徴は，アーカーやケラーなどが提示する消費財のブランド研究の成果をBtoBに援用し，概念モデルを提示するところが共通する。そこでは，上述のようなブランド・エクイティの効果を議論する研究に加えて，そ

図 5-2　BtoB 領域のブランド研究

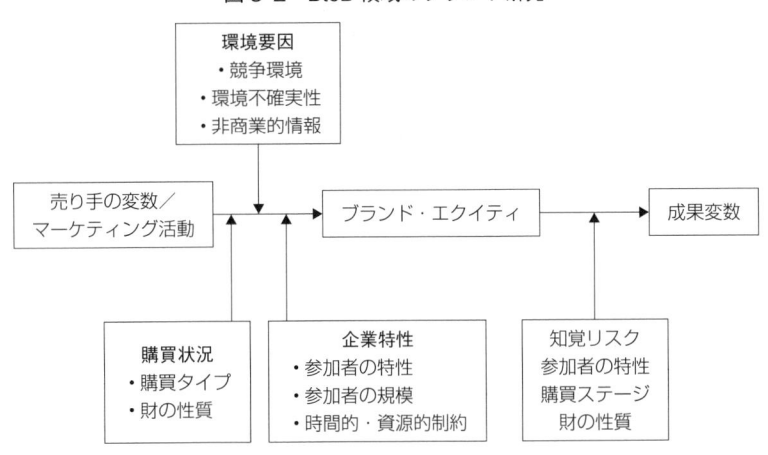

```
                    ┌─────────────┐
                    │  環境要因    │
                    │・競争環境    │
                    │・環境不確実性│
                    │・非商業的情報│
                    └──────┬──────┘
                           ↓
┌─────────────┐     ┌─────────────┐     ┌─────────┐
│ 売り手の変数／│ →  │ブランド・    │ →  │成果変数 │
│マーケティング │     │エクイティ   │     │         │
│活動          │     │             │     │         │
└─────────────┘     └─────────────┘     └─────────┘
          ↑           ↑         ↑           ↑
    ┌──────────┐ ┌──────────┐ ┌──────────────┐
    │ 購買状況  │ │ 企業特性  │ │ 知覚リスク   │
    │・購買タイプ│ │・参加者の │ │ 参加者の特性 │
    │・財の性質 │ │  特性     │ │ 購買ステージ │
    │          │ │・参加者の │ │ 財の性質     │
    │          │ │  規模     │ │              │
    │          │ │・時間的・ │ │              │
    │          │ │  資源的制約│ │              │
    └──────────┘ └──────────┘ └──────────────┘
```

（出所）Kim et al. [1998]，崔 [2008] に基づき筆者作成。

の規定因に関する議論が活発に行われるようになった。

　たとえば，Kim et al. [1998] ではマーケティング諸活動をブランド・エクイティの規定因とする概念モデルを提示している。また，Michell, King, and Reast [2001] では，概念モデルにそって仮説を提示し，知覚品質，知覚されたイメージ，マーケット・リーダーシップなどがブランド・エクイティの水準に影響を及ぼすと結論づけている。

　一歩踏み込んで経験的テストを行ったのが，van Riel, de Mortanges, and Streuken [2005] である。リエリらは，ブランド・エクイティを製品ブランドと企業ブランドに分けて，その規定因を明らかにした。上述のキムらの研究と異なるのは，リエリらが，マーケティング・ミックス要素が満足度の向上を媒介して，ブランド・エクイティに影響を及ぼすとしている点である。言い換えれば，満足という態度変化が，ブランド・エクイティを介してロイヤルティ（成果変数）に結びつくという因果を想定する。これらの先行研究の課題としていえることは，マーケティング活動と成果変数の間にブランド・エクイティをあえて加えることの意義が説明されなければならず，検証も含めさらに検討が必要だろう。

　BtoB 領域の研究は，一口に産業財といっても用度品から大型設備までさまざまな財が含まれることから，財による個別性が高く，その結果として個別事

例研究が多く蓄積されてきた。その一方，近年徐々にではあるがより普遍的な研究も蓄積されつつある。これらの研究は図5-2のように示すことができる。この概念モデルはすべてのパスが検証されているというわけではない。ブランド・エクイティの規定因やモデレーター変数に関しての実証研究が行われている一方，環境要因に関しては今後の研究が望まれる（崔［2008］）。

⌘ BtoB購買における態度

　BtoB領域におけるブランド研究の概観によれば，ブランドとその成果に関する議論をしながらも，BtoB購買の意思決定において，他の要素との関連の中でブランドが選択行動に及ぼす影響の程度についての議論が抜け落ちている点に課題がある。つまり，ブランド・エクイティの水準とその成果との関連において厳密な因果関係が特定できているとはいいがたい。

　BtoBのコンテクストでは，従来からQCD（quality, cost, delivery）を中心にロイヤルティやリテンションとの関連が議論されてきた。その一方，BtoBブランド研究では，QCDとの相対的な関連の中で，ブランド・エクイティがどのような因果をもって成果と結びつきうるのかという点に研究課題が残されている。このことを明らかにするためには，QCDをはじめとする多様な属性の水準がブランド選択に及ぼす直接効果との関連の中で，ブランド態度が購買意図に及ぼす影響を組織購買行動の特質にそって検討されなければならないだろう。

　その際に重要な概念の1つが態度（attitude）である。態度は，消費者行動のコンテクストでは最も中心的な概念の1つとして扱われてきた。態度という概念を用い理解することによって，消費者行動の法則性やメカニズムをより明らかにできると考えられたためである。態度は，さまざまに定義されてきたが，対象に対する一貫した好意的あるいは非好意的な感情的反応や判断的評価を指すものである（たとえば，Lutz［1991］）。BtoB領域におけるブランド研究では，この態度と行動意図との関連が必ずしも明らかにされておらず，「態度」概念に関心が向けられてきたわけではない。

　Keller［1998］によれば，ブランド態度とは，「ブランドに対する消費者の全体的な評価」（訳書139頁）と定義され，数多くの連想をもたらす。ブランド態

度は，ベネフィットに関する消費者の連想に依存している。つまり，特定製品に対する評価にかかわる消費者の態度は，その製品のもつ属性やベネフィットに対する彼らの評価によって形作られるということである。

　ブランド価値がある条件下で購買意図に結びつきうるとしても，両者の関係に関する途中の因果は明確でなく，ブラックボックス化されてきたところにBtoBブランド研究の課題がある。つまり，BtoB購買でもブランド態度を研究対象としなければ，因果を特定することはできないだろう。

　この点に関して，Lynch and Chernatony [2004] は，BtoBの購買行動において，経済合理性のほかに，ブランドに対する感情が加わって，意思決定が行われることを指摘している。経済合理性の要素には，価格，製品仕様，納入，品質，サプライヤーの信頼性，カスタマーサービスが含まれる。感情の要素には，信頼，友情，社会的需要，威信などが含まれる。リンチらは，組織内の購買者が合理的なブランド価値と情緒的なブランド価値の両方から影響を受け，そして売り手企業の企業ブランドが，買い手企業との情緒的な接触を形成するための機能的な力を獲得できると主張した。情緒的なブランド価値の発展とコミュニケーションが，価値創造を強化して差別的な有利性を進展させる方法となりうると指摘している。

⌘ 組織購買行動論とブランド論の融合

　ブランドの効果を特定する際には，上述の態度概念に注目するとともに，組織購買行動論の研究成果を十分に反映した議論が欠かせない。近年，組織購買行動論の成果とBtoBブランド研究の融合を意図する研究が進みつつある。組織購買行動論で主張される論点は，購買に関連するさまざまな状況の理解が，マーケティングの効果を高めるというものである。ブランドの効果を検討する際には，購買状況にかかわる次元を特定することが欠かせない。つまり，BtoB購買における，主観的評価や企業イメージといった周辺的手掛かりを参照する意思決定のウェイトが増す条件を，組織購買の特質にそって検討しなければならない。

　この点についてまず注目すべきは，ブランドの効果を誰に対して期待するのかという点である。たとえば，Mudambi [2002] によれば，ベアリングの購買

企業のクラスター分析の結果，ブランドを拠り所として購買の意思決定を行う（購買担当者の）クラスターが37%の割合で存在したという。一方，従来からの伝統的な製品指向の強いクラスターは49%を占めていた。同様に，Bendixen, Bukasa, and Abratt [2004] でも，購買へのかかわり方によって，ブランドの影響は異なると報告されている。

　この点においてさらに踏み込んだ研究を行ったのがアレクサンダーらである（Alexander et al. [2009]）。それによれば，意思決定者とユーザーはブランドの影響を受けやすい一方，インフルエンサーでは，耐久性や価格に（相対的に）重きを置くという結果が得られている。この研究では，BtoB取引におけるブランドの価格プレミアム効果も検討されている。彼らは，産業用タイヤについてコンジョイント分析を行い，ブランドによる価格プレミアムでも，上記と同様の傾向，つまり意思決定者とユーザーで高い価格プレミアムが存在するという結果を得ている。ちなみに，本研究ではブリヂストン，ミシュラン，グッドイヤーのノーブランド品に対する価格プレミアムを調査しており興味深い。その結果は，ノーブランド品に対するブランド品（3社平均）の価格プレミアムはおよそ20%であった。そして，ブランドによる価格プレミアムが高かったのは，ブリヂストン，ミシュラン，グッドイヤーの順だった。

　組織購買行動論で行われてきた，誰が影響力をもつかという議論は，きわめて個別性が高くなるという問題を含んでいる。しかし，そもそもブランドの効果を検討する際に，誰が影響力をもち，その誰にブランドが影響するかどうかを議論するよりも，ブランドという主観的な判断が影響を及ぼす状況（担当者の特質）を特定するほうが賢明だろう。

　購買関与者によって，ブランドの影響度に相違がみられる背景には，購買担当者の態度が，当該購買関与者の知識水準によって大きく影響を受けるからである（池尾 [1999]）。知識水準が低い場合，一般的にBtoB購買では，購買活動の中で情報を収集し，適切な判断ができるよう努めるだろう。ただし，そのような状況は，十分な時間を情報収集にあてることができる場合である。そのような時間をとることができない，あるいはとりたくない場合には，ブランド態度の影響が増すことになる。

　ブランドが存在することによって，連想やイメージを介して購買にかかわる

情報処理の節約が可能になる。こういった情報処理の節約は，BtoBの購買においてもあてはまる。情報探索努力との関係では，購買について知覚された重要性が購買企業の探索水準に影響を及ぼす（Corey [1978]）ことや，購買の重要性（Bunn [1993]，McQuiston [1989]）や動機付けの強さ（Webster and Wind [1972]）が，意思決定の情報処理に影響を及ぼすことが指摘される。こういった要因が購買への関与を高めるとともに，十分に時間をかけた検討をもたらすことになる。つまり，購買に対する関与水準が高いほど，企業イメージなどのブランドへの依存が相対的に低下すると考えられる。

重要なことは，こういった高関与な状況における意思決定を，BtoBの購買行動に関連してどのように特定すればよいかという点である。

購買関与とは，消費財のコンテクストで提示された概念で，消費者の価値体系における当該購買の重要性を指す。購買関与度は，「購買決定や選択に対して（消費者が）感じる心配や関心の程度」（池尾 [1999]）である。BtoB分野の購買においても，購買する財，購買にかかわるメンバー，購買フェーズそしてバイクラス（新規購買，修正再購買，単純再購買）によって関与水準は異なることになる（Robinson, Faris, and Wind [1967] や Ghingold and Wilson [1998] を参照）。購買関与度が情報探索量を左右する以上，それは同様に，情報探索の様式，つまり買い手が情報探索にあたってどのような情報源の組み合わせを用いるかにも影響を与えると考えなければならない。

3 BtoB ブランドの新たな潮流

⌘ 成分ブランド

BtoB領域のブランド研究は，一般化を志向する研究が増える一方，応用範囲を広げる方向にも向かっているといえるだろう。この2つの動きは相反するものではなく，前者が抽象化水準を上げることによって，そして後者は取り上げるイシューを拡大することにより，同じく守備範囲を拡大しようとする動きといえる。

この後者の研究に含まれるのが，成分ブランド研究とサービス・ブランドに

関する研究である。成分ブランドは，どちらかといえばインテルや総合化学メーカーなどが展開してきた素材のブランディングなど，ビジネスでの実践が先行しており，事例も多く紹介されている（森 [2003]，松尾・崔 [2004]，桑嶋 [2004]，余田・首藤編 [2006]，Kotler and Pfoertsch [2010] など）。

成分ブランドとは，Desai and Keller [2002] によれば，「特定ブランドにおけるキー属性が，別のブランドに成分（ingredient）として組み込まれたもの」(p.73) と定義される。ブランド研究における成分ブランドは，特定ブランドを強化するための二次的ブランド連想の一類型として位置づけられる。

成分ブランド研究では，成分ブランドが最終製品に付与されることによって，その最終製品への消費者の反応がいかに変化するかについて検討されてきた。一般消費者を対象とした実験データを用いた実証研究が多く，コ・ブランディングというより広い枠組みで展開されたものが多い。

たとえば，Clayton and Surinder [1995] では，コ・ブランディングの視点からの成分ブランドへの消費者評価に対する影響や，コ・ブランディングが効果的となる条件についていくつか導出している。また，成分ブランドの最終製品への効果について，特に価格プレミアムという視点に注目した研究もいくつか存在する。Venkatesh and Mahajan [1997] では，成分ブランドによって価格プレミアムが期待できることを明らかにしている。また，梁 [2009] でも同様の研究が行われており，成分ブランドによって価格プレミアム効果が20%程度期待できることを明らかにしている。

これら一連の研究は，成分ブランド付与によって最終製品への消費者反応が改善されることを指摘している点で共通している。しかし，成分ブランドを組み込むことによって，必ずしも消費者の反応が改善するとは限らない。この点について，Levin, Davis, and Levin [1996] はさまざまな戦略を紹介しつつコ・ブランド戦略の効果について検証を行っている。彼らの研究は，菓子カテゴリーを取り上げつつ，知名度の高い成分ブランドと提携した製品が消費者の評価を高めることや，成分ブランドに対する否定的な評価がコ・ブランド製品の評価を低下させることについて実験により明らかにしている。

また，McCarthy and Norris [1999] でも製品評価への影響が検討されている。ここでは元製品の品質知覚水準によって，成分ブランド付与による効果が

異なってくることが主張されている。すなわち，ブランド化された成分によって製品知覚や信念，評価，購買確率は向上するものの，そのような効果は中程度品質の親ブランドでは確認できるが，高品質の親ブランドでは限定的であることを実験によって明らかにしている。彼らはこの効果を"cue redundancy"と呼び，成分ブランド付与による効果が，付与される製品への事前の品質評価によって異なってくることを示した。

さらに，岡本［2003］では，成分（要素技術）ブランドの知名率と知覚品質の関係のほかに，成分ブランドのコミュニケーション内容と知覚品質の関係について定量的に議論しており，興味深い結果を得ている。これらの研究は，成分ブランドそのものが消費者にどのように捉えられているかによって，その後の成分ブランドの効果も異なってくることを提示している。

一方，崔［2008］では，部品や素材のブランドが消費者に対する反応や効果と，直接の顧客に関する成分ブランドの効果の3者関係に注目しており，実務上の実践を考える際の貴重な示唆を得ている。崔は，繊維素材の「ライクラ」について，詳細な事例研究によりその顧客戦略を識別し，成分ブランドについて2つの効果を提示している。1つは，ディマンドプル効果で，サプライチェーン最下部の消費者や小売を刺激することで，その上段の買い手企業の購買が促される効果を指摘している。2つめが，ディマンドプッシュ効果で，評価の高い完成品ブランドと共同マーケティングを行うことで，小売や消費者からのイメージを高める効果，つまりサプライチェーン上の完成品メーカーを利用し，流通や消費者を刺激する効果を明らかにしている。

⌘ BtoBサービスのブランド研究

成分ブランドとともに近年研究の蓄積が著しいのが，BtoBサービスにおけるブランド研究である。サービス・ドミナント・ロジックとの関連での議論（Ballantyne and Aitken［2007］）や信頼，サービス・クオリティや権限委譲などサービスに固有の概念をブランドとの関連のなかで議論する（Roberts and Merrilees［2007］）ところに特徴がある。

一方，より包括的な概念モデルを提示し，仮説検証を行っているのはRauyruen, Miller, and Groth［2009］である。この研究では，BtoBサービスに

おけるブランド・エクイティとその規定因に関する包括的概念モデルを提示し，サービス提供者への信頼とサービスへの知覚品質などが態度的ロイヤルティと購買意図を通じてブランド・エクイティを高めることを検証している。この研究で明らかにされたことは，サービス提供者に対する信頼とサービス・クオリティがブランド・エクイティに強く影響を及ぼすという点であり，これは上述のRoberts and Merrilees［2007］の研究とも符合する。その一方，態度的なロイヤルティがブランド・エクイティ，特に価格プレミアムにどのようなロジックで正の影響を及ぼすのかは，明らかではない。

　BtoB取引におけるサービスの重要性が増しつつあるなか，今後研究の蓄積が期待される領域である。

4 BtoBブランディングの実践に向けて

　ブランドによって，自社の製品やサービスを他社のものから識別することが可能になる。また，ブランドに関連する想起も重要な役割である。それによって消費者の購買にかかわる情報処理が節約されることになる。BtoBのブランド・マネジメントにおいても，基本の部分では同様に考えることができる。つまり，BtoBでも，商品名や企業名は，他の商品や他社と識別してもらうためのものであり，名前を付与した商品を長期間にわたって提供することによって安心して取引してもらえるのである。また，BtoB購買でも時間を節約したい場面も多く，つねに十分に時間をかけて合理的な判断を行っているというわけではない。

　このように，BtoBにおけるブランド・マネジメントは消費財ブランドとその枠組みにおいて大きく異なるものではない。けれども，BtoBの取引においては，多様なステーク・ホルダーが存在することから，消費財のコンテクストより，より幅広い枠組みで検討する必要があるだろう。実践に際してのBtoBブランディングの枠組みを図5-3に示す。

　まず第1は，売り手が直接の買い手に対して行う取引接点強化や営業効率向上のためのブランディングである。BtoBで取引される製品は，部品・素材，

図5-3　BtoBブランディングの枠組み

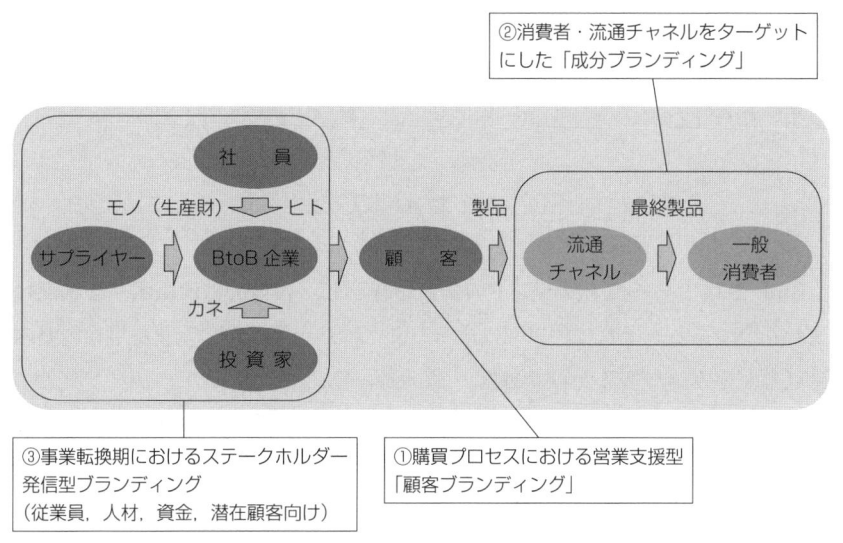

②消費者・流通チャネルをターゲットにした「成分ブランディング」

③事業転換期におけるステークホルダー発信型ブランディング
（従業員，人材，資金，潜在顧客向け）

①購買プロセスにおける営業支援型「顧客ブランディング」

（出所）余田・首藤編［2006］46頁を修正。

情報機器，用度品など有形の財や，情報システムや土地活用，資産運用などのサービス財に至るまできわめて多様である。けれども，そこでは営業活動を中心とした取引接点の強化がマーケティング活動の核であり，ブランド・マネジメントは営業活動と関連づけて展開しなければならないだろう。そしてその際に重要なことは，組織で行われる購買行動の特質を十分に理解したうえで展開することである。

第2は，買い手にとっての顧客に向けた，結果的に多くの場合は最終消費者に向けたブランディングである。インテル社の"Intel Inside"のように川下からのプル効果を発生させるものや顧客企業と共同で展開されるコ・ブランディングがこれに相当する。

そして第3は，幅広いステークホルダーに対する企業の社会性等の訴求を目的としたブランディングである。BtoB企業を取り巻くステークホルダーには，企業活動の担い手である従業員や将来の従業員，活動を資金面から支える投資家，あるいはより間接的ではあるが，企業の活動に強い影響を及ぼす社会などが含まれる。この点においては消費財企業と変わるものではない。本章では扱

わなかったが，BtoB ビジネスを中心に展開する企業は，商品を媒介にしたステークホルダーとの接点が限られることなどから，企業に対する関心喚起や評価獲得が難しいのが現実であり，意識してブランディングを展開しなければならないだろう。

おわりに

　BtoB 企業であってもブランドの価値を理解し，積極的に活用すべき状況に変わりつつある。それは，以下に述べるように，企業環境の変化や事業戦略の見直しが進みつつあるからである。

　まず，BtoB 購買におけるいくつかの変化である。その1つは，購買の分散化である。スピードが求められる経営環境において，現場への権限の委譲が進むとともに，現場における決裁権限の上限が上昇傾向にあることも，購買分散化の大きな要因になっている。

　購買の分散化は，専門の購買担当者による購買割合を減少させることになるため，専門家ではない担当者に対するブランド訴求が重要になる。とりわけ直接生産にかかわりのない事務用品や情報機器などでは，時間的制約の中で，効率的に購買したいと考える企業担当者も多く，その際には調達企業・製品のブランド力が大きく影響を及ぼすことになる。

　一方，購買の分散化とともに，集中化も進展している。部品や原材料，あるいは用度品などを事業部内，企業内あるいは企業グループ内で一本化し調達コストを低減しようとする動きが活発である。購買の集中化によって，1つの購買がより重要な意思決定を含むことになるため，多くの場合多様な階層の組織メンバーを巻き込んで行われることになる。また，往々にして経営層の購買意思決定への参加も増すことになる。このように購買への関与者が拡大する状況では，営業が接触困難な階層やこれまで関係性を築いていなかった担当者に対して企業・製品ブランドを浸透させることが成約に向けての鍵となる。好ましい企業イメージを浸透させることによって，購買関与者との接触を容易にしたり，稟議を後押しすることが期待でき，営業活動を補完する駆動力としてブランドを積極的に活用すべきだろう。

第2に，企業環境の変化や事業戦略の変更によって新規顧客の獲得や関係性構築が不可欠になっている点である。技術革新の進展にともなう部品・工程の見直しや顧客企業の系列取引の見直しによって，新規顧客の獲得が企業成長の鍵になりつつある。また，事業領域の変更やグローバル市場への進出は，多くの場合，既存の取引先との関係強化だけでなく，新たな顧客の取り込みが欠かせない。その一方で，インターネットの普及や電子商取引の拡大にともない，新規顧客の獲得の機会も増しており，購買サイドもたくさんの選択肢の中から調達先を選びうる状況を生み出している。このような状況において，新規顧客の開拓を効率的に進めるためには，潜在顧客に向けたブランドの浸透が欠かせない。筆者らが2004年に行った情報機器の購買担当者に対する調査では，品質や機能を重視する購買のプロフェッショナルであっても60％以上の人が，引き合いや発注先の選定に際して「当該企業のもつ企業イメージや期待などが強く影響する」と答えている（余田・首藤［2006］）。

　第3に，合併や事業部門の統合，あるいは分社化等によってもブランドの重要性が高まりつつある。このような組織再編によって，ともすれば，組織としての一体感，求心力が低下するおそれがある。BtoB企業では，製品やサービスが一般生活者の目にふれたり，話題になることが頻繁にあるわけでもないので，従業員が自分たちの仕事の社会的影響や意義を自覚しにくく，仕事や勤務先への誇りや愛着を感じる機会は決して多くない。ブランディングによって組織への求心力を取り戻そうとするBtoB企業が，組織再編等にともない少なからず見られるようになってきた。

　本章では，BtoBブランドに関する先行研究を紹介しつつ，今後の研究における課題ならびに実務上のインプリケーションを提示することをねらいとした。グローバルのブランド・ランキングを見ると，IBMやインテル，GEなどの典型的なBtoB企業がランキングの上位を占めている。彼らは，特許や著作権だけでなく，ブランドを知財戦略の根幹に位置づけ，積極的に展開することで，獲得する付加価値の最大化を図っている。BtoB企業であっても，優れたブランディングによって，高い付加価値を生み出すことに成功しているのである。

参考文献

Aaker, D. A. [1991] *Managing Brand Equity: Capitalizing on the Value of a Brand Name*, The Free Press. (陶山計介・中田善啓・尾崎久仁博・小林哲訳『ブランド・エクイティ戦略――競争優位をつくりだす名前, シンボル, スローガン』ダイヤモンド社, 1994年)

Abratt, R. [1986] "Industrial Buying in High-Tech Markets," *Industrial Marketing Management*, 30(1), pp. 293-298.

Alexander, N. S., G. Bick, R. Abratt, and M. Bendixen [2009] "Impact of Branding and Product Augmentation on Decision Making in the B2B Market," *South African Journal of Business Management*, 40(1), pp. 1-20.

Ballantyne, D. and R. Aitken [2007] "Branding in B2B Markets: Insights from the Service-dominant Logic of Marketing," *Journal of Business & Industrial Marketing*, 22(6), pp. 363-371.

Bendixen, M., K. A. Bukasa, and R. Abratt [2004] "Brand Equity in the Business-to-Business Market," *Industrial Marketing Management*, 33, pp. 371-380.

Bunn, M. D. [1993] "Taxonomy of Buying Decision Approaches," *Journal of Marketing*, 57(1), pp. 38-56.

Clayton, H. and T. Surinder [1995] "Effect of Cobranding on Consumer Product Evaluations," *Advances in Consumer Research*, 22(1), pp. 123-127.

Corey, E. R. [1978] *Procurement Management*, CBI Publishing Company.

Desai, K. K. and K. L. Keller [2002] "The Effect of Ingredient Branding Strategies on Host Brand Extendibility," *Journal of Marketing*, 66(1), pp. 73-93.

Ghingold, M. and D. T. Wilson [1998] "Buying Center Research and Business Marketing Practice: Meeting the Challenge of Dynamic Marketing", *Journal of Business & Industrial Marketing*, 13(2), pp. 96-108.

Gordon, G. L., R. J. Calantone, and C. A. di Benedetto [1993] "Brand Equity in the Business-to-Business Sector," *Journal of Product & Brand Management*, 2(3), pp. 4-16.

Hutton, J. G. [1997] "A Study of Brand Equity in an Organizational-buying Context," *Journal of Product & Brand Management*, 6(6), pp. 428-439.

Keller, K. L. [1998] *Strategic Brand Management: Building, Measuring, and Managing Brand Equity*, Prentice Hall. (恩蔵直人・亀井昭宏訳『戦略的ブランド・マネジメント』東急エージェンシー, 2000年)

Kim, J., D. A. Reid, R. E. Plank, and R. Dahlstrom [1998] "Examining the Role of Brand Equity in Business Markets: A Model, Research Propositions, and Managerial Implications," *Journal of Business-to-Business Marketing*, 5(3), pp. 65-89.

Kotler, P. and W. Pfoertsch [2006] *B2B Brand Management*, Springer-Verlag.

Kotler, P. and W. Pfoertsch [2010] *Ingredient Branding: Making the Invisible Visible*, Springer-Verlag.

Lehmann, D. R. and J. O'Shaughnessy [1974] "Difference in Attribute Importance for

Different Industrial Products," *Journal of Marketing*, 38(2), pp. 36–42.

Levin, A., J. C. Davis, and I. Levin [1996] "Theoretical and Empirical Linkages between Consumers' Responses to Different Branding Strategies," *Advances in Consumer Research*, 23(1), pp. 296–300.

Levitt, T. [1965] *Industrial Purchasing Behavior: A Study of Communication Effects*, Harvard University Press.

Lutz, R. J. [1991] "The Role of Attitude Theory in Marketing," in H. H. Kassarjian and T. S. Robertson (eds.), *Perspectives in Consumer Behavior*, Prentice Hall., pp. 317–339.

Lynch, J. and L. de Chernatony [2004] "The Power of Emotion: Brand Communication in Business-to-Business Markets," *The Journal of Brand Management*, 11(5), pp. 403–419.

McCarthy, M. S. and D. G. Norris [1999] "Improving Competitive Position Using Branded Ingredients," *Journal of Product and Brand Management*, 8(4), pp. 267–285.

McQuiston, D. H. [1989] "Novelty, Complexity, and Importance as Casual Determinants of Industrial Buyer Behavior," *Journal of Marketing*, 53(2), pp. 66–79.

Michell, P., J. King, and J. Reast [2001] "Brand Values Related to Industrial Products," *Industrial Marketing Management*, 30, pp. 415–425.

Mudambi, S. M. [2002] "Branding Importance in Business-to-Business Markets: Three Buyer Clusters," *Industrial Marketing Management*, 31(6), pp. 525–533.

Ozanne, U. B. and G. A. Churchill [1971] "Five Dimensions of Industrial Adoption Process," *Journal of Marketing Research*, 8(3), pp. 322–328.

Rauyruen, P., K. E. Miller, and M. Groth [2009] "B2B Services: Linking Service Loyalty and Brand Equity," *Journal of Services Marketing*, 23(3), pp. 175–186.

van Riel, A. C. R., C. P. de Mortanges, and S. Streuken [2005] "Marketing Antecedents of Industrial Brand Equity: An Empirical Investigation in Specialty Chemicals," *Industrial Marketing Management*, 34, pp. 841–847.

Roberts, J. and B. Merrilees [2007] "Multiple Roles of Brands in Business-to-Business Services," *Journal of Business & Industrial Marketing*, 22(6), pp. 410–411.

Robinson, P., C. W. Faris, and Y. Wind [1967] *Industrial Buying and Creative Marketing*, Allyn and Bacon.

Sheth, J. N. [1973] "A Model of Industrial Buyer Behavior," *Journal of Marketing*, 37 (October), pp. 50–56.

Shipley, D. and P. Howard [1993] "Brand-Naming Industrial Products," *Industrial Marketing Management*, 22, pp. 59–66.

Sinclair, S. A. and K. E. Seward [1988] "Effectiveness of Branding a Commodity Product," *Industrial Marketing Management*, 17, pp. 23–33.

Vaidyanathan, R. and P. Aggarwal [2000] "Strategic Brand Alliances: Implications of Ingredient Branding for National and Private Label Brands," *Journal of Product*

and Brand Management, 9(4), pp. 214-228.
Venkatesh, R. and V. Mahajan [1997] "Products with Branded Components: An Approach for Premium Pricing and Partner Selection," *Marketing Science,* 16(2), pp. 146-165.
Webster, F. E., Jr. and K. L. Keller [2004] "A Roadmap for Branding in Industrial Markets," *The Journal of Brand Management,* 11(5), pp. 388-402.
Webster, F. E., Jr. and Y. Wind [1972] "A General Model of Organizational Understanding Buying Behavior," *Journal of Marketing,* 36(2), pp. 12-19.
Wilson, R. D. [1986] "Segmentation and Communication in the Industrial Marketplace," *Journal of Business Research,* 14, pp. 487-500.
Yoon, E. and V. Kijewski [1995] "The Brand Awareness to Preference Link in Business Markets: A Study of the Semiconductor Manufactureing Industry," *Journal of Business-to-Business Marketing,* 2, pp. 7-36.
池尾恭一 [1999]『日本型マーケティングの革新』有斐閣。
岡本智 [2003]「技術のブランディング」法政大学産業情報センター・小川孔輔編『ブランド・リレーションシップ』同文舘出版。
桑嶋健一 [2004]「製品開発研究の系譜と化学産業の製品開発マネジメント——顧客の顧客戦略の有効性」MMRC-J-3, 東京大学COEものづくり経営研究センターディスカッションペーパー。
高嶋克義・竹村正明・大津正和 [1996]「産業広告の効果に対する実証研究」『日経広告研究所報』165, 60-68頁。
高嶋克義・南知惠子 [2006]『生産財マーケティング』有斐閣。
崔容熏 [2008]「産業財ブランドの視座——既存研究のレビューと『ライクラ』ブランドの事例に見る〈顧客の顧客〉戦略の示唆」『マーケティングジャーナル』107, 59-81頁。
野中郁次郎 [1974]『組織と市場——組織の環境適合理論』千倉書房。
松尾隆・崔容熏 (2004)「三星電子TFT-LCD事業におけるブランディング戦略」『経営と制度』2月号, 95-113頁。
森摂 [2003]「B2B2Cの掛け橋——素材・部品メーカーから消費者へのアプローチ」『赤門マネジメントレビュー』2(2), 47-54頁。
梁宰豪 [2009]「ブランド・エクイティ強化のための成分ブランドの役割について」『商品開発・管理研究』5(2), 15-31頁。
余田拓郎 [2006]「B2Bブランディングのすすめ」『一橋ビジネスレビュー』54(1), 70-83頁。
余田拓郎 [2011]『BtoBマーケティング——日本企業のための成長シナリオ』東洋経済新報社。
余田拓郎・首藤明敏編 [2006]『B2Bブランディング——企業間の取引接点を強化する』日本経済新聞社。

第6章

セールス・プロモーションによる
ブランド構築のメカニズム

松下光司

はじめに

　値引き,プレミアム,特別陳列,サンプリングなどの消費者向けセールス・プロモーション[1]（以下,セールス・プロモーションと略す）は,購買行動を直接的に引き起こし,売上を短期即効的に獲得することを可能とするマーケティング手段である（守口［2002］3頁）。これは,広告のような他のプロモーション手段と比べたときの,セールス・プロモーションの最大の特徴である。マーケターはセールス・プロモーションに含まれるさまざまな手法を駆使することで,売上を中心としたマーケティング目標の達成をめざすことができる（各種手段の概要については,恩蔵・守口［1994］を参照）。

　しかし,ブランド構築をめざすマーケターは,この役割にだけ注力していることはできない。なぜなら,この基本的な役割に加え,セールス・プロモーションの実施がブランド・エクイティ[2]やその隣接概念（ブランド・コミットメント,知覚品質など）に対して少なからず影響を与えるためである。

　たとえば,低価格プロモーションがブランド・エクイティに与える影響については周知のところであろう。一時的な価格の切り下げは,消費者の購買行動に即時に影響を与えることはできる。しかし,そればかりに過度に依存すると,ブランドを安っぽい物としてみせてしまい,ブランド・イメージが損なわれてしまうというわけである（Aaker［1991］）。また,それとは逆に,セールス・プ

ロモーションには，ブランド・エクイティを高めるものもある。たとえば，プレミアム品を提供するプロモーションについてはよく知られているところである。アメリカの事例としては，アメリカン・エクスプレスがカードのメンバーに対して与えている革ひものネームタグ，ラルフローレンがポロの購入者に与えるタオル地のローブなどをあげることができる（Aaker [1991]）。

　このようなセールス・プロモーションの2つの役割は，いまや広く共有されているといってよいであろう。よく知られているコトラーとケラーのテキストでは，「消費者に対するプロモーションは，理想的には，短期的なセールスのインパクトと同様に，長期的なブランド・エクイティに対する効果をもつべきである」と記載されている（Kotler and Keller [2012] p.519）。

　しかし，ブランド実務に携わる人々が，この2つの役割を併せ持ったセールス・プロモーションを実行しようとしても，概してそれは容易なことではないだろう。また，過去の研究から示唆を得ようとしても，膨大な研究の中から必要な知見を取り出すことは必ずしも簡単ではないだろう。

　そこで，本章は，比較的低価格である最寄り品，およびそれに関連する消費者行動を念頭に置きながら，ブランド構築を意図する実務家がセールス・プロモーション政策を展開するにあたっての示唆を導出することをねらいとする。セールス・プロモーションが，ブランド・エクイティに対して与える影響に関する研究を概観することで，その影響が現れるメカニズム（消費者の心理プロセス）を抽出し，マネジメントへの助けとしたい。

1 セールス・プロモーションが消費者に与える2つの影響

⌘ セールス・プロモーションによる即時的購買の喚起——量的効果

　研究レビューに入る前に，セールス・プロモーションが購買行動に即時的な影響を与えるメカニズムを確認しておこう。セールス・プロモーションの影響を受けて消費者が購入するのか否か，購入するのであれば，いくつ購入するのかといった側面に関するこの議論をセールス・プロモーションの「量的効果」と呼ぶことにする[3]。

消費者は，飲料，菓子，加工食品といった製品カテゴリーに対して低関与であることが多い。この「製品関与が低い」という言葉が意味するのは，消費者がその製品カテゴリーに対して有する重要度が，他の製品カテゴリーと比べて低い，ということである (Laaksonen [1994])。具体的には，コンビニエンスストアやスーパーマーケットにおける消費者の購買行動のほとんどがここに含まれるであろう。

　そのような消費者は，それらのカテゴリーの製品の購買に際して熱心に情報を集めたりしないし，このブランドが良い・好きという自らの感情だけに固執して，選択するブランドを決めたりしない。お菓子の購入を考えてみても，長い日数にわたってインターネットで調べたり，購入すると決めたブランドを求めて複数の店を見て回ったりということはまずない。このような低関与の消費者は，情報探索努力量が少なく，自ら形成した選好順位に執着する程度は小さい特性をもつものとして位置づけられる (Olshavsky and Granbois [1979], Hoyer [1984])。

　セールス・プロモーションが，即時的な購買を引き起こすことができるのは，その施策が顧客価値の向上に対して一時的に影響を与えることで，低関与の消費者の購買行動をうまく引き起こすからである[4]。たとえば，スーパーマーケットにおける低価格の特別陳列は，次のようなメカニズムを引き起こすことで購買を喚起するだろう。値引きの山積みの陳列は，価格に関するコスト低下だけでなく，当該ブランドが消費者の目に入る可能性を高めるため，ブランドを探し出す手間（探索コスト）も省いている。つまり，このセールス・プロモーションは，値引きによる支払いコストの一時的な低下だけでなく，情報探索や購買努力量が少ない消費者の探索も支援し，彼らのコスト全体の削減に寄与している。この一時的な2つのコストの削減は，製品の便益を向上させることなしに，結果として顧客価値を一時的に向上させる。低関与の消費者は，自ら形成した選好順位を事前にもっていてもそれに執着しないため，その顧客価値の向上によって当該ブランドの選択を促されてしまうのである。自らの好みによって自律的に行動せずに，環境依存的に選択する対象を決める低関与の消費者であるからこそ，セールス・プロモーション施策が即時的購買に有効となるのである (cf. Laaksonen [1994])。

第6章　セールス・プロモーションによるブランド構築のメカニズム

⌘ セールス・プロモーションによるブランド構築——質的効果

　セールス・プロモーションは，このような購買への量的効果をもつだけではなく，ブランドの強さに対しても影響を及ぼす。ここでは，セールス・プロモーションがブランド・エクイティ（その他ブランド関連の心理的変数）に与える影響を「質的効果」と呼ぶことにする。次に，質的効果が現れる基本的なメカニズムを明らかにする。

　この点を議論する前提として，低関与購買におけるブランドの強さの源泉を，顧客ベースのブランド・エクイティの考え方によって確認していこう。低関与の消費者は，すべての購買において，前項で示した環境依存型の購買意思決定を採用するわけではない。たとえば「この前に買ったお菓子はおいしかった，だから今回も同じものにしよう」という心理で購入対象を決めることは低関与の消費者によく見られるもう1つの購買のかたちである。

　このようなとき，低関与の消費者は，ブランド・ネームやパッケージなどのブランド要素を手がかりとすることによって，あるいは，製品へのニーズの知覚をきっかけとして，記憶の中から過去の経験（ブランド知識）を取り出すことによって購買の対象を決めていると見ることができる（Keller [1998]）。当該ブランドに関する態度をそのつど形成しなくても，情報探索の努力を最小限にしながら，購入対象を決めるこの種の購買も，多くの購買努力を払わない低関与の消費者に適した購買行動のパターンなのである。これこそが第1章で紹介されている，顧客ベースのブランド・エクイティが発揮される心理プロセスであり，ブランドの強さの源泉にほかならない（Keller [1998]）。したがって，あるブランドが「強いブランド」であるためには，消費者がそのブランドに対して保持しているブランド知識の内容や構造が，記憶の中からスムーズに取り出されるようなかたち（強く，好ましく，ユニークなブランド知識）となっているかがきわめて重要なポイントとなる。

　この考え方に依拠すると，質的効果が現れるメカニズムは，セールス・プロモーションによって喚起されるブランド知識の構築・変容プロセスとして理解できる。つまり，セールス・プロモーションの影響を受けることで，消費者の記憶内のブランド知識が変化し（ブランドの知覚品質やコミットメントの変化もここに含まれうる），その結果として，その後の購買にそのブランド知識が使われ

図6-1 セールス・プロモーション効果とその基本メカニズム

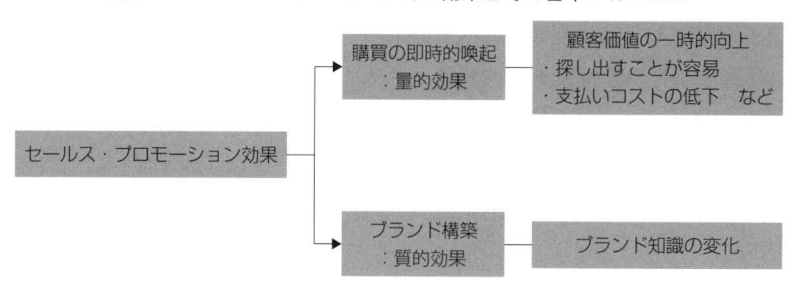

```
                            ┌─ 購買の即時的喚起 ──→ 顧客価値の一時的向上
                            │   ：量的効果          ・探し出すことが容易
セールス・プロモーション効果 ─┤                       ・支払いコストの低下　など
                            │
                            └─ ブランド構築 ──────→ ブランド知識の変化
                                ：質的効果
```

（出所）筆者作成。

やすくなったり，使われにくくなったりするというプロセスである。このような質的効果が現れる心理メカニズムと，前項で紹介した量的効果のメカニズムとをあわせて整理したのが図6-1である。

　もちろん，たとえば店頭で，あるお菓子のブランドの特別な値引きを見たからといって，即座にそのブランドについての知識（このブランドはおいしかった，好き，パッケージが可愛いなどの連想の集まり）が変化してしまうとは思えないだろう。つまり，このようなブランド知識の変容プロセスは，すべての場合に起こるとは限らないのである。これは，あまり熱心に思考しない低関与の消費者の場合であればなおのことである。このことが示唆するのは，「ブランド構築に有効なのはこのセールス・プロモーションだ」という一義的な理解をしてもあまり有用ではないということである。それよりもむしろ，「多様なセールス・プロモーションによって，ブランド構築がなされるのはどのようなメカニズムなのか，それはいかなる条件なのか」を理解することが重要なのである。次からのレビューにおいても，この種のメカニズムと条件を可能な限り抽出し，最後にその内容を整理することにする[5]。

2　セールス・プロモーションに関する質的効果研究

⌘ 値引きによるブランド構築

　過去の質的効果の研究には，ある単一のセールス・プロモーション手段に着

目し，その手法の特徴を取り入れながらブランド・エクイティに対する影響を明らかにしているものがある[6]。ここからは，いくつかのセールス・プロモーションを取り上げ，その概要を整理していく。まずは，値引きプロモーションに関する研究から見ていく。

値引き（price off）とは，「通常の販売価格からいくらかの金額を差し引いて販売することを指す（恩蔵・守口［1994］6頁）。このプロモーションは，本章の冒頭に述べたように，ブランド構築に対してネガティブな影響をもつことが知られている。その心理プロセスを確認するため，消費者の購買行動における価格の役割を確認することから始めよう（松下［2012a］）。

いうまでもなく，価格は，消費者の購買行動においてその購買対象を受け取る対価としての役割を果たす。これは，「犠牲」としての価格の役割である。もちろん，消費者がこの役割として価格情報を見るとき，価格は低いほど望ましい（たとえば，1000円よりも900円のほうが望ましい）ことになる。

一方で，価格情報は「品質のバロメータ」としても機能することが知られている。消費者が「高い（安い）ものは品質が良い（悪い）ものだ」という一般的な連想をもつことがあり，この価格に関する連想が，品質の程度を推論する情報として利用されるのである。価格がこのような役割を果たすとき，消費者は大幅に値引かれているブランドを見ると，その価格の低さに引きずられ，そのブランドを低品質であると見なしてしまう。これが，値引きプロモーションがブランド構築を妨げる基本的な心理メカニズムである。

ただし，過去の研究によれば，消費者が価格情報によって品質レベルを推論するのは，いくつかの条件が揃ったときだけであることが知られている（Rao and Monroe［1988］）。この研究は，値引きを直接取り扱ったものではないが，いかなる条件のときに値引きがブランドを傷つけるのかについてのヒントを提供する。

まず大きな役割を果たすのが，消費者が有する製品に関する知識の量である（松下［2012a］参照）。製品についての知識が少ない消費者は，製品そのものから品質を判断する能力を有していないため，価格レベルを品質判断の情報として利用せざるをえないのである。同時に，市場における製品の品質のばらつきも重要な要因である。品質レベルのばらつきが大きいことが知られている製品

に対しては，製品知識が低い消費者ばかりでなく，製品知識が豊富な消費者も，価格情報を品質判断に使う。高知識の消費者は，品質のバロメータとしての知識を使うことが妥当なときであれば，それを利用して品質を判断するからである。一方で，製品の品質レベルが市場において同質的である場合には，製品知識の増加とともに，消費者は価格情報を品質評価に用いなくなる。つまり，低知識の消費者にしか価格情報が品質のバロメータとして使われないのである。

このように，値引きプロモーションは，価格レベルと品質レベルとの間の連想を消費者がもつがゆえ，その実施が当該ブランドの品質の悪さの知覚を消費者に抱かさせてしまい，対象ブランドを傷つけてしまう。概していえば，低知識の消費者であるとき，その傾向が強いことが過去の研究から示唆されている。

この種のマイナスの影響が発揮される心理プロセスを考慮すると，値引きプロモーションの負の効果を避けるためのいくつかの一般的な方法を考慮することができる。第1に，ブランドの新規導入時であったり，製品カテゴリーの使用経験があまりない消費者に対する値引きプロモーションは避けるべきである。消費者が自律的に品質レベルを判断する力を持ち合わせていないとき（低知識），品質のバロメータとして価格情報が用いられる。そのため，これに近い状況であるときには，値引きプロモーションのマイナス効果に最も留意すべきであろう。

第2に，品質のバロメータとして価格情報が処理されることを回避する方法を併用することである（守口・鶴見 [2004]）[7]。これは実施される値引きが一般的な値下げとは異なることを訴求したり，値引き価格自体への意識を逸らすことで，低価格＝低品質という推論の回避を狙う方法である。具体的には，「発売○○周年」「△△の日」などのプロモーションを実施する理由を値引きプロモーションに付与することや，クーポンやバンドル販売（同一製品や複数種類の製品のまとめ買い）などの方法がその例として考えられる。

⌘ プレミアムによるブランド構築

続いて，「プレミアム」（premium）（景品付きプロモーションとも呼ばれる）を検討する。これは，いわゆる「おまけ」を付与するプロモーションである。これは，パッケージの内外に付与したり，後に送付したりといったいくつかの方法

で実施される（恩蔵・守口［1994］7頁）。過去のいくつかの研究成果を確認することで，これまでの知見を整理してみよう。

　古川［2003］は，懸賞キャンペーンを擬似的なブランド拡張と捉え，それが親ブランドのブランド・イメージを伸張することを主張している。そして，その伸長に影響を及ぼす要因として，親ブランドのイメージと懸賞キャンペーンのイメージとの間の整合性の高さをあげ，特定のブランド・イメージに整合性の高いプレミアムを経験的に明らかにしている。小野寺ほか［2004］は，プレミアム・プロモーションが，ブランドに対する態度（好き・嫌い）に与える影響を実証的に検討している。彼女らは，整合性と類似した一致度という概念を提示したうえで，ブランド・イメージとプレミアムのイメージとが一致する程度が高くなるほど，ブランドへの態度が向上するとしている。

　もう1つの研究として，松下［2009］を紹介しておきたい。この研究が示すところによれば，ブランドの連想とプレミアムのイメージが類似している（高一致度）だけでは，ブランド知識は必ずしも増えない。そのため，このモデルではもう1つの要因，すなわち消費者がプレミアムについて思いをめぐらせる（高精緻化）ことにも注目している。たとえば，ある緑茶ブランドに，おしゃれな急須と湯のみのプレミアムが付いていたとする。この急須と湯のみのイメージがブランドと類似しているだけではブランド・エクイティの向上は望めない。消費者が，そのプレミアムの取得の方法や使用感について熟慮することもブランド・エクイティの向上には欠かせないのである。なぜなら，このような処理を経なければ，プレミアム・プロモーションについての連想がブランドの知識と連結しない（ブランド知識が増加しない）ためである。このように，プレミアム・プロモーションがブランド構築に寄与するのは，そのプレミアムに付随する連想がブランド連想に結びつくため，ブランド連想の不十分な点を補うことができるからである。

　松下［2009］から，次のようなプレミアム・プロモーション実施への示唆が導出できる。ブランド構築という目的のもとでプレミアム・プロモーションを実施するには，ブランドとプレミアムとの間の一致度を高め，プレミアムに関する精緻化（思考）を増やす工夫が求められることになる。たとえば，「本格的」というイメージをもつ日本茶のブランドに旅行がプレミアムとして付けら

れるケースであれば，一致度を高めるような旅行内容（本格的な料理や和菓子を味わえる旅行など）を企画することが求められよう。また，標的とする消費者にとって関与水準が高いプレミアムを選ぶことや，プレミアム応募前にウェブサイトにアクセスさせクイズに回答させることなどの思考量を増やすための工夫が必要となるはずである。

⌘ 特別陳列・店頭POPによるブランド構築

　続いて，「特別陳列」（special display）に注目する。特別陳列とは，「定番と呼ばれる通常の陳列棚とは切り離された場所に商品を陳列すること」である（恩蔵・守口［1994］7頁）。これは，新製品の販売や特売品の販売促進で用いられることが多く，対象となる商品を大量に陳列するものである（寺本［2012］20頁）。また，店頭における店頭POP用具（point of purchase material）は，特別陳列の演出として値引きとともに掲出される場合が多い（寺本［2012］，恩蔵・守口［1994］参照）。

　過去の研究によれば，このような特別陳列・店頭POPもブランド構築に影響を与えることが示唆されている。寺本［2012］は，特別陳列の演出要素のうち，店頭POPが設置されているものに注目し，ブランド・コミットメント[8]に与える影響を検討している。スーパーマーケットの購買履歴のデータと店頭コミュニケーションの実施実績，加えて，消費者のブランド・コミットメントに関する質問票データを用いて分析した結果，価格以外の訴求要素を含んだ製品訴求POPが設置されている特別陳列は，ある種のコミットメントを向上させることが示された。

　それでは，製品訴求の情報が付与されたタイプの特別陳列による購買経験が，なぜブランド関連の変数に影響を与えていくのであろうか。その心理プロセスの理解には，Hoch and Deighton［1989］による知見が参考となる（松下［2012b］参照）。彼らは，製品やブランドの使用体験自体からの学習に注目している。ブランドの使用体験が，消費者が当該ブランドの属性や便益について，最も学習できる情報源であることは直観的に理解できるところである。直接体験から得た情報は，記憶に残りやすいためである。しかし，体験時の学習の内容は，企業側が指示できるものではないため，この学習プロセスはきわめてコ

ントロール可能性が低いように思える。

　ただし，彼らによれば，ある種の条件が整えば，ブランド使用体験もマネジメントができる。なぜなら，消費者は購買前や購買時において提示されたコミュニケーション内容にしたがって信念を形成し，その信念に依拠しながら体験情報を解釈するためである。たとえば，消費者がある自動車のシートの座り心地をパンフレットによって訴求された後，その自動車の試乗をしたとする。そのとき，消費者は，このシートにパンフレットにおいていわれているような質感があることを確かめながら試乗をすることになるため，よりよく消費体験の学習が進むというわけである。

　店頭 POP を有する特別陳列においても，このような情報処理が生じることは十分想定しうる。特別陳列で訴求された情報が，消費者がそのブランドを体験する事前信念をつくることになり（たとえば，このお菓子はクリーミーな味がする），その信念を確かめるかのようにブランド体験をすることになる。その結果として，体験の学習が促進される。これが，特別陳列における店頭 POP によってブランド知識が増加するプロセスである。

　特別陳列が消費者のブランド学習を促進するとはいっても，もちろん，それはすべての場合において起こらない（Hoch and Deighton [1989]）。第 1 に，ブランド体験にある程度の解釈の余地があることが重要である。ブランド体験情報に，解釈の曖昧さがなければ，購買前・購買時に提供される情報からの影響も受けずに消費者は自律的な解釈をするためである。たとえば，まったくクリーミーな味がないお菓子なのに，その感覚を特別陳列で訴求しても学習に対しては有効にならないことは明らかであろう。

　第 2 に，消費者の知識量があまり多くないことも重要である。たとえば，消費者がお菓子について詳しく（高知識），消費体験について自律的に吟味することができる能力を有するときには，ブランド体験は外部からの影響を受けずに解釈される傾向が高いだろう。製品知識が高い消費者に対しては，特別陳列のPOP に多くの効果は望めないのである。

⌘ **サンプリングによるブランド構築**

　続いて，「サンプリング」（sampling）を見ていこう。サンプリングとは，「消

費者に試供品を配布すること」であり，新製品の市場導入においてよく用いられるセールス・プロモーション手法である（恩蔵・守口［1994］9頁）。過去の知見によれば，サンプリングは，最も高価ではあるものの，最も効果的なコミュニケーション方法であるといわれていた（Wright and Lynch［1995］）。サンプリングによる直接経験は強い態度を導くことができるため，いったん好ましい態度を形成すれば，その態度によって購買行動が現れる可能性が高くなるというわけである（Wright and Lynch［1995］）。

ただし，その後 Wright and Lynch［1995］によって，この知見はより精緻化され，サンプリングの効果は伝えたい内容によって異なることが明らかにされてきている。彼女らは，経験属性と探索属性の区別に着目している。お菓子の色，カロリー，含まれる栄養素，価格などは探索属性（search attribute）と呼ばれている。一方で，お菓子の味やサクサク感などは，経験属性（experience attribute）と呼ばれるものである。これは，購入し使用した後にしか確認することはできないものである。

彼女らによれば，サンプリングや購買時点の現物といった直接経験は，経験属性の情報を提示するときに効果を発揮する。一方で，広告は，探索属性の情報を伝えるときに効果を発揮する。つまり，媒体と属性情報が，サンプリング−経験属性，広告−探索属性という組み合わせで一致したとき，ブランドがその属性をもっているという信念は強くなり，記憶の中から思い出されやすくなるのである。その理由は，サンプルによる直接的なブランド経験をするとき，経験属性に対して消費者の注目がより多く寄せられるため，代わりに探索属性の情報に対しての注目を低下させてしまうからである。これは，自らの消費者としての経験と照らし合わせてみれば，納得がいく心理プロセスであろう。たとえば，試食をするときには，当然のことながらその食感や味などにまずは集中し，価格やパッケージの色はむしろ二の次になるだろう。そのため，このときお菓子の新しい食感は最も学習されるし，価格やパッケージの色などは覚えていないということになる。

この研究から得られる示唆は次のようなものである。サンプリング，食物の試食，あるいは耐久財の試用などの直接的なブランド経験を促すセールス・プロモーションは，マーケターの側が構築・変容させたいブランド知識の内容が

経験属性（味や触感など）である場合に用いられるべきである。また，忘れてはならないのは，その経験要素への注目は，一方で探索属性への注目を低下させてしまう可能性があることである。マーケターは，この点にも注意を払いながら，サンプリングの実施を検討する必要がある。

3 セールス・プロモーションの質的効果のメカニズム

⌘ 2つの質的効果のメカニズム

　本章の第1節で指摘したように，セールス・プロモーションの質的効果は，セールス・プロモーションによる消費者のブランド知識の変化として捉えることができる。ここでは，そのブランド知識変容の心理メカニズムをより掘り下げて整理することにしよう。これまで，4つのセールス・プロモーションの質的効果の研究を概観してきた。それらを見る限り，そこで生じるブランド知識の変化には，大別して2つの心理プロセスが含まれていた（図6-2）。

　第1は，セールス・プロモーションに付随する二次的連想の影響によるブランド知識の変化である。Keller［1998］は，人（従業員や推奨者），場所（原産国，チャネル），事物（イベント，社会貢献活動）などといった，ブランド以外の対象の連想を二次的連想と名づけている。そして，ブランド構築の1つの方法として二次的な連想を源泉として活用する方法を提案している。これまでのレビューによれば，値引きプロモーションは低価格＝低品質という連想，プレミアム・プロモーションはプレミアム連想という二次的連想を含むプロモーションとして位置づけることができる。そのため，それらのセールス・プロモーションによって喚起されるブランド知識の変化は，二次的連想の影響を受けたブランド知識変容として位置づけることができるはずである。

　第2は，セールス・プロモーションがブランド使用体験を促進させることによって生じるブランド知識の変化である。サンプリングや特別陳列・店頭POPが，これに当たるであろう。一般的に見て，ブランドの直接的な使用体験は，広告などの間接的な情報の取得と比べて，その後の購買行動の発現に強く影響を与えることが可能である。これは，直接経験によって形成された態度

図6-2 セールス・プロモーションの質的効果のメカニズム

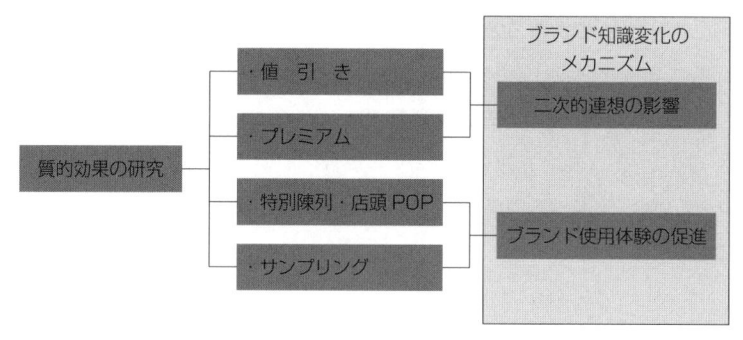

```
質的効果の研究 ─┬─ ・値引き      ┐  ┌──────────────┐
               ├─ ・プレミアム    ┤  │ブランド知識変化の│
               │                 │  │   メカニズム   │
               │                 ├──┤ 二次的連想の影響 │
               ├─ ・特別陳列・店頭POP┤  │               │
               │                 ├──┤ブランド使用体験の促進│
               └─ ・サンプリング   ┘  └──────────────┘
```

(出所) 筆者作成。

のほうが,間接経験によって形成されたそれよりも自信をもって保持される(強い態度)ため,行動との関係が強いためであると説明される(Regan and Fazio [1977])。そのため,消費財の消費体験がマネジメントの対象であり,サンプリングや特別陳列・店頭 POP の適切な方法が,それらの直接経験の学習の促進に寄与できるという知見は,ブランド構築をめざすマーケターに対して意義をもつのである。

⌘ 心理メカニズムを理解するメリット

このような心理メカニズムの理解は,次のような利点をもたらすだろう。第1は,質的効果の現象を比較的単純に理解できることである。セールス・プロモーションの1つの特徴は,この1つの用語の中に非常に多種多様な手段が含まれていることである(守口 [2002] 10頁)。もし,この状況に対応して,セールス・プロモーションの質的研究が個別手段ごとに整理されているのであれば,マーケターは膨大な数の手段ごとに知見を吸収していくほかはなくなる。しかし,手段横断的に背後のメカニズムを理解することができれば,表面的には違っている現象をシンプルな見方で統一的に理解できるようになるはずである。

第2は,セールス・プロモーションに限ることなく,その他のマーケティング・ミックス手段と統合させながらブランド構築への示唆を検討できることである。たとえば,二次的連想の活用を考えれば,セールス・プロモーションだけでなく,イベントの活用,店頭コミュニケーション,広告といった手段の活

用方法を統一的に理解できるようになる（松下［2009］）。一例として，ブランド構築に寄与するであろう次のようなマーケティング・ミックスの組み合わせをあげることができる。ブランドに類似したイメージをもつ（高一致度）スポーツ・イベントを協賛し，それを懸賞キャンペーンとして付与する。そして，その告知を店頭のエンド陳列（あるいは広告）という媒体で提供し，消費者が店頭（あるいは，いくつもの媒体）で複数回見るように工夫する（高精緻化）といったことが例示できよう。

おわりに

　最後に，今後の研究の展開方向について指摘しておこう。第1に，質的効果の新たな心理的メカニズムの明確化である。本章では，2つの心理メカニズムを提案した。しかし，そのメカニズムは2つに限られるわけではないだろう。既存のセールス・プロモーション手段や，今後出現してくることが予想される新たなセールス・プロモーション手段の中に含まれる可能性がある，未知の心理プロセスを明らかにすべきである。

　第2に，既存研究のデータベース自体の更新をめざした取り組みである。実務への応用をめざすならば，図6-2のようなマップの内容を順次最新のものとしていくことが求められるであろう。これは，各種のセールス・プロモーションごとに研究の中身を整理し，それがいかなる心理プロセスに基づくものなのかを位置づける作業である。この作業は実務への応用を考えるならきわめて重要な作業となるだろう。なぜなら，本章の冒頭で指摘したように，膨大な既存研究の中から必要な知見を取り出すことは必ずしも容易ではないためである。研究体系の見取り図の中身を，より精緻で最新のものとしていく作業が，理論と実務との懸け橋をつくるために求められるはずである。

　第3は，日本の消費者やマーケティング環境を対象としたセールス・プロモーションの質的効果の研究への取り組みである。日本の店頭の状況，消費者の買物行動，セールス・プロモーションの実施状況が欧米のそれと異なることは容易に想像できるものの，残念ながら本章で引用している研究の多くが欧米のものである。いかなる心理プロセスが日本の消費者独自のものであるかを明ら

かにするためにも，欧米で開発された既存モデルを日本の消費者へ適用した研究，あるいは日本の消費者の特徴を強調した独自モデルを構築した研究が大いになされるべきであろう．

注
1　セールス・プロモーションは，メーカーが消費者に対して行う消費者向けセールス・プロモーション，メーカーが流通業者に対して行う流通業者向けプロモーション，小売業者が消費者に向けて行う小売業者によるプロモーションに大別することができる（守口［2002］）．本章は，このうち消費者向けセールス・プロモーションについて議論する．
2　本章では，顧客ベースのブランド・エクイティを念頭に置きながら議論を展開していく．Keller［1998］によれば，この概念は「消費者の持つブランド知識が当該ブランドのマーケティング活動に対する消費者の反応に及ぼす効果の違い」として規定される．
3　セールス・プロモーションの量的効果に関する研究の1990年代初めまでのレビューについては，恩蔵・守口［1994］を参照していただきたい．なお，そのレビューの中では，売上増が生じる源泉を解明する研究を質的効果と呼んでおり，本章の用語とは異なるので注意をしていただきたい．
4　田村［2006］によれば，顧客価値は次の式で規定される．すなわち，顧客価値＝製品便益－ライフサイクル費用，である．製品便益は，製品の性能や特徴，品質の機能的特徴やその使用過程などから生じるものである．ライフサイクル費用とは，その製品の探索，購買，使用，廃棄など，消費者が製品にかかわる全過程（ライフサイクル）において発生する費用である．そこには価格，買物に費やす交通費や時間，保守維持費，廃棄費用などが含まれる．この式に基づけば，セールス・プロモーションは，製品便益とライフサイクル費用のどちらか（あるいは両方）に働きかけることにより顧客価値を一時的に高める手段と見なすことができる．たとえば，増量は製品便益の増加，値引きは価格切り下げによるライフサイクル費用の低下，特別陳列は探索コストの低下によるライフサイクル費用の低下として位置づけることができる．なお，プレミアムは製品以外での便益向上によって顧客価値を高める手段として見なすことが可能であろう．
5　本章で言及した以外の質的効果が生じるメカニズムについては，恩蔵・守口［1994］，守口・鶴見［2004］を参照していただきたい．
6　複数のセールス・プロモーション手段を1つの研究の中で同時に取り扱っているものもある．DelVecchio, Hernard, and Freling［2006］は，過去の50を超える研究の結果を総合することによって，ブランド選好に対してセールス・プロモーションの各種手段が与える影響を明らかにしている．
7　同様の方法は，他の研究結果や理論的背景からも示唆される．守口・鶴見［2004］を参照のこと．
8　ブランド・コミットメントとは，特定ブランドに向けられた情動的・心理的な愛

着を捉える概念である（寺本 [2012] 41 頁）。

参考文献

Aaker, D. A. [1991] *Managing Brand Equity: Capitalizing on the Value of a Brand Name*, The Free Press.（陶山計介・中田善啓・尾崎久仁博・小林哲訳『ブランド・エクイティ戦略――競争優位をつくりだす名前，シンボル，スローガン』ダイヤモンド社，1994 年）

DelVecchio, D., D. H. Henard, and T. H. Freling [2006] "The Effect of Sales Promotion on Post-Promotion Brand Preference: A Meta-Analysis," *Journal of Retailing*, 82 (3), pp. 203-213.

Hoch, S. J. and J. Deighton [1989] "Managing What Consumers Learn from Experience," *Journal of Marketing*, 53 (2), pp. 1-20.

Hoyer, W. D. [1984] "An Examination of Consumer Decision Making for a Common Repeat Purchase Product," *Journal of Consumer Research*, 11(3), pp. 822-829.

Keller, K. L. [1998] *Strategic Brand Management: Building, Measuring, and Managing Brand Equity*, Prentice Hall.（恩蔵直人・亀井昭宏訳『戦略的ブランド・マネジメント』東急エージェンシー出版部，2000 年）

Kotler, P. and K. L. Keller [2012] *Marketing Management*, 14th edition, Prentice Hall.

Laaksonen, P. [1994] *Consumer Involvement: Concept and Research*, Routledge.（池尾恭一・青木幸弘監訳『消費者関与――概念と調査』千倉書房，1998 年）

Olshavsky, R. W. and D. H. Granbois [1979] "Consumer Decision Making: Fact or Fiction?," *Journal of Consumer Research*, 6(2), pp. 93-100.

Rao, A. R. and K. B. Monroe [1988] "The Moderating Effect of Prior Knowledge on Cue Utilization in Product Evaluation," *Journal of Consumer Research*, 15(2), pp. 253-264.

Regan, D. T. and R. Fazio [1977] "On the Consistency between Attitudes and Behavior: Look to the Method of Attitude Formations," *Journal of Experimental Social Psychology*, 13(1), pp. 28-45.

Wright, A. A. and J. G. Lynch [1995] "Communication Effects of Advertising versus Direct Experience When both Search and Experience Attributes Are Present," *Journal of Consumer Research*, 21(4), pp. 708-718.

小野寺裕子・江本昌彦・松岡伸・満田祐一 [2004]「景品付きセールス・プロモーションがブランド態度に与える影響」『日経広告研究所報』215，50-55 頁。

恩蔵直人・守口剛 [1994]『セールス・プロモーション――その理論，分析手法，戦略』同文舘出版。

田村正紀 [2006]『バリュー消費――「欲ばりな消費集団」の行動原理』日本経済新聞社。

寺本高 [2012]『小売視点のブランド・コミュニケーション』千倉書房。

古川一郎 [2003]「擬似的ブランド拡張によるブランド・アイデンティティの強化」『マーケティングジャーナル』87，4-17 頁。

松下光司［2009］「セールス・プロモーションによるブランド・エクイティ構築――一致度と精緻化を先行要因とした説明モデル」『消費者行動研究』15（1・2），1-18頁．
松下光司［2012a］「購買意思決定の特性とマーケティング」青木幸弘・新倉貴士・佐々木壮太郎・松下光司『消費者行動論――マーケティングとブランド構築への応用』有斐閣．
松下光司［2012b］「ブランド構築と統合型マーケティング・コミュニケーション」青木幸弘・新倉貴士・佐々木壮太郎・松下光司『消費者行動論――マーケティングとブランド構築への応用』有斐閣．
守口剛［2002］『プロモーション効果分析』朝倉書店．
守口剛・鶴見裕之［2004］「ブランド育成とプロモーション」上田隆穂・守口剛編『価格・プロモーション戦略――現代のマーケティング戦略②』有斐閣．

第 7 章

2つの地域ブランド論
その固有性と有機的結合

小林　哲

はじめに

　近年，国内外で地域ブランドすなわち地域にフォーカスしたブランド研究が注目されている。たとえば，国立情報学研究所学術情報ナビゲータ（サイニィ）で，「地域ブランド」をタイトルとする論文を検索すると，2002年頃から増え始め，05年には年100本を超えるまでになり，その後，増減はあるものの現在も数多くの研究がなされている。　論文だけではない。青森県は，2001年，「青森（AOMORI）」ブランドの構築のため，県庁内に部門横断的なプロジェクト・チームを設置した（佐々木・石原・野崎［2008］）。宮崎県仙台市も，2004年，(財)東北開発研究センターが東北電力(株)の委託を受け，地域ブランド戦略に関する調査を実施し，その成果が河北新報出版センターから出版されるなど，地域を担う現場でも地域ブランドに関する議論が積極的になされている（書名は，『創造 地域ブランド――自立をめざしたまちづくり』）。

　海外も同様である。*Journal of Brand Management* が，2002年4月号で，「国家ブランディング」（National Branding）の特集を組み注目を浴びる。そして，2004年，地域ブランド研究を主領域とする学術雑誌 *Place Branding*（2007年から *Place Branding & Public Diplomacy* に誌名変更）が創刊され，地域ブランドが新たな研究領域として確立する。

　ここで興味深いのは，日本と海外で，ほぼ同じ時期に地域ブランドが注目さ

れるようになったにもかかわらず，その内容が大きく異なることである。すなわち，日本では，地域がもたらす製品やサービスをブランドとし，そのブランド力向上を図る研究が主流を占めるのに対し，海外では，地域自体をブランドとみなし，そのブランド力向上を図る研究が主流を占める。そこで，本章では，国内外の地域ブランド研究をレビューし，それぞれの特徴を明確にするとともに，これら2つの地域ブランド論を結びつける統合モデルの構築を試みる。

ところで，地域ブランドを研究しているのはマーケティングだけではない。地理学，政治学，社会学，農学などさまざまな領域の研究者が地域ブランドに興味を示し研究している（Lucarelli and Brorström [2013]，林・中嶋 [2009]）。したがって，マーケティングの視点からのみ地域ブランドを議論することは，その全体像を把握するうえで必ずしも十分とはいえない。しかし，ブランド研究の観点からみると，マーケティングがその主流を占めるのも事実で，ここでは紙幅の制約もあり，マーケティングとの関係に絞って地域ブランドを議論することにする。

そして，地域ブランドをマーケティングの視点からみるとき，少なくともそれは2つの方向から位置づけることができる。

1つは，地域マーケティングとの関係における地域ブランドの位置づけである。マーケティングには，観光マーケティングにおける目的地研究など，地域ブランドが注目される以前から地域に焦点を当てた研究が存在する。したがって，地域ブランドがこれらの先行研究とどのような関係にあるのかが論点の1つとなる。

もう1つは，ビジネス・ブランドとの関係における地域ブランドの位置づけである。本書の議論からも明らかなように，もともとブランドはビジネスすなわち営利組織を対象とするマーケティングの主要テーマの1つである。そして，今日のブランド・ブームの火付け役となったブランド・エクイティ概念の登場以降に限ってもすでに20年以上経過しており，その意味で，地域ブランド研究は，先行するビジネス・ブランド研究の応用領域だといえる。これは，地域ブランド研究が先行するビジネス・ブランド研究の成果を利用できるか否か。もし，利用できないならば，ビジネス・ブランドと地域ブランドは何が違うかが論点になることを示している。

以上の2点が地域ブランドを考えるうえでの視角となるが、まずは2つのブランド論のうちの1つである海外の地域ブランド研究からみてみよう。

1 地域ブランディング——海外の地域ブランド研究

海外の地域ブランド研究の特徴は、地域自体をブランドとみなすところにある。そこで、地域に焦点を当てたマーケティング研究における地域ブランドの位置づけを明確にするため、先行研究である観光マーケティングと地域マーケティングについて概観しておこう。

⌘ 観光マーケティングにおける「目的地」

マーケティングの対象として地域を最初に取り上げたのは、おそらく「観光マーケティング」(tourism marketing) であろう。

観光マーケティングは、観光産業にマーケティング概念を適用しようとするものであり、具体的には、「観光組織が、潜在顕在を問わず、近隣、広域、国家、国際レベルで自らの顧客となる観光客を選定し、彼らのニーズやウォンツ、モチベーションを調査し、それらを満たす観光製品をつくり、顧客に受け入れられるようコミュニケーションすることで、観光客満足の最適化と組織目標の最大化を図るマネジメント・プロセス」(Moutinho [1989] p. 259) を指す[1]。

欧米で観光マーケティングが注目されるようになったのは 1960 年代後半で、日本でも 70 年代末にはすでに注目されており、地域ブランドが注目されるかなり前から観光マーケティングが議論されていたことがわかる（長谷 [1994]）。

そして、この観光マーケティングの主要な構成概念の1つに「目的地」(destination) がある。ここでいう目的地とは、観光客の選択対象となる地域のことで、彼らをひきつける複数の要素から構成されており、ラムズドンは、①観光目的となりうる魅力的な自然や造形物などの「主要誘引物」、②まち並みなどの「建造環境」、③宿泊施設や娯楽施設などの「付随提供サービス」、④住民の生活や観光客とのかかわりなどの「社会文化的様相」の4つを、その中核要素にあげている (Lamsdon [1997])。

このように，観光マーケティングでは，本来，個々の観光組織がバラバラに提供している商品を地域単位で組み合わせ，地域を選択対象となる1つの商品とみなし考察する。ここに，観光マーケティングにおける地域概念の特徴がある。

⌘ 地域マーケティングの台頭

観光マーケティングにおいて地域が取り上げられるようになってからしばらく経った1990年頃，地域マーケティング（place marketing）という概念が登場する。

その背景にあるのは，地方政府の深刻な財政難である。コトラーらによると，1990年代初頭，アメリカ50州の3分の2，そして5,000の市町村（全市町村の4分の3に相当）が歳入不足に直面しており，職員のレイオフや公共サービスの削減に迫られていたという（Kotler, Haider, and Rein [1993]）。そして，地方政府がこの問題を解決するには，長期的ビジョンに立った戦略的マーケティングが必要だと主張する。

ここで，地域マーケティングの特徴をコトラーらが示した地域マーケティングの構成要素を用いて説明してみよう（図7-1）。地域マーケティングは観光マーケティングとどこが異なるのだろうか。

図7-1が示すように，コトラーらは，地域マーケティングを「計画立案グループ（主体）」「マーケティング要素（活動）」「標的市場（対象）」の3つの次元で捉えており，前述した観光マーケティングと比較すると，マーケティング主体すなわち誰がそれを行うかに違いがみられる。つまり，観光マーケティングでは，観光組織がマーケティング主体であるのに対し，地域マーケティングでは観光組織が属する経済界のみならず，自治体や住民もマーケティング主体となっている。

また，マーケティング活動の対象となる顧客認識においても，両者の間に違いがみられる。観光マーケティングの対象が文字どおり観光客なのに対し，地域マーケティングは，観光客のみならず，新たな住民や企業，さらには投資家も顧客としている。

このように，観光マーケティングと地域マーケティングは，誰がそれを行う

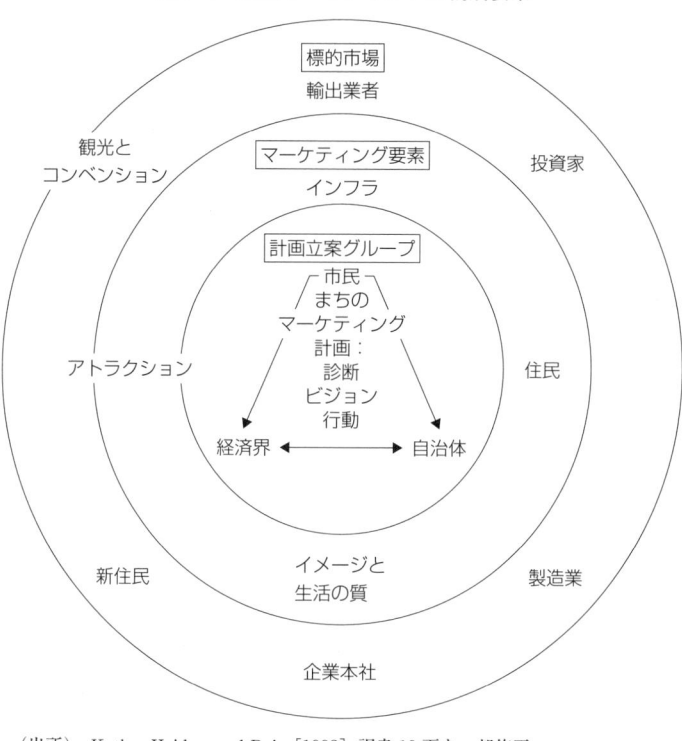

図7-1 地域マーケティングの構成要素

- 標的市場：輸出業者、投資家、住民、製造業、企業本社、新住民、アトラクション、観光とコンベンション
- マーケティング要素：インフラ、イメージと生活の質
- 計画立案グループ：市民、経済界、自治体 → まちのマーケティング計画：診断・ビジョン・行動

（出所）Kotler, Haider, and Rein［1993］訳書19頁を一部修正。

かというマーケティング主体と，誰を対象とするかという顧客認識において大きな違いがみられる。ただし，その違いは互いに相反するというより，地域マーケティングが観光マーケティングを内包する関係になっている。すなわち，地域マーケティングは，観光マーケティングを内部に取り込みながら，その領域の拡張を図ったとみなすことができよう。

⌘ 地域マーケティングと地域ブランディング

以上，マーケティングにおいて地域に焦点を当てた先行研究として，観光マーケティングと地域マーケティングを取り上げ，地域マーケティングが観光マーケティングを取り込むかたちで展開されていることを示した。では，この地域マーケティングと地域ブランドはどういう関係にあるのだろうか。

ここで，具体的な議論に先立ち，ブランドという言葉の使い方について整理しておこう。というのも，海外の研究では，「地域ブランド」(place brand) より，「地域ブランディング」(place branding) という言葉を使用する場合が多いからである。たとえば，2004年に創刊された地域ブランド研究に関する学術雑誌のタイトルも，*Place Brand* ではなく，*Place Branding* となっている。

　そもそもブランドとは「(製品やサービスなどの) ある対象を他から識別するために付与された名前やシンボルなど」を指し，この識別記号とその付与対象との関係を「ブランド構造」と呼ぶならば，識別可能な地名が付与された地域はすでにブランド構造を有していることになる。つまり，地域ブランドは，単に地名を指す言葉にすぎない。

　一方，地域ブランディングという言葉を使用する研究者は，そこに1つの意味を付与する。たとえば，*Place Branding* の初代編集長であるアンホルトは，地域ブランディングを「市町村や地方，国(といった地域)の経済的，政治的，文化的発展のために，(ビジネスで培われた) ブランド戦略および他のマーケティング技法や考え方を適用すること」と定義している (Kerr [2006] p.278，括弧内は筆者)。また，他の研究者も厳密に規定はしていないものの，アンホルトと同様，「地域をブランドとみなし，最新のブランド理論や技法を地域マーケティングに導入すること」を地域ブランディングだとみなしている (Dinnie [2004], Aitken and Campelo [2011], Hanna and Rowley [2011])。

　以上の議論は，地域ブランディングが地域マーケティングの新たな手法，すなわち地域マーケティングの進化版であることを示している。事実，研究者の中には，地域マーケティングと地域ブランディングを区別せず，同じ領域の研究とみなす者もいる (Gertner [2011], Martinez [2012])。

　そこで重要になるのが，地域マーケティングに適用されるブランド論の技法や考え方とは具体的に何を指すのかという点である。というのも，すでに述べたように，ブランド研究の歴史は長く，その内容は多岐にわたる (ブランド研究の歴史に関しては，本書第1章も参照)。また，本章の課題である地域ブランドの特徴を明らかにするうえでも，どのような視点でブランドを捉えるかによって，その内容は異なるであろう。以上の点に関し，節をあらため議論することにしよう。

2 地域ブランディングの特徴——ビジネス・ブランディングとの比較

⌘ ブランド・エクイティ概念に基づくブランド論の適用

　本章の冒頭で述べたとおり，ブランドはマーケティングが学問として成立した当初から注目されており，マーケティングの古典といわれるショーの著作中にもブランドに関する記述がみられる（Shaw [1915]）。以降，ブランドはマーケティングの主要課題の1つとして継続的に研究されてきたが，1980年代後半に大きな転機を迎える。ブランド・エクイティ概念の登場がそれである（Farquhar [1989], Aaker [1991]）。

　ブランド・エクイティとは，ブランドの有する資産価値を指すが，本来，製品に付与された識別記号にすぎないブランドが資産価値を有するのは，特定のブランドを付与することで，（たとえ，それが同じ製品であっても）その製品およびマーケティング活動に対する顧客の評価が変わり，他のブランドにはない効果を当該製品にもたらすからである（Keller [1993]）。ここに，ブランドを戦略的に管理し，ブランド・エクイティを高めることで，製品の持続的優位性を確立しようとする今日のブランド論がある。

　ここで注意しなければならないのは，ブランド・エクイティ概念に基づくブランド戦略は，単なるイメージ戦略とは異なるという点である。ブランドおよびそのプロモーションが製品に何らかの意味（イメージ）を付与し，それが製品の差別化を促すことは，ブランド・エクイティ概念が登場する前から知られていた。事実，地域マーケティングにおいてもイメージ戦略の重要性は十分認識されており，コトラーらの著書でも，第6章と第7章の2章を割いて地域のイメージ戦略について議論している（Kotler, Haider, and Rein [1993]）。

　しかし，ブランド・エクイティ概念の登場により，このブランド・イメージに対する認識が一変する。すなわち，従来のブランド論では，ブランド・イメージが他のマーケティング活動と同じように顧客に直接影響を与えるものとして認識されていたのに対し，ブランド・エクイティ概念に基づく新たなブランド論では，事前知識として顧客の心の中に形成されたブランド・イメージが，

他のマーケティング活動の顧客への影響を左右するものとして位置づけられる。ここに，アンホルトらが主張する，単なるイメージ戦略ではない地域ブランディング，すなわちブランド・エクイティ概念に基づく新たなブランド論の適用がある（Anholt [2005]，Ashworth and Kavaratzis [2009]，Kavaratzis [2009]）。

⌘ ブランド・アイデンティティを核とする地域ブランディング

では，ブランド・エクイティ概念に基づく新たなブランド論の適用とは，具体的に何を意味するのだろうか。

この新たなブランド論の第一人者であるアーカーは，ブランド・エクイティ概念に基づくブランド・マネジメントの中核がブランド・アイデンティティにあるとし，ブランド・アイデンティティ計画モデルを提唱する（Aaker [1996]）。

ブランド・アイデンティティとは，「他のマーケティング活動に好影響を与え持続的競争優位を形成する理想的なブランド・イメージ像」であり，それはブランドが付与された製品やブランドの提供組織，ブランド・パーソナリティ，ビジュアル・イメージなどのシンボルから構成される。そして，このブランド・アイデンティティに基づき，ブランドの価値提案や，ブランドと顧客との関係のあり方など，ブランドの基本戦略が策定される。

このように，ブランド・アイデンティティは，ブランド・エクイティ概念に基づくブランド・マネジメントの要として機能する。というのも，ブランド・アイデンティティとは，事前知識として顧客の心の中に形成されるブランド・イメージすなわちブランド・エクイティの源泉そのものであり，ブランド・マネジメントの目的に相当するからである。したがって，ブランド・アイデンティティをいかに設定しマネジメントするかが，ブランド・エクイティ概念に基づく新たなブランド論のポイントとなる。

しかし，実際のところ，新たなブランド論の地域ブランディングへの適用は必ずしもうまくいっていない。その理由の1つに，研究蓄積の浅さがある。たとえば，いまだ事例紹介が多く，概念枠組みに関する考察が不足しており（Hanna and Rowley [2011]），その事例研究も地域イメージの向上を目的とした短期プロモーションに関するものが多く，実際にブランド・エクイティ概念に基づく地域ブランディングかどうか判断しえない（Martinez [2012]）。地域ブラ

ンド研究のメタ分析を行ったガートナーは，2002年を地域ブランド研究の誕生年とし，1990～2000年を懐妊期，04～08年を成長期と位置づけ，現在，地域ブランド研究は成熟期に入りつつあるとしながらも，その理論枠組みは構築途中にあるという（Gertner［2011］）。事実，地域ブランディングのマネジメントモデルの構築が何人かの研究者によって試みられているものの，いまだ支配的なものは存在しない（Hankinson［2004］, Aitken and Campelo［2011］, Hanna and Rowley［2011］）。

そして，その適用がうまくいかないもう1つの理由としてあげられるのが，地域ブランディングの固有性，すなわちビジネスにおけるブランド・マネジメントとの違いである。そこで，以下では，地域ブランディングの特徴をビジネスのそれと比較しながら考察してみよう。

⌘ 地域ブランディングの特徴——ビジネス・ブランディングとの比較

(1) ブランド付与対象となる地域の多様性と多義性

地域ブランディングの特徴として，第1にあげられるのがブランド付与対象となる地域の多様性である。たとえば，地域を表す言葉1つとっても，海外の地域ブランド研究では，place以外に，nation, country, region, city などさまざまな言葉が用いられており，これが混乱を招く要因の1つになっている（Hanna and Rowley［2011］）。

また，同じ地域であっても，人々がその地域に求めるものが異なる。たとえば，その地域に住む人々は，日々の生活に必要なものを求めるのに対し，観光客は日常の生活では得られない何かをその地域に求める。その結果，地域は，可変性のある（variability）財やサービスを，複数の主体が協力して生産し（co-production），複数の顧客に同時に消費させる（co-consumption）という，ビジネス・ブランドの付与対象となる製品にはない多義性を有することになる（Hankinson［2007］）[2]。

(2) ブランドとしての地域の公共性

地域ブランディングの第2の特徴は，地域ブランド，すなわち地名の公共性にある（村山［2005］，阿久津・天野［2007］）[3]。

地名は，その地域にかかわる複数の人々が使用するものであり，特定の者が

その使用を独占することは，他の多くの人の使用を阻害するため公共の利益に反することになる。以上の理由から，地名は排他的使用権が認められず，公共財的性質を有することになる。

ここに，ビジネス・ブランドと地域ブランドとの大きな違いがみられる。すなわち，ビジネス・ブランドは，個別主体による排他的使用権が認められており，ブランド投資の結果得られた利益を自ら独占することができる。一方，排他的使用権を設定できない地域ブランド（地名）は，投資によってもたらされる利益を独占することができず，たとえそれが良いことだとわかっていてもなかなか投資する気になれない。これは，地域ブランディングを行う際，その投資を促す何らかの仕掛けが必要となることを意味する。

(3) 地域ブランディング主体の不確定性

ところで，地域ブランドが公共財的性質を有するならば，他の公共財と同様，地方自治体など地域政策に深くかかわる公的機関が税金を使用して行えばよいと思うであろう。しかし，ここで問題となるのが，地域ブランディングに対し公的資金を投入することの正当性である。公的機関が税金等の限られた資源をどの公共財に投資するかは，その必要性に大きく依存するが，地域ブランディングの場合，それを行わなければ何か問題が生じるといったものではなく，どちらかというと優先順位は低い。

また，公的機関でなければできないといった性格の施策でないことも，地域ブランディングへの公的資金の投入を躊躇させる要因となる。公共財的性質を有する地域ブランドは，人々の共有財産であり，その気があれば誰でも地域ブランディングにかかわることができる。事実，コトラーらが，地方自治体のみならず，企業や住民を地域マーケティングの主体としているように，地域ブランディングにおいても多種多様な主体がその担い手になりうることが指摘されている（久保田 [2004]，生田・湯川・濱崎 [2006]）。

ここで重要なのは，これら複数の主体が地域ブランディングを行ううえで密接に協力しなければならないにもかかわらず，まとまって行動するような体制になっておらず，公的機関を含め誰がそのイニシアティブをとるかも決まっていないという点である[4]。ここに，企業という統制のとれた体制の中で，その権利（任務）を与えられたブランド・マネジャー（もしくは，ブランド・マネジメ

ント・グループ) がイニシアティブをとるビジネス・ブランディングと地域ブランディングとの違いがある。

3 地域産品のブランディング──日本の地域ブランド研究

ここまで海外の地域ブランド研究を中心にみてきたが，日本の地域ブランド研究は海外のそれと少し異なった様相を呈する。そこで，次に日本の地域ブランド研究について，これまでの展開を整理しておこう。

⌘ 日本における地域ブランド研究の進展

日本において地域ブランドに対する関心が 2002 年以降急速に高まったことはすでに述べたとおりだが，それに大きな影響を与えたのが，05 年に施行された「地域団体商標制度」である。

長い歴史の中で育まれ特定の地域に定着した製品は，仙台味噌や堺刃物など「地域名」と「一般商品（役務）名」からなる名称で呼ばれることが多く，この種の名称は多くの人がその利用を求めることから，一部の例外を除き商標として認められなかった。しかし，それでは便乗商品を法的に排除することができず，地域に根ざした商品の育成や維持に支障をきたすという考えから導入されたのが地域団体商標制度である。この地域団体商標制度のもと，2006 年 4 月に出願受付が始まり，同年 10 月に第一弾として 52 件が登録，13 年 9 月までの登録数は，全国で 548 件（海外登録の 3 件を除く）に達する。

また，地域団体商標制度に先駆け，中小企業庁が 2004 年に創設した「JAPAN ブランド育成支援事業」も，地域ブランドが注目されるきっかけとなった要因の 1 つである。JAPAN ブランド育成支援事業は，地域の特性を活かした製品の魅力を高め，全国あるいは世界で高い評価（ブランド力）を得ることを目的とする助成事業で，初年度は全国から 98 件の応募があり，そのうち 31 件が採用されるなど全国的に注目を集めた[5]。

このように，日本における地域ブランドに対する関心は，海外のそれと異なり，地域がもたらす製品やサービスのブランド力向上にある。もちろん，日本

にも，海外と同様，地域自体をブランドとみなし，その価値を高めることを目的とした研究も存在する（（財）東北開発研究センター「地域ブランド研究会」編 [2005]，久保田 [2004]，阿久津・天野 [2007]，和田ほか [2009]）。しかし，日本の研究者は，地域自体のブランディングだけではなく，地域産品すなわち地域がもたらす製品やサービスのブランディングも地域ブランド研究に含めており，なかには地域産品のブランディングを地域ブランド研究の主領域とする者もいる[6]。

ところで，この地域産品のブランディングはどのような特徴を有するのだろうか。海外の地域ブランディングと同様，ビジネス・ブランディングと比較しながら，その特徴を探ってみよう。

⌘ 地域産品ブランディングの特徴
(1) ブランド・アイデンティティとしての地域性

地域産品のブランディングの特徴としてまずあげられるのが，特定地域との関係である。たとえば，地域団体商標制度で登録されているブランドのように，地域産品ブランディングでは，地名をブランド名の一部に使用するなど特定地域との関係を強調する。

もちろん，カントリー・オブ・オリジン（COO）研究にみられるように，地域はブランド連想候補の1つであり，ビジネスにおいても，特定地域を連想させるブランドは存在する（カントリー・オブ・オリジン研究に関しては恩蔵 [1997] を，ブランド連想に関しては Aaker [1991] などを参照）。しかし，ビジネス・ブランドにおいて，地域性はあくまでブランド連想の1つにすぎず，地域産品のようにそれをブランド・アイデンティティの中核とするものは少ない。

なお，特定地域との関係を表す名称として，現在の地名以外に，「讃岐」「丹波」といった旧国名や，島や山，川，海など特定地域を連想させる名称も含まれる（産業構造審議会知的財産政策部会 [2005]）。また，「ほうとう」（山梨県）や「大内塗」（山口県）など，地理的用語を用いなくても特定地域を強く連想させるものもあり，地名をブランドに冠していなくても，特定地域との関係をブランド・アイデンティティにしていれば，地域産品のブランディングと呼ぶことができよう。

(2) ブランディングにおける地域の活用

地域産品のブランディングにおいて，特定地域との関係がブランド・アイデンティティの中核となることを示したが，地域はそこでどのような役割を担うのだろうか。

一般に，地域はその地理的空間が直面する自然環境やその地で形成された文化などにより，他の地域と異なる性質を有している[7]。したがって，地域産品は，特定地域と結びつくことで，他地域の類似品と差別化を図ることができる。この地域が有する潜在的異質性が，特定地域との関係をブランド・アイデンティティとする地域産品ブランディングの源泉となる。

しかし，このような差別化を行うには，単に地名等を冠したブランドを付与するだけでは不十分である。製品の原材料として当該地域のものを使用したり，製法などにおいて当該地域と密接な関係にあることを示すなど，ブランド付与対象となる製品（およびマーケティング活動）も地域と積極的にかかわる必要がある。これは，地域産品ブランドが，何らかのかたちで地域の制約を受けることを示している。

ところで，この地域がもたらす制約は，必ずしも悪いことだけとは限らない。なぜなら，地域の制約を受けるのは地域産品の供給であり，需要がそれを上回れば「希少性」という価値を有することができるからである。したがって，地域産品のブランディングでは，この地域制約をいかに希少性という価値に変換できるかが大きなポイントとなる[8]。

(3) 一次産品のブランディング

地域産品のブランディングの特徴としてもう1つあげられるのが，一次産品の多さである。たとえば，2013年8月時点の地域団体商標の出願状況をみると，出願件数は合計1,038件で，このうち480件（46％）が農水産品を中心とする一次産品で，陶磁器などの工業製品252件（24％）を大きく上回っている[9]。

この地域ブランドの付与対象となる一次産品は，ビジネス・ブランドの主な付与対象である工業製品と比較して，「品質が安定しない」という特徴を有する。工業製品の場合，工場内の安定した環境下で生産されることや品質管理等のノウハウが蓄積されており，同じブランドが付与された製品間の差異はそれほど問題にならない。しかし，一次産品の場合は，生産に自然が関与する割合

が大きく，製品の品質にバラツキが発生する。

　そして，これがブランディングに大きな影響を及ぼすことになる。ブランドが識別記号として機能するためには，当該ブランドが付与された製品が他と異なるだけでなく，同じブランドが付与された製品が同質である必要がある。というのも，同じブランドが付与されているにもかかわらず製品の品質が異なる場合，顧客はブランドを品質の手がかりとすることができず，それを同じ品質を有する製品の識別記号として使用することができないからである。したがって，一次産品を主とする地域産品では，製品の品質が不安定であることを前提としたブランディングが求められる。

⌘ 2つの地域ブランド論

　以上，日本における地域ブランド研究を概観し，その主要課題が地域自体のブランディングよりも地域産品のブランディングにあることを示し，ビジネスにおけるブランディングと比較しながら，地域産品ブランディングの特徴について考察した。

　地域産品のブランディングは，私的財をブランドの付与対象としており，ブランド自体も地域団体商標制度の確立などにより一定の排他的使用権が認められている。したがって，地域産品ブランディングのブランド構造は，ビジネス・ブランディングのそれと類似しているが，上述したように，地域産品のブランディングがビジネス・ブランディングと異なる特徴を有するのもまた事実である。これは，地域産品のブランディングをブランディング一般（ビジネス・ブランディング）に還元することができず，特異対象として研究領域の1つになりうることを示唆している。

　一方，海外で主に議論されている地域自体のブランディングは，ブランド付与対象が一般的な製品と異なる地域であり，ブランドに相当する地名も排他的使用権を設定できないことから，ビジネス・ブランディングと明確に異なるブランド構造を有している。しかし，それだけで完結した理論が構築できるかというと必ずしもそうではない。なぜなら，Cozmiuc [2011] が指摘するように，地域自体のブランディングの直接的な目的は，ブランド価値を高める地域イメージの形成にあり，それだけで，アンホルトのいう地域ブランディングの目的

すなわち地域の経済的，社会的，政治的，文化的発展が達成できるとはいえないからである。

この点に関して，海外の研究者の中にも，地域ブランディングは，それ自体が直接利益をもたらす製品のブランディングではなく，それを支える企業のブランディングとみなすべきだとする者が少なからず存在する（Kavaratzis [2005][2009], Hankinson [2007]）。そして，この視点から海外と日本で展開されている2つの地域ブランド論をみるならば，地域産品のブランディングは，上述した製品のブランディングに相当し，両者は支援する側（地域自体のブランディング）とその支援を受けて目的を達成する側（地域産品のブランディング）という相互に関連した1つのシステムとして捉えることが可能となる。

そこで，本章の最後に，ビジネス・ブランディングの企業と製品の観点から，地域自体と地域産品のブランディングを捉え直し，2つの地域ブランド論を組み込んだ統合モデルの構築を試みてみよう。

4 地域ブランディングの統合モデル

⌘ 企業ブランドとしての地域ブランディング

ブランド一般の定義に従うならば，企業ブランドとは企業名など企業に付与された識別記号を意味する。しかし，地域ブランディングが注目したのは，識別記号としてのそれではなく，企業レベル・マーケティング（corporate-level marketing）の中核概念としての企業ブランドである（Kavaratzis [2009]）。すなわち，ここでいう企業ブランドとは「企業の使命，核となる価値，信念，コミュニケーション，文化およびその全体デザインに表れる，ある組織に固有なビジネスモデルの可視的，言語的および行動的表現」を意味する（Knox and Bickerton [2003] p. 1013）。

ハッチとシュルツは，企業ブランドと製品ブランドが，①付与対象（企業-製品），②担当責任者（最高経営責任者-マーケティング部門の中間管理職），③計画期間（長期-短期），④ブランディング対象（複数のステークホルダー-製品購入者）といった違いを有するが，企業レベル・マーケティングのいう企業ブラン

ドは，社会的責任をともなう哲学的なものであり，単に複数の製品ブランドを束ねるものではないと主張する（Hatch and Schultz [2003]）。

　そして，カバラティスは，これら企業レベル・マーケティングの中核概念としての企業ブランド研究をレビューし，地域ブランディングに必要な要素として以下の8つを抽出する（Kavaratzis [2009]）。すなわち，①ビジョンと戦略：地域の将来ビジョンの選択とその実現に向けた戦略の策定，②内部文化：地域ブランディングを重視する文化，③地域コミュニティ：地域ブランディングにかかわる住民，起業家および企業の育成，④シナジー：関係するステークホルダーの合意や支援の獲得およびステークホルダー間の調整，⑤基盤整備：地域ブランディングを行ううえで必要な環境整備，⑥景観：地域を象徴するまたは地域ブランディングに影響を及ぼす景観の整備，⑦機会：地域ブランディングの標的となる人々や企業を惹きつけるインセンティブの提供，⑧コミュニケーション：地域ブランディングの標的となる人々や企業との的確なコミュニケーションがそれである。

　しかし，これら8つの要素はあくまで企業ブランドとしての地域ブランディングであり，これらの活動が直接地域に成果をもたらすわけではない。地域ブランディングの目的を達成するには，企業における製品ブランドすなわち地域産品のブランディングが必要となる。そこで，上記の議論を参考にしながら，2つの地域ブランド論の統合を試みる。

⌘ 地域ブランディングの政策モデル

　ここで，これまでの議論に基づき，地域ブランディングの主要概念について整理しておこう。

　地域ブランドとは，「特定の地理的空間に付与された地名に代表される識別記号」を指し，地域ブランディングは，「地域の経済的，政治的，文化的発展のために，ビジネス・ブランディングの考え方や技法を地域マーケティングに適用すること」を意味する。そして，地域ブランディングは，大きく「地域空間のブランディング」と「地域産品のブランディング」という2つのブランディング活動から構成される。

　前者の地域空間のブランディングは，海外において主に議論されている地域

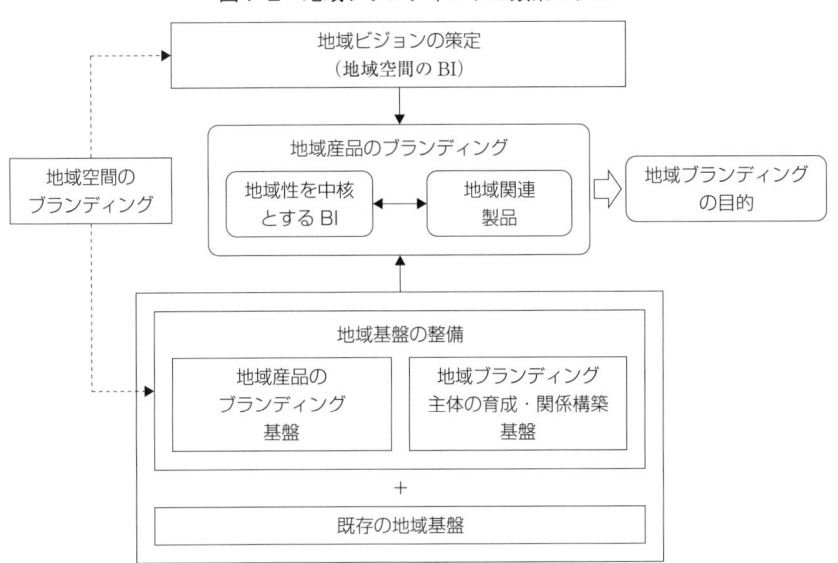

図7-2 地域ブランディングの政策モデル

```
                    ┌──────────────────────┐
          ┌────────→│   地域ビジョンの策定    │
          │         │  （地域空間の BI）     │
          │         └──────────┬───────────┘
          │                    ↓
          │         ┌──────────────────────┐
          │         │  地域産品のブランディング │              ┌──────────────┐
┌─────────┴──┐     │ ┌────────┐  ┌────────┐│   ⇒         │ 地域ブランディング│
│ 地域空間の    │     │ │地域性を中核│↔│地域関連 ││              │   の目的      │
│ ブランディング│     │ │ とする BI │  │ 製品   ││              └──────────────┘
└─────────┬──┘     │ └────────┘  └────────┘│
          │         └──────────┬───────────┘
          │                    ↑
          │         ┌──────────────────────┐
          │         │    地域基盤の整備       │
          │         │ ┌────────┐ ┌────────┐│
          └────────→│ │地域産品の│ │地域ブラン││
                    │ │ブランディング│ │ディング主体の││
                    │ │  基盤    │ │育成・関係構築││
                    │ │         │ │  基盤    ││
                    │ └────────┘ └────────┘│
                    │          +            │
                    │ ┌──────────────────┐ │
                    │ │   既存の地域基盤    │ │
                    │ └──────────────────┘ │
                    └──────────────────────┘
```

(注) BI：ブランド・アイデンティティの略。
(出所) 筆者作成。

ブランド論で，「地域自体をブランドとみなし，そのブランド力を高めることで，当該地域の経済的，政治的，文化的発展を支援する活動」を指す。この地域空間のブランディングは，「地域ビジョンの策定」と地域ビジョンの実現に必要な「地域基盤の整備」の2つの活動から構成されており，さらに，後者の地域基盤は，「地域産品のブランディング基盤」と「地域ブランディング主体の育成および関係構築基盤」の2つの基盤から構成される。たとえば，前述したKavaratzis[2009]の8つの要素をこれに当てはめるならば，①が地域ビジョンの策定，②③④が地域ブランディング主体の育成および関係構築基盤，⑥⑦⑧が地域産品のブランディング基盤となる（⑤は両方の地域基盤に関係）[10]。

一方，後者の地域産品のブランディングは，日本において主に議論されている地域ブランド論で，「特定地域との関係をブランド・アイデンティティの中核とすることで製品やサービスのブランド力を高め，地域の経済的，政治的，文化的発展に直接寄与する活動」を指す。その意味で，地域産品のブランディングは地域ビジョンに沿ったものであるほうが望ましく，また，既存の地域基

第7章 2つの地域ブランド論　153

盤に加え，地域ビジョン実現のために整備された地域基盤をいかに活用するかが，その成果を大きく左右する。

ここに，地域ブランディングにおいて，地域空間のブランディングと地域産品のブランディングが連携を図る意義があり，図示すると図7-2のようになる。なお，この図は，多少表現が異なるものの，青木［2004］が示した「地域ブランド構築の基本構図」と類似したモデルとなっている。青木は，地域ブランド研究の初期の段階で，地域空間のブランディングを一般企業の企業ブランド，地域産品（青木では地域資源）のブランディングを一般企業の製品ブランドとみなしており，その先見性は高く評価できるといえよう。

⌘ 地域ブランディングの組織モデル

ところで，上述した政策モデルだけで地域ブランディングを語るのは適切ではない。なぜなら，この政策モデルは，ビジネスにおける企業ブランドと製品ブランドとの関係を地域ブランディングに適用したにすぎず，地域ブラディングの特徴がそこにすべて反映されていないからである。

本章で述べたように，地域空間のブランディングは，「ブランド付与対象となる地域の多様性および多義性」「ブランドとしての地域の公共性」「地域ブランディング主体の不確実性」というビジネス・ブランディングにはない特徴を有している。これらの特徴は，地域ブランディングが，①ブランディング主体の存在を前提としておらず，②その気になれば誰でもブランディング主体になれること，そして，③地域ブランディング活動が広範囲かつ多岐にわたり，特定のブランディング主体がそのすべてを行うことができないことを意味している。

したがって，地域空間のブランディングでは，まずブランディングを行う主体自身を育成する必要がある。そのうえ，たとえそれに成功したとしても，ブランディング主体が個々独立しており，主体間の活動を調整し，各主体を関連づけ，地域空間のブランディングを一定の方向に導く仕組みが存在しないという問題は解消されず残ったままである[11]。

この傾向は，地域産品のブランディングにおいても同様である。地域産品のブランディング主体にとって，特定地域との関係は多くのブランド・アイデン

図7-3 地域ブランディングの組織モデル

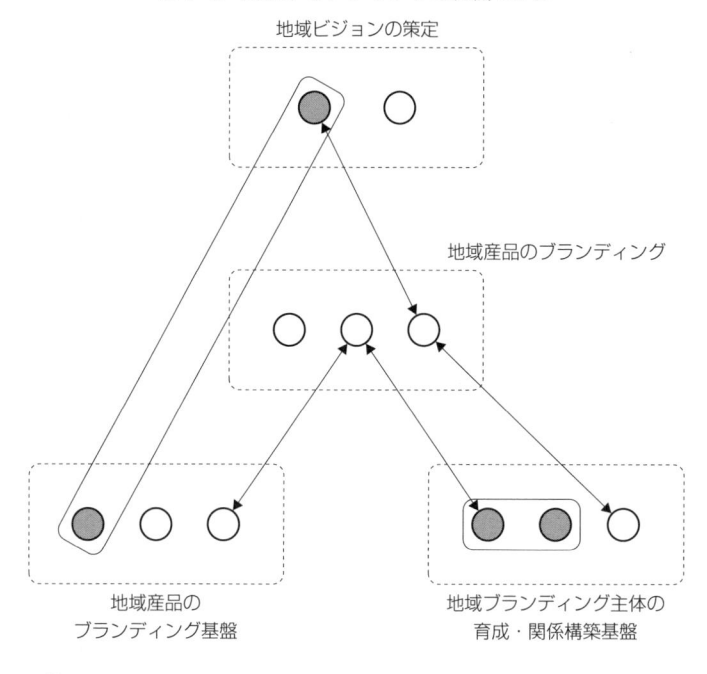

地域ビジョンの策定

地域産品のブランディング

地域産品の
ブランディング基盤

地域ブランディング主体の
育成・関係構築基盤

○ ＝ 地域ブランディング主体およびその活動

⬤ ＝ 地域ブランディング主体 □ とその部分活動 ⬤

⟷ ＝ 地域ブランディング主体（活動）間の関係

（出所）筆者作成。

ティティ候補の1つにすぎず，必ずしもそれをブランド・アイデンティティの中核に据える必要はない。ここに，企業という統制のとれた体制の中で，共通の目的のもと互いの活動が有機的に結びつき調整されるビジネス・ブランディングと地域ブランディングの決定的な違いがある（図7-3）。

　　　　　　　　　おわりに

　本章では，2000年以降，日本に限らず海外でも注目されている地域ブランディングについて考察した。その結果，地域ブランディングは，地域マーケテ

ィングの進化版として位置づけられ，ビジネスにおけるブランドの考え方や技法を地域マーケティングに利用することを目的としていることを明らかにした。なお，ここでいうブランドの考え方や技法とは，1980年代後半に登場した新たなブランド論すなわちブランド・エクイティ概念に基づくブランド・マネジメントを意味する。

したがって，地域ブランディングは，先行するビジネス・ブランディングの応用領域とみなすことができるが，地域ブランド研究の現状をみると，ビジネスにおけるブランドの考え方や技法がスムーズに移転できているとは必ずしもいえない。というのも，地域ブランディングにはビジネス・ブランディングにない固有な問題が存在するからである。

地域ブランディングにおいて，ブランド付与対象となる地域は異なるニーズに対応しうる可変性を有しており，ブランドに相当する地名は排他的使用権のない公共財的性質を有する。また，地域ブランディングには複数主体の関与が必要となるが，そのすべてが最初から存在しておらず，まずはブランディング主体の育成から始めなければならない。そして，たとえそれができたとしても，彼らの関係を調整し，一定の方向へ導く仕組みが存在するわけではなく，それを前提とした対応が求められる。このような地域ブランディングに固有な問題が，ビジネス・ブランディングの知識移転を妨げる大きな要因となっている。

また，本章では，日本における地域ブランド研究が，海外のそれと異なり独自の展開をしていることも示した。すなわち，地域産品のブランディングがそれである。地域産品とは，特定地域と何らかの関係を有する製品やサービスを意味し，そのブランド構造はビジネスのそれと類似しているものの，地域性をブランド・アイデンティティの中核に据えていることや，ブランディングにおいて何らかの地域制約を受けること，そして，ブランド付与対象に一次産品が多いといった一般のビジネス・ブランディングに還元しえない地域産品固有の特徴を有していることを示した。

以上の議論は，地域ブランド研究の中に異なるブランド構造を有する2つのブランド論が存在することを意味する。そして，このこと自体は，すでに多くの研究者が指摘しているものの，両者の違いを明確にし，その関係について議論したものは少ない。そこで，本章では，地域空間のブランディングを企業ブ

ランディングとみなす海外の地域ブランド研究を基礎に置き，地域産品のブランディングを企業における製品ブランディングとみなし，2つの地域ブランド論の統合を試みた。

この統合政策モデルは，地域ビジョンという地域空間のブランド・アイデンティティの策定がモデルの要となっており，ブランド・エクイティ概念に基づく今日のブランド研究に即したものだといえる。また，海外の地域ブランド研究の課題だった目的達成の道筋が示されておらず成果が曖昧だという批判に対して，地域産品のブランディングを組み込むことで目的達成への道筋が明確になり，成果も見えやすくなったといえる。一方，地域産品のブランディングに関しても，地域ビジョンとの整合性や地域基盤の活用など，地域とのかかわりが明示的に組み込まれており，地域産品のブランディングの特徴がより明確になっている。

しかし，これだけで地域ブランディングを語るのは不十分である。というのも，地域ブランディングはその政策内容とともに，それを実現する組織体制においてもビジネス・ブランディングと異なる特徴を有するからである。地域ブランディングは，行おうと思えば誰でも参加できる活動であるが，その公共財的性質により積極的にそれを行おうとする者が存在せず，たとえ存在したとしても，1人でそのすべてを行うことができないため複数主体の関与を必要とする。そして，これらブランディング主体の間には，一般企業のような共通目標や相互調整機能が存在せず，各ブランディング主体が，自らパートナーを見つけ出し，互いに協力しながら地域ブランディングを行う必要がある。

この策定過程と実行過程の二重構造こそが，地域ブランディング最大の特徴であり効果的な地域ブランディングを行ううえで考慮すべき課題だといえよう。

注

1 観光マーケティングの定義は必ずしも確定しておらず論者によってまちまちだが，本章では最も具体的かつ他の定義にも含まれる最大公約数的な定義を取り上げた。なお，観光マーケティングの定義に関しては，西脇[1996]，塙[2007]などを参照のこと。
2 Hankinson[2007]は，上述した3つの特性に，地域境界の法的定義（legal definition of place boundaries），管理の重複性（administrative overlap），政治的説明

責任（political accountability）を加えた6つを，地域ブランディングの特徴としてあげている。

3　ここでの公共性の議論は，地域自体をブランドとみなした場合であり，後に議論する地域産品のブランディングは，必ずしもこれに該当しない場合があることに留意されたい。

4　久保田［2004］は，地域ブランディング主体を，中核メンバー，主要メンバー，周辺メンバーの3つに分類してマネジメント問題を議論しているが，この分類自体は理論的に意味があるものの，各タイプとして例示している中核メンバー：自治体・地域の振興会，主要メンバー：特産品メーカー・商店主，周辺メンバー：一般企業・一般住民という説明は誤解を招く危険性がある。というのは，自治体が地域ブランディングの中核になるとは必ずしも限らず，周辺メンバーが中核になる場合もあるからである。

5　その後のJAPANブランド育成支援事業の採択件数は，2005年度30件，06年度67件，07年度69件に増え，現在も続いている。なお，2006年度から，地域の強みなどを徹底的に分析し，明確なブランド・コンセプトと基本戦略を固める「戦略策定段階」と，基本戦略に基づき本格的なブランド展開をめざす「ブランド確立段階」を明確に区分し，各段階に応じた支援を行うとともに，中長期的な視野に立ったブランド確立への取り組みを支援するため，最大3年間にわたる継続支援を行っている。

6　表現は若干異なるものの，地域自体のブランディングと地域産品のブランディングの両方を地域ブランド研究とみなす代表的な研究として，青木［2004］，内田［2004］，中嶋［2005］，生田・湯川・濱崎［2006］などがあげられる。また，知的財産戦略本部コンテンツ専門委員会の日本ブランド・ワーキンググループでも，地域ブランディングを「地域発の商品・サービスのブランド化と地域イメージのブランド化を結びつけ，好循環を生み出し，地域外の資金・人材を呼び込むという持続的な地域経済の活性化を図ること」と定義しており，地域ブランディングに両方を含んでいることがわかる。なお，あえて例示しないが，本章の冒頭で示した「地域ブランド」をタイトルに含む論文の中には，地域産品を対象とする研究が数多く存在する。

7　『世界大百科事典〔第2版〕』は，このような特徴を有する地域を「一定の意味を有する空間的まとまりとして区画された地球表面の一部であって，その周辺の土地空間とは異なる特徴，すなわち一定の指標に則して全体として等質性（均等性）あるいは統一性といった特性が識別される範囲」と規定している。

8　ここで注意しなければならないのは，地域産品であればすべて希少性を有するわけではないことである。地域産品が希少であるためには，需要が供給を相対的に上回ることが条件となる。したがって，地域の制約により供給が需要を下回る場合のみ，地域産品は希少性を有することになる。

9　特許庁2013年8月13日公表。なお，農水産一次産品と工業製品以外の内訳は，加工食品140件（13％），温泉49件（5％），麺類37件（4％），菓子33件（3％），酒類20件（2％），その他27件（3％）となっている。

10 ⑦⑧は，地域ブランディングの標的顧客に働きかけ，地域空間のブランド力を高める活動だが，地域空間のブランド力は，地域産品が活用しうる資源の1つと考えられるため，地域産品のブランディングに有用な基盤に分類した。なお，Kavaratzis［2009］のいう⑤の基盤整備には，地域産品の育成と地域ブランディング主体の育成および関係構築に必要な基盤整備の両方が含まれることから，あえてどちらかに分類せず，両方にかかわる要素としている。

11 Kavaratzis［2009］は，本章で示した地域ブランディングの8つの要素を提示したのち，地域ブランディングを成功させるには，これらすべての要素にかかわる綿密な調査分析と強力なリーダーシップが必要だと主張する。これは，地域ブランディングに必要な活動を統合する仕組みが希薄もしくは存在しないことを示している。

参 考 文 献

Aaker, D. A. [1991] *Managing Brand Equity: Capitalizing on the Value of a Brand Name*, The Free Press.（陶山計介・中田善啓・尾崎久仁博・小林哲訳『ブランド・エクイティ戦略──競争優位をつくりだす名前，シンボル，スローガン』ダイヤモンド社，1994年）

Aaker, D. A. [1996] *Building Strong Brand*, The Free Press.（陶山計介・小林哲・梅本春夫・石垣智徳訳『ブランド優位の戦略──顧客を創造するBIの開発と実践』ダイヤモンド社，1997年）

Aitken, R. and A. Campelo [2011] "The Four Rs of Place Branding," *Journal of Marketing Management*, 27(9/10), pp. 913-933.

Anholt, S. [2005] "Some Important Distinctions in Place Branding," *Place Branding*, 1(2), pp. 116-121.

Ashworth, G. and M. Kavaratzis [2009] "Beyond the Logo: Brand Management for Cities," *Journal of Brand Management*, 16(8), pp. 520-531.

Cozmiuc, C. [2011] "City Branding- just a Compilation of Marketable Assets?," *Economy Transdisciplinarity Cognition*, 14(1), pp. 428-436.

Dinnie, K. [2004] "Place Branding: Overview of an Emerging Literature," *Place Branding*, 1(1), pp. 106-110.

Farquhar, P. H. [1989] "Managing Brand Equity," *Marketing Research*, 1(3), pp. 24-33.

Gertner, D. [2011] "A (tentative) Meta-analysis of the 'Place Marketing' and 'Place Branding' Literature," *Journal of Brand Management*, 19(2), pp. 112-131.

Hankinson, G. [2004] "Relational Network Brands: Towards a Conceptual Model of Place Brands," *Journal of Vacation Marketing*, 10(2), pp. 109-121.

Hankinson, G. [2007] "The Management of Destination Brands: Five Guiding Principles Based on Recent Developments in Corporate Branding Theory," *Journal of Brand Management*, 14(3), pp. 240-254.

Hanna, S. and J. Rowley [2011] "Towards a Strategic Place Brand-management Model," *Journal of Marketing Management*, 27(5/6), pp. 458-476.

Hatch, M. J. and M. Schultz [2003] "Bringing the Corporation into Corporate Brand-

ing," *European Journal of Marketing*, 37(7/8), pp. 1041-1064.
Kavaratzis, M. [2005] "Place Branding: A Review of Trends and Conceptual Models," *Marketing Review*, 5(4), pp. 329-342.
Kavaratzis, M. [2009] "Cities and Their Brands: Lessons from Corporate Branding," *Place Branding & Public Diplomacy*, 5(1), pp. 26-37.
Keller, K. L. [1993] "Conceptualizing, Measuring, and Managing Customer-based Brand Equity," *Journal of Marketing*, 57(1), pp. 1-22.
Kerr, G. [2006] "From Destination Brand to Location Brand," *Journal of Brand Management*, 13(4/5), pp. 276-283.
Knox, S. and D. Bickerton [2003] "The Six Conventions of Corporate Branding," *European Journal of Marketing*, 37(7/8), pp. 998-1016.
Kotler, P., D. H. Haider, and I. Rein [1993] *Marketing Places: Attracting Investment, Industry, and Tourism to Cities, States, and Nations*, Free Press. (井関利明監訳『地域のマーケティング』東洋経済新報社, 1996年)
Lamsdon, L. [1997] *Tourism Marketing*, International Thomson Business Press. (奥本勝彦訳『観光のマーケティング』多賀出版, 2004年)
Lucarelli, A. and S. Brorström [2013] "Problematising Place Branding Research: A Meta-theoretical Analysis of the Literature," *The Marketing Review*, 13(1), pp. 65-81.
Martinez, N. M. [2012] "City Marketing and Place Branding: A Critical Review of Practice and Academic Research," *Journal of Town & City Management*, 2(4), pp. 369-394.
Moutinho, L. [1989] "Marketing of Tourism," in S. F. Witt and L. Moutinho (eds.), *Tourism Marketing and Management Handbook*, Prentice-Hall
Shaw, A. W. [1915] *Some Problems in Market Distribution*, Harvard University Press. (丹下博文訳『市場流通に関する諸問題』白桃書房, 1992年)
青木幸弘 [2004]「地域ブランド構築の視点と枠組み」『商工ジャーナル』30(8), 14-17頁。
阿久津聡・天野美穂子 [2007]「地域ブランド——そのマネジメント課題」『マーケティングジャーナル』105, 4-19頁。
生田孝史・湯川抗・濱崎博 [2006]「地域ブランド関連施策の現状と課題」『Economic Review』(富士通総研), 10(3), 30-49頁。
内田純一 [2004]「地域ブランドの形成と展開をどう考えるか——観光マーケティングの視点を中心に」『大学院国際広報メディア研究科言語文化部紀要』(北海道大学) 27-44頁。
恩蔵直人 [1997]「カントリー・オブ・オリジン研究の系譜」『早稲田商学』372, 1-32頁。
久保田進彦 [2004]「地域ブランドのマネジメント」『流通情報』418, 4-18頁。
(財)東北開発研究センター「地域ブランド研究会」編 [2005]『創造 地域ブランド——自立をめざしたまちづくり』河北新報出版センター。

佐々木純一郎・石原慎士・野崎道哉［2008］『地域ブランドと地域経済——ブランド構築から地域産業連関分析まで』同友館。
産業構造審議会知的財産政策部会［2005］『地域ブランドの商標法における保護の在り方について』特許庁。
中嶋聞多［2005］「地域ブランド学序説」『地域ブランド研究』1, 33-49 頁。
西脇隆二［1996］「観光マーケティングの研究——観光マーケティングの概念・特質と今日的課題」『北星論集（経済学部）』（北星学園大学）33, 205-236 頁。
長谷政弘［1994］「観光マーケティング」塩田正志・長谷政弘編『観光学』同文舘出版, 141-155 頁。
塙泉［2007］「観光サービス・マーケティング戦略論研究に関する予備的考察——観光フレームワークの提案」『商学研究論集』（明治大学）27, 223-238 頁。
林靖人・中嶋聞多［2009］「地域ブランド研究における研究領域構造の分析——論文書誌情報データベースを活用した定量分析の試み」『人文科学論集（人間情報学科編）』（信州大学）43, 87-109 頁。
村山研一［2005］「『地域ブランド』と地域の発展——地域社会学の視点から」『地域ブランド研究』1, 5-32 頁。
和田充夫・菅野佐織・徳山美津恵・長尾雅信・若林宏保（電通 abic project 編）［2009］『地域ブランド・マネジメント』有斐閣。

第8章

プライベート・ブランド戦略
巨大流通チェーンのPB戦略とブランド・パワーシフト

陶山計介

はじめに——問題の所在

　日本のPB（プライベート・ブランド）はここ数年，めざましい成長を遂げてきた。「トップバリュ」（イオン），「セブンプレミアム」（セブン＆アイHD），「CO・OP」（日本生活協同組合連合会），「CGC」（CGCグループ）の四大PB売上高は2兆円を突破したといわれる。「トップバリュ」は2014年2月期の売上高が8.7％増の7410億円と，前期の30％近い伸び率からは鈍化し，1兆円には達しなかったものの，依然として高い成長を維持している。「セブンプレミアム」の売上高は当初予想の6500億円を超え，対前期比36.7％増の6700億円で，2013年2月期の4900億円から1800億円伸びた。第3位の「CO・OP」は，事業連合や地域生協のPBを除く日本生協連開発のものだけでも4113億円である。第4位の「CGC」は2359億円で，年間販売額10億円超のPB商品を100品目以上に増やすことに取り組んでいる[1]。
　巨大流通チェーンを中心とするPBの売上高は，セブンプレミアムが登場した2007年以降，特に急速に伸びており，総売上高に占めるPB比率はイオンで15.2％（対総合スーパー，スーパー，戦略的小売店の各事業の合計営業収益比），セブン＆アイHDで12.3％（対コンビニエンスストア，スーパー，百貨店の各事業の合計営業収益比）となっている。その中心が食品PBであり，日配和風・日配ドライ，チルド飲料，菓子，飲料・嗜好品などのカテゴリー，また小売業態でい

うと，コンビニエンスストアや総合スーパー，食品スーパーが牽引している[2]。

　コンビニエンスストアとりわけセブン-イレブンの小売店頭をみると，食品PBは食品メーカーのNB（ナショナルブランド）を圧倒しており，PB先進国である欧米諸国の総合スーパーを彷彿とさせる。まさにNB vs. PB, PB vs. PB, NB vs. NBのマルチ・コンペティション時代が到来しつつある。そうしたなかで従来のブランド戦略の見直しとブランド・ポートフォリオないし「NB PB mix」の再構築は小売企業だけでなく，メーカーにとっても現在，喫緊の課題となっている。

　日本でこのように発展してきたPBであるが，本章では食品分野に限定しながら最新のPB市場の現状がどのようになっているのか，二大小売チェーンによるPB開発戦略の目的・狙いとその効果，PBの委託状況や食品メーカーがPBを受託する理由，さらにその結果もたらされるメーカーと小売業の競争・提携関係の枠組みの変化とブランド・パワーシフトについて考察したい。

　ここでNBとPBの概念をあらかじめ確認しておくと，ブランドは，第1に，メーカー名が明示されているかどうか，第2に，特定の小売店舗やそのチェーン，あるいは特定の小売グループで販売されているかどうかという，2つの次元で大きく次の4タイプに分類される。①NBはメーカーが主体となって開発されたブランドで，メーカー名のみ表示されており，複数の小売チェーンで販売されている。②留め型はメーカー名とともに販売者名（小売企業名）も表示されているが，NBとほとんど同じパッケージで，外観上はメーカーのNBと区別しにくい。特定の小売チェーンやグループのみで販売されている。③ダブルチョップPBは，小売企業名とともにメーカー名が保証機能を果たすために表示されており，特定の小売チェーンやグループのみで販売されている。セブンプレミアムがその代表例である。④欧米型PBは，販売者名（小売企業名）だけを表示しており，メーカー名を表示していない。これはメーカーのイメージをいっさい借りないPBである。特定の小売チェーンやグループのみで販売されている点では留め型やダブルチョップPBと同じである。トップバリュがその代表例である。

　そのほかに，複数の小売チェーンやグループで販売されている留め型の一種など中間形態のブランドや卸売企業の自主開発ブランドで，複数の小売チェー

ンやグループで販売されている WB（ホールセールブランド）などもある。本章でPBという場合は，上記の③と④を意味する。

1 食品 PB 市場の概況

⌘ 食品 PB 市場の全体概況

　富士経済［2010］［2012］によれば，国内 PB 食品市場規模は，2013 年（予測）で 2 兆 8239 億円といわれる。2017 年には 3.2 兆円を超える勢いで，伸び率は 130％ 近くになると予想される。PB は NB の模倣から脱却し，生活者の中で PB はブランド化し，独自にブランド構築を行うことで顧客ロイヤルティをすでに獲得している。また高価格 PB のマーケットも着実に広がりつつある。味わいや品質にこだわった付加価値型の PB が重視され，それがストアブランドを高めてきている。特にコンビニエンスストアでは PB 商品が店舗の魅力を高めてきた。客層も広がり，60〜70 歳代の高齢者，働く女性，子育て世代にも拡大している。

　高価格 PB だけでなく低価格 PB も推進する日本生協連，各種のサブブランドを中心に拡大し，2013 年には 300 品目を提供するというイオン，PB を今の時代にあった「近くて便利な店づくり政策」の中核と位置づけながら，目標の日販 8 万円をめざしてセブンゴールドを拡大するなど全 PB を見直すセブン＆アイ HD，価格訴求やコンビニ・シニア対応を拡大する CGC グループなど各小売チェーンや生協などは軒並み PB の深化，拡大を進めてきた（図 8-1 参照）。

　カテゴリー別では，日配品が 8467 億円で PB 食品市場の 30％ を占める（2013 年予測）。2013 年までの過去 5 年間のカテゴリー別伸び率では，アルコール類，冷凍食品が約 2 倍であるが，一時に比べると伸び率はやや鈍化している。イオンのトップバリュの売上高のうち，食品ではデイリーが 3 割強，生鮮が 3 割弱，以下グロッサリー，デリカの順となっている。セブン＆アイ HD では，カット野菜が簡便で無駄なく使い切れる点から人気商品となっており，コンビニエンスストア，スーパーともに品揃えを強化する店舗が増加している。日本生協連では今後も冷凍食品を戦略カテゴリーの 1 つとして強化し，60〜70 歳代の高

図8-1 PB食品の全体市場規模（小売販売額）の推移

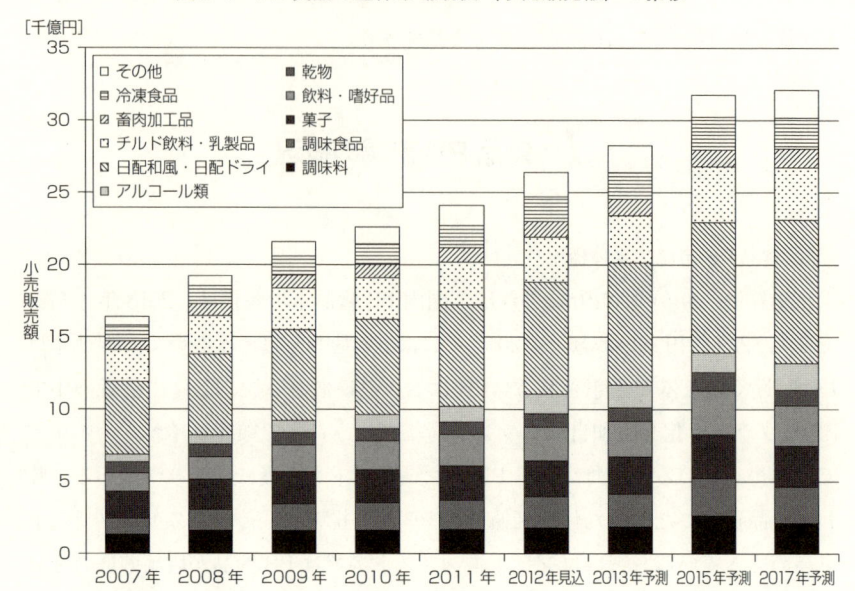

[千億円]
凡例：その他／冷凍食品／畜肉加工品／チルド飲料・乳製品／日配和風・日配ドライ／アルコール類／乾物／飲料・嗜好品／菓子／調味食品／調味料

（横軸）2007年　2008年　2009年　2010年　2011年　2012年見込　2013年予測　2015年予測　2017年予測

（出所）富士経済［2010］3頁，同［2012］3頁より作成。なお，後者の2015年予測の各商品カテゴリー別の販売額シェアはいずれも大きく異なっているので是正した。

齢者や主婦を狙って和風総菜・弁当に注力している。

　各チェーン別のPBの販売額とPB比率の推移をみると，2008年から13年（予測）までのトップバリュ（非食品を含む）の金額ベースの伸長は他のPBを大きく引き離して群を抜いている。それ以上に，セブンプレミアム（非食品を含む）は2007年の登場から日は浅いものの，販売額とシェアを急速に伸ばしている。CGCはPB販売額とPB比率は若干伸びているが，その伸び率はやや鈍い。一方で，コープの販売額とシェアはかつて他のPBと比べて最も高い水準にあったが，販売額はこのところ伸び悩んでいるとともに，シェアを落としている。そのほかでは，スタイルワンがユニー，イズミヤ，フジの提携効果でPB比率は低いながらも，販売額は急伸長している。コンビニエンスストアのローソンやファミリーマートは紆余曲折はあるものの，着実にPBの販売額と比率を伸ばしてきている（図8-2を参照）。

図 8-2　各流通チェーン別 PB 販売額とシェアの変化

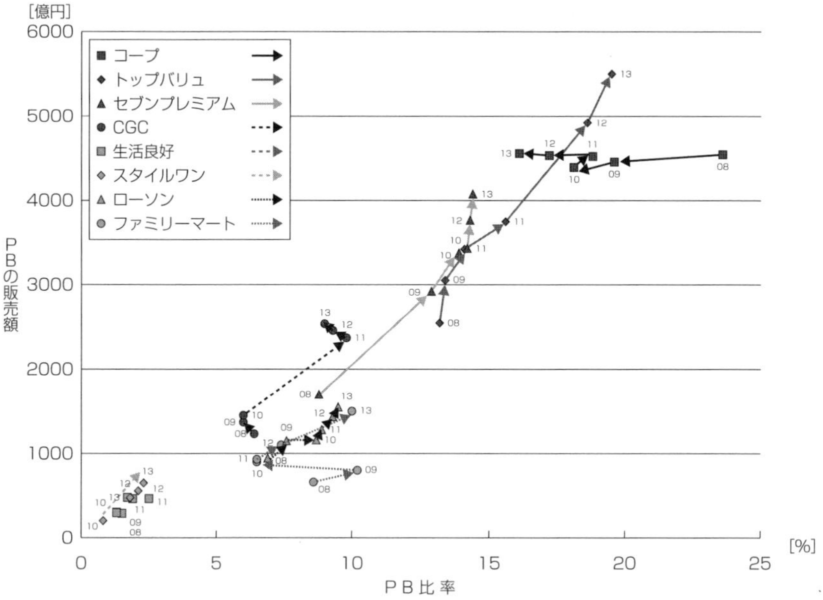

（出所）　富士経済［2010］23-27 頁，同［2012］10，15-16 頁より作成。

⌘　トップバリュ（イオン）の PB 概要[3]

　イオンは，1974 年に最初の PB であるカップラーメンを発売しており，2014 年で 40 周年を迎える。1994 年には「トップバリュ」を発売した。2010 年には低価格販売訴求型「ベストプライス」，主力の「トップバリュ」，高付加価値型「セレクト」という 3 層構造の確立をめざして新たな展開を図った。2011 年には強化品目として絞り込んだ商品展開を再開する一方，マックスバリュ業態や中国・四国地方で強いマルナカなど，供給先の増加などを視野に引き続き拡大戦略をとり，アイテム数の拡大に注力する。また生鮮食品や総菜・弁当系統にも分野を拡大していくなかで，食品と非食品の販売構成比は 7 対 3 となる。2011 年度には年商 10 億円以上の大型 PB 商品が 200 品目を突破した。

　2013 年には，ラガービール，生乳 100％ プレーンヨーグルトなど 15 品目でモンドセレクションを受賞したり，「ベストプライス」のアイテム数を 2 月までに 400 品目へ拡大，人気商品値下げを検討し，「レディーミール」「ベストプライス」の販売力強化により，2013 年の PB 販売額は全体で目標とした 1 兆

円には届かなかったものの，7410億円となった。食品のみでは5000億円弱といわれる。さらに海外現地メーカー委託のPBを拡大するため，マレーシア100社と協力したり，中国でも100品目へと倍増した。非食品を含むPB比率は約25％である（図8-2参照）。

トップバリュの商品カテゴリー別ABC分析（重点分析）を行うと，トップバリュ15カテゴリーの中で日配和風，アルコール類，調味食品，飲料（日配），乾物，調味料，日配ドライが2012年で55.6％を占めている。前年と比べると，日配和風，アルコール類，調味食品，飲料（日配），乾物，調味料は引き続き上位にあり，日配ドライがAランクに入った。逆にBランクに落ちたのは飲料である。

⌘ セブンプレミアム（セブン＆アイHD）のPB概要[4]

セブン＆アイHDがPBを手がけたのは比較的遅く，「セブンプレミアム」の販売を開始したのは2007年である。販売当初は49品目であった。2009年には顧客参加型の商品開発コミュニティ「プレミアムライフ向上委員会」を立ち上げた。そして2010年に「セブンゴールド」を販売するようになった。2011年にはセブンプレミアムを全面的に見直して，商品のロゴやパッケージデザインをリニューアルした。2012年にネットショッピング事業をセブンネットショッピングに一本化した。またオリジナルスイーツを全面リニューアルするためなどに総額80億円の設備投資を行う。2013年にはセブン-イレブンが四国に初出店したが，PBについては全1700品目で委託先を見直した。PBの「プレミアムビール」を発売したのも同年である。

セブンプレミアムの販売額（2015年予測）は1兆円（非食品を含む），PB比率は（2013年予測）は14.3％であり，その推移は図8-2のとおりである。

トップバリュと同様に，セブンプレミアムの商品カテゴリー別ABC分析を行うと，セブンプレミアム14カテゴリーのうち，飲料（日配・加工食品），調味食品，日配和風の4カテゴリーで2012年の総販売額の55.5％を占めている。飲料（日配・加工食品），調味食品，日配和風は前年に引き続き上位にあるが，畜肉加工品がBランクであった。

2 二大小売チェーンによる PB 開発戦略

⌘ イオン（トップバリュ）にみる PB 開発戦略

　イオンは食品カテゴリーでは，これまでトップバリュを価格帯別3ブランド（①安心品質・お買い得価格の衣食住ブランドである「トップバリュ」，②素材，産地，製法，機能にこだわった高品質ブランドである「セレクト」，③納得品質・低価格ブランドである「ベストプライス」），それと付加価値型4ブランド（④農・水・畜産物と加工食品ブランドの「グリーンアイ」，⑤調理済み食卓ブランドの「レディーミール」，⑥栄養バランスのよい食生活をサポートする商品ブランドである「ヘルシーアイ」，⑦4R〔Refuse: 不要なものを断る，Reduce: ゴミになるものを減らす，Reuse: 繰り返し使う，Recycle: 資源としての再利用〕をコンセプトとするエコロジーなブランドである「共環宣言」）の計7ブランドで展開してきた。

　今日ではそれらを整理統合して，①「トップバリュ」（お客様の期待を感動に高める生活品質向上ブランド），②「トップバリュベストプライス」（納得品質で，地域いちばんの低価格を目指すブランド），③「トップバリュセレクト」（こだわりぬいた最上質の体験を提供するブランド），④「トップバリュグリーンアイ」（体へのすこやかさと自然環境へのやさしさに配慮した安全・安心ブランド），の4ブランドに集約した[5]。これは，市場規模を越えてやや細分化しすぎて標的市場が拡散傾向にあったトップバリュの各ブランドの売上実績をふまえたブランド再編にほかならない。

　イオンは現在，グループ共通戦略として「アジアシフト」「都市シフト」「シニアシフト」「デジタルシフト」を掲げているが，2014年4月の消費増税を成長機会へと変えるため，「トップバリュ」を全面的に刷新し，「トップバリュ」「トップバリュセレクト」「トップバリュベストプライス」の3層構造をさらに深化させ，顧客の多様化するニーズへの対応を図り，規模や質，安全・安心などの面で国内ナンバーワンのPBをめざしている。具体的な戦略は，次のとおりである[6]。

　第1に，サブブランドを5倍の50%以上に高めていく。現在，メインフレ

ームの「トップバリュ」の構成比 70％ を 40％ 程度に下げる一方，「ベストプライス」の品目を倍増させ，2013 年 2 月末までにアイテム数を 100 追加し，400 アイテムにまで拡大させる。価格競争が特に激しい地方で，競合他社より競争優位に立つため，低価格帯ブランドの商品ラインナップを強化するということである。消費増税が実施された 2014 年春までに，購入頻度が高い食品や日用品を 600 品目に増やしたり，年間販売額が 10 億円を超えるメガヒット商品を 300 アイテムに増やした。

第 2 に，2011 年 3 月から冷凍食品，生鮮食品，総菜・弁当の PB を強化している。利便性ニーズに合った，パウチ総菜・冷凍食品などの拡充や調理済み・半調理済み商品の品揃えを強化している。

第 3 に，PB の購買層・ターゲットは，安さ・利便性を重視する人および主婦・シニア・単身世帯であり，有名ないし大手の小売業である点を重視する人々を想定している。中でも，シニアのこだわり層が中心になるサブブランドを強化している。

第 4 に，多価格帯・付加価値型ブランドの展開では，2012 年 3 月以降，毎月 1 日から 7 日を"トップバリュ週間"と定め，同期間に新商品集中販売・試食の実施と売り場での露出拡大を行うことで商品の認知度やブランド・ロイヤルティの向上を図ってきた。サブブランドの中でも，利便性重視の「レディーミール」と価格訴求型「ベストプライス」の販売を強化してきている。

第 5 に，共通ブランドをつけない地域独自商品を強化することで，値頃感と地域密着の 2 点をアピールしながら地場スーパーに対抗しようとしており，2011 年時点では 50 品目であった。

第 6 に，2013 年 9 月，アイク株式会社とイオントップバリュ株式会社は，アイク株式会社を存続会社とする経営統合を行い（社名はイオントップバリュ株式会社），原材料調達や海外商品の輸入を中心にサプライチェーンを強化している。

⌘ セブン＆アイ HD（セブンプレミアム・ゴールド）にみる PB 開発戦略

セブン＆アイ HD は現在，PB を価格帯別 2 ブランド（① 700 種類の品揃えで暮らしを応援するメインブランドの「セブンプレミアム」，②ワンランク上の専門店の

本格的な味とおいしさを家庭で楽しめる贅沢，付加価値型食品ブランドである「セブンゴールド」），③地域の味と新鮮さにこだわりながら，つくりたてのおいしさを届ける「デイリー商品」，④日常を上質にするための雑貨ブランドである「セブンライフスタイル」，の計4ブランドを展開している。

　さらにセブン&アイHDは，商品品質の向上と他店との差別化のため，PBを「近くて便利な店づくり政策」の中核として深化・拡大することをめざしながら，そのリニューアルを進めている。具体的な戦略は次のとおりである[7]。

　第1に，ワンランク上のシリーズ「セブンゴールド」の現在のPB売上高比率2％，品目数11品目を，15％，約300品目に拡充する。ここで「セブンゴールド」はNB商品ではなく，専門店，繁盛店の味をベンチマークにしており，独自のマーケティングを展開するなかで質の高い商品を出していく。

　第2に，商品カテゴリーでは，総菜系チルド商品，スイーツ類，スタンドパウチに主力を移してきている。カット野菜，「セブンゴールド」のビール（「ザ・ゴールドクラス」「金のビール」）やセブンコーヒー（100円）が注目を集めている。商品構成は原則としてNBとPBの併売としているが，カテゴリー内に強いNBがないことから，PBが主体になるケースも多く出てきている。

　第3に，ターゲットとしては味や品質を重視しているユーザーをつかむことを基本方針としている。特に首都圏では駅前立地に力を入れ，高所得層をターゲットにしている。ただし「特定セグメント向けコンセプト型」PBを展開していないことに示されるように，過度の絞り込みは意図していない。

　第4に，多価格帯・付加価値型ブランド展開では，冷食でパスタソースにチャレンジし，ゴールドでも発売したりと商品点数を拡大している。しかし，「セブンゴールド」はまだ継続率が低く，GMSでも10％といわれる。使用者は好意的で経験率は上がっても，価格の高さもあって裾野が十分に広がっていないようである。

　第5に，ワイン（アメリカ），菓子（中国），コーヒー（アメリカ）などの商品開発に見られるように，グローバルMDを展開したり，未出店の新興国におけるチェーン展開を図るべくフィージビリティ・スタディを急速に進めており，平均年齢が30歳程度の比較的若い途上国への進出を考えている。他方で，地域商品の拡充にも力を入れ，各商圏に応じた個店対応を進め，この面から食品

部門を強化している。

3 メーカーと小売業の新たな競争・提携関係の枠組み

⌘「NB vs. PB」時代におけるメーカーと小売業の関係構造

　1990年代には3つのタイプのPBが存在した。①「低価格コピー型PB」（ダイエーの「セービング」や「コルティナ」，ジャスコ〔当時〕の「トップバリュ」に代表されるPBで，NBの価格低下への対抗上，大幅な低価格を実現するため，海外メーカーへの委託生産，原料輸入と国内の2番手以下のメーカーでの加工，大量一括発注・仕入，完全買取り制や計画生産，広告宣伝費用の圧縮などあらゆる手段がとられた），②「主要ブランドの模倣型PB」（当時はPBとは銘打っていなかったが，イトーヨーカ堂グループのチームMDによって提供される，「価値訴求」「価値を作り出すマーチャンダイジング」商品），③「付加価値訴求型PB」（「無印良品」のように，素材の選択，工程の見直し，包装の簡略化などで機能派，個性派，自然派など新しいライフスタイルの提案とあわせたPBで，流通企業独自の経営理念なりポリシーを明確に訴求した試み）である（陶山・梅本［2000］171-177頁）。

　そして，あらためてPBの存在意義が問われるなかで，特に第3番目の「付加価値訴求型PB」の意義が注目された。とはいえ当時のPBの大半は第1の「低価格コピー型PB」もしくは第2の「主要ブランドの模倣型PB」であった。小売企業がメーカーにPBを生産委託する際には，競合するNB商品と品質が同水準で，価格は15～20%安い値頃感のある商品か，商品の飾りの部分を一切省き，競合するNB商品より30～50%安い価格訴求型商品，あるいは競合するNB商品より品質が高い場合でも，価格は同水準の商品ということが条件となったのである[8]。

　このことが意味するのは，当時のPB生産の委託メーカーは国内であれ海外であれ低コスト生産を可能にする業界下位の中小・中堅メーカーであったということである。そうしたメーカーがPBを受託する目的は，PBの売上増で設備稼働率を上げたり，経営基盤を強化したり，また大手の小売業向け販路の新規開拓ないし拡充であった。

図8-3 「NB vs. PB」時代におけるメーカーと小売業の関係

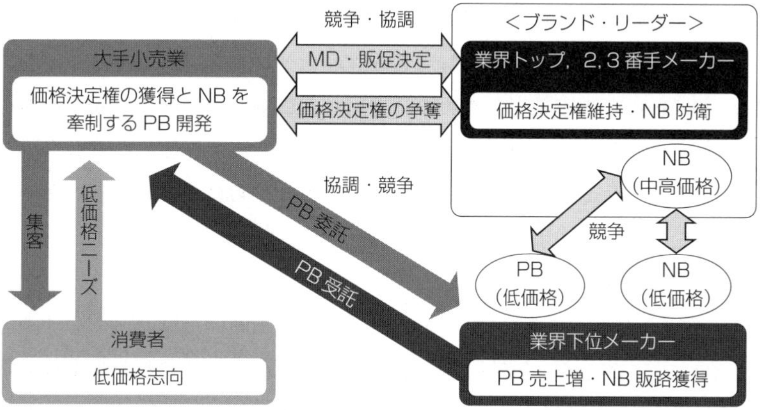

(出所) 筆者作成。

　他方，大手小売業がそうした業界下位メーカーにPBを委託する目的は，価格決定権の獲得とNBを牽制するPB開発であった。そしてその背景には，低価格志向の消費者ニーズに応えながら店舗魅力を向上させ，集客をするという小売業の狙いがある。一方，ブランド・リーダーである業界トップメーカーや2,3番手メーカーは，価格決定権を維持したり，業界下位メーカーが生産した低価格のNBやPBから中高価格の自社NBを防衛するためにそうしたメーカーとは競争し，また大手小売業との間ではMD・販促や価格決定権をめぐる競争・協調関係を取り結ぶ。以上を図示したのが図8-3である。

⌘　「NB PB mix」時代におけるメーカーと小売業の関係

　2013年4月に発売されたセブンゴールドの「金の食パン」は，味，製法，価格の点でNBであるパスコ「超熟」やヤマザキ「芳醇」を超えたといわれる。「金の食パン」が5〜6枚で250円，厚切り2枚で150円に対して，NBであるパスコ「超熟」は5〜6枚で158円，ヤマザキ「芳醇」同158円，「超芳醇」同198円，フジパン「本仕込み食パン」同178円という店頭価格（2013年9月22日，カナート桂坂店，セブン-イレブン京都桂坂店）に見られるように，NBとPBの価格が逆転した。PBのほうが高価格となっている。この「金の食パン」はスペシャルブレンド小麦粉や北海道産素材の生クリームなどと素材と製法にこ

第8章　プライベート・ブランド戦略　　173

だわり，しっとり，もっちりとした食感の甘みのある専門店のような本格的な味の食パンというふれ込みで発売された。これを受けて山崎製パンは，それに対抗するかのように，上質なプレミアム食パン「ユアクイーンゴールド」を同年9月3日から全国で発売した。これは同じく厳選した上級小麦粉，バター，生クリームを使用した厚切りの2枚で150円と，"ちょっとした贅沢を感じることができるプレミアム商品"をうたっている。さらに最高の品質とおいしさを追求したプレミアム食パンとして「ヤマザキゴールド」シリーズを2013年12月1日に発売した[9]。

「金の食パンは4月〜11月で，グループ全体で1500万個販売」し，「過去セブン-イレブンで食パンを買っていなかった消費者が金の食パンを半分近く購入している」。ここに見られるように，PB（「金の食パン」）のベンチマークはもはやNB（「超熟」や「芳醇」）ではない。それは専門店，繁盛店の味と価格である。逆にNB（「ユアクイーンゴールド」）が価格，コンセプトでPBを模倣している。「われわれのPBをNBメーカーが真似する時代になった。似て非なるものだが」[10]，消費者の潜在的なニーズや新しい顧客基盤をPBが創造するようになったのである。

そうした価値訴求をめざした付加価値型・高品質PBを小売企業が志向しようとすれば，当然のことながら，かつてのような中小・中堅企業あるいは業界2, 3番手メーカーにPBを委託するわけにはいかなくなる。業界下位メーカーと業界トップメーカーとの間では技術水準や製品開発力の差が歴然としているからである。

それでは，近年どのようなメーカーがPBを受託しているのか。ここでは製造企業名が製品パッケージに記載されている「セブンプレミアム」を取り上げてその受託状況をみてみよう。まず品目と品目別メーカー・シェアを調査すると，セブンプレミアム196品目中，33品目がメーカー・シェア4割を超えている（表8-1を参照）。たとえば，調味食品のわかめスープは理研ビタミンが製造しているが，そのシェアは75.9％と業界トップで，販売額は31億5000万円である。第2位は大森屋である。調味料ではマヨネーズ類はキューピーが生産し，69.5％と業界トップで，販売額は669億円である。第2位は味の素である。同じく透明炭酸飲料はアサヒ飲料で，業界トップの67.8％，622億円，第

表 8-1 「セブンプレミアム」受託品目と品目別メーカー・シェア

順位	カテゴリー	品目	企業名	メーカー・シェア (%)	販売額 (百万円)	参考 メーカー・シェア上位 2社 (Mpac 市場調査データより)	
1	調味食品	わかめスープ	理研ビタミン	75.9	3,150	1位	理研ビタミン
						2位	大森屋
2	菓子	クラッカー	ヤマザキナビスコ	74.5	7,900	1位	ヤマザキナビスコ
						2位	ブルボン
3	調味料	マヨネーズ類	キユーピー	69.5	66,900	1位	キユーピー
						2位	味の素
4	飲料	透明炭酸飲料	アサヒ飲料	67.8	62,200	1位	アサヒ飲料
						2位	キリンビバレッジ
5	冷凍食品	自然解凍冷凍食品	味の素冷凍食品	66.5	27,600	1位	味の素冷凍食品
						2位	日本水産
6	調味料	すき焼きのたれ	エバラ食品工業	66.0	6,300	1位	エバラ食品工業
						2位	ヤマサ醤油
7	菓子	ポテトチップス	カルビー	62.9	59,800	1位	カルビー
						2位	湖池屋
8	調味食品	ツナ缶詰	はごろもフーズ	62.5	35,000	1位	はごろもフーズ
						2位	いなば食品
9	調味食品	インスタントシチュー	ハウス食品	60.3	14,700	1位	ハウス食品
						2位	エスビー食品
10	調味料	トマトピューレ・ペースト	カゴメ	59.4	4,750	1位	カゴメ
						2位	キッコーマン

(注) メーカー・シェアがわかる 196 品目中，メーカー・シェア 41.7% を超える品目は 33 品目。シェアが 41.7% 以上であれば，ほぼ安定的トップ・シェアであるとされる（B. O. クープマンの目標値より）。
(出所) 富士経済［2010］36-42 頁，同［2012］28-39 頁，2013 年 6 月時点でのセブン-イレブン店頭調査により作成。

2位はキリンビバレッジとなっている。

次に，富士経済［2010］［2012］の中から Mpac でシェアがわかるものを分析して 2011 年と 13 年を比較すると，表 8-2 が示すように，品目別メーカー・シェア 1 位ホルダー（受託品目の中でメーカー・シェアが 1 品目でも 1 位であるメーカー）は 32 社中 5 社（16%）で「セブンプレミアム」のみ受託しており，反対に 3 位以下のメーカーは 288 社中 200 社（69%）で「セブンプレミアム」以外を受託している。このことが意味するのは，第 1 に，それぞれの商品カテゴリ

表 8-2　品目別メーカー・シェアと「セブンプレミアム」およびその他受託状況

1位ホルダーメーカー	企業数		比率	
セブンのみ受託しているメーカー	5	(25)	15.6%	(61.0%)
セブンと他の流通も受託しているメーカー	19	(8)	59.4%	(19.5%)
セブン以外を受託しているメーカー	8	(8)	25.0%	(19.5%)
計	32	(41)	100%	(100%)

2位ホルダーメーカー	企業数		比率	
セブンのみ受託しているメーカー	1	(11)	4.3%	(32.4%)
セブンと他の流通も受託しているメーカー	13	(10)	56.5%	(29.4%)
セブン以外を受託しているメーカー	9	(13)	39.1%	(38.2%)
計	23	(34)	100%	(100%)

3位以下メーカー	企業数		比率	
セブンのみ受託しているメーカー	47	(56)	16.3%	(31.5%)
セブンと他の流通も受託しているメーカー	41	(18)	14.2%	(10.1%)
セブン以外を受託しているメーカー	200	(104)	69.4%	(58.4%)
計	288	(178)	100%	(100%)

（注）　企業数は 2013 年の数値。括弧内は 2011 年の数値。パーセントは小数点第 2 位以下を四捨五入。
（出所）　富士経済［2010］36-42 頁，［2012］28-39 頁より作成。

ーでシェアトップ・メーカーないし 2 番手メーカーが「セブンプレミアム」だけでなく，他の PB も次々と受託するようになってきていること，第 2 に，その結果，3 番手以下のメーカーは「セブンプレミアム」を受託できなくなっていること，である。

　同様の傾向は小売のもう一方の雄であるイオンの「トップバリュ」にもあてはまる。ただ「トップバリュ」ではメーカー名を表示していなかったこともあり，2013 年 6 月時点でのイオンへのヒアリングおよび各社 HP などによると，「トップバリュ」の受託企業は中堅メーカーや系列企業が受託しているケースが多い。たとえば，上記の調味食品のわかめスープは United Foods International 社，クラッカーはアイク，透明炭酸飲料は九星飲料などとなっている。ただ今後は製造者を表示するという国の動きの中で，食パンのヤマザキ，カレーのエスビー食品など業界トップや 2 番手メーカーが受託する傾向がますます増大すると考えられる。

図 8-4 「NB PB mix」時代におけるメーカーと小売業の関係

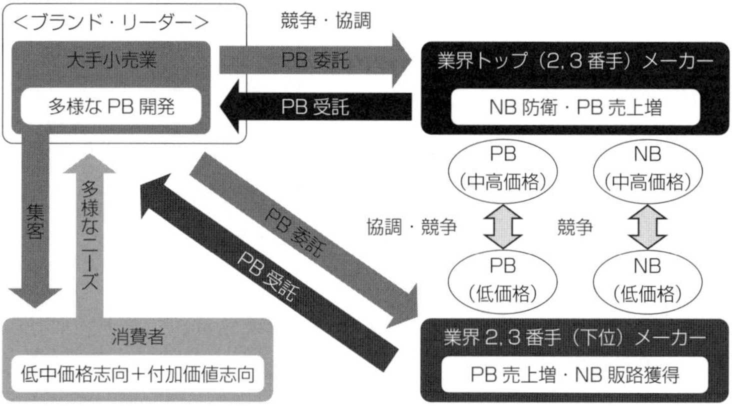

(出所) 筆者作成。

以上述べたメーカーと小売業との間の受託・委託関係を図示したのが図 8-4 である。もはや「NB vs. PB」時代は終わりを告げ,「NB PB mix」時代にシフトしていることがわかる。

⌘ トップメーカーが PB を受託する理由

メーカーが PB を受託する理由としては,これまで,①好不況に関係なく流通側による全量買い取りのため計画生産が可能になり,売上高の安定化につながる,②設備稼働率を上げることによって生産の効率化を図ることができる,③自社の NB の拡販に寄与する,といった理由があげられてきた。

ただ今回実施した食品メーカーに対するヒアリング調査によれば,そうした PB 受託の理由もある程度は共通にあてはまるとしても,動機は一様ではない。業界内でのメーカーの地位や競争力によって PB 受託の理由がそれぞれ異なるのである。

それを小売企業によるメーカーの NB に対する評価に関連させてみると,上位メーカーほど NB を防衛する目的で,下位メーカーほど販路獲得のために PB を積極的に受託するという構図が見えてくる。

業界で下位のメーカーが PB を受託するのは,それを通じた PB 自体の販路獲得である。大手小売業とのグループ関係がない中堅・中小メーカーの場合,

特筆すべき技術面での優位性，NBに商品上の特長やブランド力がなければ，なかなか自社商品が店頭に並ばない。その点PBに限っては確実に配荷されることになり，それが消費者に支持されれば，このPBでシェア逆転を狙うこともあながち不可能ではないというのである。

次に業界2, 3番手メーカーがPBを受託する目的は，NBの販路防衛である。他社，特にトップメーカーがPBを受託すると，その結果として自社NBの売り場が削られることが予想される。棚からNBを外されたくないことからNBの取り扱いを条件にPBを受託するようになる。

業界トップメーカーの場合は，NB価格の防衛が主目的と考えられてきた。自社のNBがその強いブランド力にもかかわらず，またそれゆえに小売店頭で特売の目玉になりやすい。ところが，NBを安売りされるとその価値が落ちる。ここから低価格PBに限定してそれを受託することによって自社NBの値下げを防ぐというのである。PBを請け負うことで，NBの取り扱いも含めた流通企業との良好な関係や共同の取り組みを構築し，当該カテゴリーのインストア・シェアを維持できるか，それを行うことによって利益が出せるかどうかも考慮されている。設備稼働率の向上は必ずしも主たる目的とはなっていない。

ただ高価格・高品質PBや高付加価値PBの品揃えに各流通企業が注力するようになると，この構図が崩れてくる。業界トップメーカーに対して流通側からは自社NBよりも高価格・高品質なPBを製造するという圧力が強くなってきたのである。そうなると，トップメーカーにとってはNBとPBの間の棲み分けが困難になってくる。それでもこうした提案を断り切れないのは，やはり有力な小売チェーンのもつ強力な販売力があるからである。流通側との関係悪化によってもたらされるマイナス要因を，できるだけ回避したいとのメーカーの思惑もそこにはある。

おわりに──グローバル競争の中でのメーカーと小売業の新しい関係

今日のPBとNBの関係は，PB受託メーカーが充実し，多様化するとともに，グローバル・ブランドとしての「NB PB mix」による覇権争奪戦が必至になるなかで，メーカーと小売業の競争・提携もさらに複雑化・高度化してき

た。

　たとえば，ある商品カテゴリー・トップの食品メーカー A 社は，2009 年以降，経営革新を進めて，継続的成長と高収益体質の実現を図り，コスト・リダクションとイノベーション（成長戦略）を経営の 2 本柱とし，国内市場はもとより，グローバル市場を見据えながら，よりいっそうのスピードと競争力を持った経営をめざしている[11]。そして，売上高や利益に結びつくイノベーション，パフォーマンスとコスト削減における結果責任に対する異常なまでのコミットメントを行っている。その過程で，アメリカ・ニューヨークに本社がある世界的な食品・飲料メーカー B 社と提携し，自社ブランドとともに，提携先ブランドでも OEM 供給している。この会社は 2012 年には国内でもコンビニエンスストア C 社，ソーシャル・ネットワーキング・サービス（SNS）D 社と提携して，ユーザー参加型のオリジナル商品の開発をしたり，素材や食感にこだわった高価格ブランドをコンビニエンスストアのプラチナラインの中に投入している。そして 2014 年 4 月に同社は初の百貨店内に直営店舗をオープンし，そこでしか買えない新感覚の高級な商品を発売したりするなど，小売各社とコラボレーションを進めるなかで新しいタイプの NB に挑戦する一方，製法が特殊なものを除きさまざまなコンビニエンスストアを中心とする小売企業との間で PB を積極的に展開している。

　この背後には，①積極的な海外展開，②既存製品の成長や新製品の開発・育成などを通じた国内シェア拡大，③さらなるコスト・リダクションという同社の全体の取り組みがある。PB/NB の選択問題はグローバル食品メーカーとして存続・成長を図るといった，より上位の戦略課題の中の一問題としてしか位置づけられていない。言い換えると，PB を受託するかどうかは，企業全体の売上高や営業利益にそれがいかに貢献するかという観点から判断されているのである。この点で，同社の PB 戦略は，PB を購入する人は意外に店舗間の価格差にそれほど関心が高くないとか，従来の商品カテゴリー単位ではなく PB という売り場で複数カテゴリーを選択するという時間節約的な購買特性を有する，という消費者調査の結果をふまえた，NB とは異なる市場セグメントへの対応策にすぎない。

　ただこのような食品メーカーはまだ一部である。カテゴリー・トップのメー

カーであっても，全体としてはまだ海外生産比率がそれほど高くないことから，国内シェアの拡大・維持をめざすなかで，イオンとセブン＆アイHDという二大流通グループ，さらにCGCグループや日本生協連，ユニーをはじめとする全国ないし地方の小売チェーンからPBを受託するかどうかについて経営側の判断が揺れている。

そうした日本の動きに対して，欧米におけるPB展開は，小売ブランディングの方向をめざしている。小売（製品）ブランドから小売店舗ブランド，小売企業ブランドへという進化が大きな潮流となってきた。小売に対するマーケティング・アプローチの展開である。そこでは企業ブランド，店舗ブランド，製品ブランドの間のつながりが，全体的な小売ブランディングにとって鍵となる。小売企業や店舗のイメージ，店舗での購買体験が顧客にとってもたらす意味，活動・機能としての小売ではなく，プロセスとしての小売，さらにそこにおける一貫性と全体性の管理，さらに小売企業をとりまくステークホルダーの役割などが重要なものと考えられている（Burt and Davis [2010], Burt [2013a] [2013b], Laaksonen and Reynolds [1994], Sternquist [2008]）。

日本でも二大流通チェーンを中心にPB戦略が小売ブランディングの方向に移行しつつある。小売企業には，時代を先取りする総合生活産業としてライフスタイルや消費生活に対するコミットメントが求められている。また，地域社会における生活インフラとして，東日本大震災の復興，環境保全などへの取り組みが注目されてきている。そうした小売企業のビジョンやミッションを訴求する広報活動やテレビCMをはじめとする各種広告への露出が，近年増えてきていることはその証左と考えられよう。NBとPBをめぐるメーカーと小売業との間の競争・提携の構造は，現在新たな局面を迎えてきているのである。

＊本章の一部は，日本学術振興会より平成23〜25年度および平成24〜26年度科学研究費助成事業の助成（課題番号23330143，26380583）を受けたものである。

注
1 『チェーンストアエイジ』2014年5月1日，72-77頁。
2 イオン，セブン＆アイHD両社の2014年2月期『有価証券報告書』に基づく。
(http://www.aeon.info/ir/library/security-report.html) (http://www.7andi.com/

ir/library/secrepo.html）
　3　富士経済［2010］［2012］，イオンの2014年2月期『有価証券報告書』，ほかに日経テレコン21の各種新聞雑誌記事の検索結果に基づく。
　4　富士経済［2010］［2012］，セブン＆アイHDの2014年2月期『有価証券報告書』，ほかに日経テレコン21の各種新聞雑誌記事の検索結果に基づく。
　5　トップバリュHP（http://www.topvalu.net/brand/）。2014年2月12日，イオンは「トップバリュ」の顧客ニーズ細分化型ブランドは「グリーンアイ」のみに絞ることとなった。『チェーンストアエイジ』2014年5月1日，72-77頁。
　6　イオンの2014年2月期『有価証券報告書』をはじめとする内部資料や同社へのヒアリング内容，日経テレコン21など2013年時点の公表資料・データに基づく。ただその後の方針変更は一部反映されていない。（http://www.aeon.info/ir/library/security-report.html）
　7　セブン＆アイHDの2014年2月期『有価証券報告書』をはじめとする内部資料や同社へのヒアリング内容，さらに日経テレコン21など2013年時点の公表資料・データに基づく。ただその後の方針変更は一部反映されていない。（http://www.7andi.com/ir/library/secrepo.html）
　8　『日経流通新聞』1993年10月14日付。
　9　セブン＆アイHD HP（http://www.sej.co.jp/products/7gold1105.html），山崎製パンHP（https://www.yamazakipan.co.jp/company/news/20130827.html）2013年8月27日付，ニュースリリース（https://www.yamazakipan.co.jp/company/news/20131120.html）2013年11月20日付を参照。
　10　国際商業出版主催の大手コンビニチェーン4社の商品政策セミナーでのセブン-イレブン・ジャパン鎌田靖常務・商品本部長の講演などに基づく。
　11　同社のHPや内部情報に基づく。

参考文献

Burt S. [2013a] "Private Brands in Grocery Retailing," PPT material.
Burt S. [2013b] "Retail Branding," PPT material.
Burt S. and K. Davis [2010] "From the Retail Brand to the Retail-*er* as a Brand: Themes and Issues in Retail Branding Research," *International Journal of Retail & Distribution Management,*" 38(11/12), pp. 865-878.
Laaksonen, H. and J. Reynolds [1994] "Own Brands in Food Retailing Across Europe," *Journal of Brand Management,* 2(1), pp. 37-46.
Sternquist, B. [2008] *International Retailing,* second edition, Fairchild Publications.（若林靖永・崔容熏ほか訳『変わる世界の小売業――ローカルからグローバルへ』新評論，2009年）
陶山計介・梅本春夫［2000］『日本型ブランド優位戦略――「神話」から「アイデンティティ」へ』ダイヤモンド社。
富士経済［2010］『PB食品市場の実態総調査2011』富士経済。
富士経済［2012］『PB食品市場の最新動向と将来展望2013』富士経済。

第9章

知財視点のブランド・マネジメント
商標法・不正競争防止法で保護されるための「出所」表示

足立 勝

はじめに

⌘ 問題意識

　もしあなたが通常の活動と考えて行っているブランド活動が，法的に保護されないとしたら，どうするだろうか。本章は，マーケティング活動と知財視点での検討が必ずしも連携していないことによって起こりうる問題を明らかにするとともに，その対応策についても言及しようと試みるものである。

　ビジネスにおいて，ブランドが担う役割が大きくなっていることは否定できない。このブランドとは，ブランドを用いて事業等を行う側から見ると，自社商品・サービスを需要者に選択してもらう目的のために，需要者の心の中に自社商品・サービスが提供する価値を連想させる道具であり，需要者側から見ると，購入のための目印にとどまらずに，提供される価値への共感や安心感など，商品・サービス購入の際の重要な選択根拠の1つということになる（足立［2007］72頁，同［2009］90-91頁）。

　ブランドのこうした機能を発揮させるために，さまざまなブランド要素（主なものとして，ネーム，ロゴ・シンボル，キャラクター，スローガン・キャッチコピー，ジングル，パッケージがあるが，これらに限られるものではない）が使用される。ブランドが連想させようとする価値を伝達するために使用され，機能するものであればブランド要素になりうるので，たとえば，色または色の組み合わせ，香

り，特定の動作なども考えられる。ブランドとは，こういった複数のブランド要素により構成されている。需要者からは，個々のブランド要素をみれば，少なくとも他のものと区別されたものであると認識できる（そのブランド保有者の名まで認識できる場合もある）のである。

こうしたブランドを活用した活動の後ろ盾になるのは，商標法である。また，第三者による使用を差し止めるのは，商標法または不正競争防止法に基づくこととなる。上述のブランド要素それぞれが商標の機能を発揮しているものであり[1]，商標法または不正競争防止法によって，第三者の無断使用を差し止めることができるのである。

こうしたなかで，従来からのブランド活動とは異なるタイプの活動，コ・ブランディングあるいはダブルブランドと呼ばれるような活動を見かけることが多くなったように思える。そこで，こうした新しいタイプのブランド活動を，標識（マーク）について定めた標識法である商標法および不正競争防止法が十分対応できるのであるのか検証してみたい。市場での活動に合わせた知財法の発展は，マーケティング活動を行う立場からの意見が反映されないと議論が進まないものである。そこで議論の一助とすべく，ここに発表するものである。

なお，本書の目的および紙幅を考慮し，できる限りわかりやすくかつ簡潔に論じたつもりである。

⌘ 現実のブランド活動の確認

まず，市場における使用について，伝統的な使用方法と新しいタイプの使用方法に分けて考えてみたい。市場でのすべての使用の仕方が，以下のいずれかに必ず分類されると述べるものではないが，使用方法をまとめたのが表9-1である。

伝統的な使用方法としては，大きく2つに分けることができ，自らブランドを使用するものと使用許諾によるものである。新しいタイプの使用は，第三者に使用許諾するもののみが考えられる。

伝統的な使用の使用許諾の場合，一般的には，実際に製造・販売する者の商号や商標は原則使用されないか，法令に基づく最小限の表記がされるのみである。一方で，新しいタイプの使用の場合は，製造元・販売元が明確に表示され

表9-1　ブランド使用の分類

		使用方法の例
①伝統的な使用	自ら使用	自らブランドを使用して，製造・販売など
	使用許諾	・フランチャイズビジネスの一部として使用許諾 小僧寿しチェーン，セブン-イレブンなどのビジネスフォーマット・ライセンスの場合 ・ライセンス事業 フレッドペリーのマークを付した衣服の製造販売，バドワイザーのマークを付したビールの製造販売など
②新しいタイプの使用	使用許諾	・製造元・提供元が明確に表示されている商品・サービスに，使用を許諾する場合 アディダス社の商標が付されたラグビージャージに，早稲田大学ラグビー部のエンブレムの使用を許諾する場合／スポーツ用品メーカーの商標が付されたサッカーレプリカユニフォームに，プロサッカーチームのエンブレムやそのサッカーチームのスポンサーロゴの使用を許諾する場合／大手菓子メーカーの商標が付されたキャンディに，飲料メーカーのブランドロゴの使用を許諾する場合など ・スポーツイベント等のスポンサーの商品・サービスに，当該イベントのブランドロゴ等の使用を許諾する場合 オリンピックスポンサーのコカ・コーラ社飲料に，国際オリンピック委員会（International Olympic Committee，以下IOCという）がオリンピック・シンボルの使用を許諾する場合／FIFAワールドカップスポンサーのソニー社の電気製品に，国際サッカー連盟（Federation Internationale de Football Association，以下FIFAという）がワールドカップロゴの使用を許諾する場合など

（出所）筆者作成。

ている商品・サービスに，自らのブランドの使用を許諾するものである。この新しいタイプの使用法では，商品・サービスが，必ずしもブランド・オーナーの商品・サービスと認識されることはないように思われる。

⌘ 現実のブランド活動から生じる疑問

　表9-1①の伝統的な使用方法では，商標法や不正競争防止法が素直に適用される使用である。それに対して，表9-1②の新しいタイプの使用方法の場合，早稲田大学ラグビー部のエンブレム，プロサッカー・チームのエンブレム，サッカーチームのスポンサーロゴ，オリンピックやFIFAワールドカップのマークは，何を表示しているのかという疑問が生じる。とりわけ，商品の製造者・販売者やサービスの提供者が誰であるか（上記の例の場合，アディダス社やコカ・コーラ社など）が明確に認識できるなかで，使用許諾されたマークは何を表しているのか。単なる「装飾」として付されているだけなのか。商品の製造元・販売元のマークが著名であれば，さらにその疑問は深まる。

コ・ブランディングやダブルブランドと呼ばれる活動は，一部の著名ブランドに限られる活動ではなく，一般に用いられてきているマーケティング手法であり，製造元・販売元ではないマークについて，法により保護が得られないとしたら，ブランド・マーケティングに大きな影響があろう。
　こうした使用態様は，商標法や不正競争防止法により保護される対象であるのかどうかは，今まで議論されたことはないように思える。
　そこで，表9-1②で示した新しいタイプの使用例を念頭に置きながら，次節以降で，標識法による保護が得られるのかどうか。またその理論的な根拠について，検討を進める。

1 商標法・不正競争防止法による保護

⌘ 商標法による保護

(1) 出所表示機能を果たす使用態様

　まず，やや長めの引用となるが，最近の裁判例で，商標の保護の要件を述べているものを取り上げる（下線は筆者による，以下同じ）。

　①ドーナツクッション事件（知財高裁平成23年3月28日判決　平成22年（ネ）10084号）[2]

　この事件は，指定商品をクッション等とする「ドーナツ」との登録商標を有する原告が，包装に「ドーナツクッション」と付した被告商品（中央部分を取り外すと，中央部分に穴のあいた輪形に似た形状のクッション）の販売の差止め等を求めた事案である。

　原審では，「商品の出所表示機能・出所識別機能を果たす態様で用いられているものと認めることはできないから，……本来の商標としての使用（商標的使用）に当たらない」と判示した。原告が控訴したが，知財高裁でも「被告各標章は，被告商品の出所識別表示として使用されているものではないと認められる」と判示し，控訴棄却している。

　②クイックルック事件（東京地裁平成23年5月16日判決　平成22年（ワ）18759号）

本件は,「Quick Look」「クイックルック」の登録商標を有する原告が, 被告（アップルジャパン社）の商品であるOSソフトウェアにて「Quick Look」「クイックルック」を使用していることについて, 商標権侵害として損害賠償を求めた事案である。

　判決では,「ある標章の使用が, 商標権者の登録商標を使用する権利（商標法25条）の侵害行為又は侵害とみなされる行為（同法36条1項, 37条）といえるためには, 当該使用される標章が自他商品識別機能及び出所表示機能を有する態様で使用されていることが必要である」と説示している。原告が同一で, 被告を日本ヒューレット・パッカード社とする事件でも同旨の判決がされている[3]。

　判決が「出所識別表示」あるいは「自他商品識別機能及び出所表示機能」と述べているのが「商標としての使用」（商標的使用）と呼ばれるものであるが[4], この文言は, 商標法の条文には明文はなく, 条文解釈から導き出されるものである。なお, 需要者は, 同じ商標が付された商品・役務は1つの出所であることを認識することができればよく, 名称をはじめ特定の誰々の出所にかかることを認識する必要はない。

　商標法に基づく侵害訴訟において用いられる「商標としての使用」（商標的使用）は,「自他商品又は役務の識別機能を果たす態様で使用されていること」（田中［1998］467頁）,「出所表示的機能をもつ態様での標章の使用」（宇井［1985］430頁）, または「商標の本質的機能である自他商品識別機能またはそこから派生する出所表示機能」（大須賀［1994］413頁）と理解されている[5]。この機能を果たしていなければ, たとえ登録商標を有していても,「商標としての使用」（商標的使用）とは考えられず, 商標法上の保護も与えられない。過去の侵害事件における判決例でも同様に判示されている[6]。侵害事件だけでなく, 商標不使用による登録取消に関する審決取消訴訟においても, 同様の判断がされている[7]。

　しかしながら, 商標法において「商標としての使用」（商標的使用）を定義する条文は存在しない。ただ, 商標の果たす機能として一般的に理解されているところによれば, 出所表示機能, 品質保証機能, 宣伝広告機能の3つがあり, 品質保証機能と宣伝広告機能は, 出所表示機能の存在を前提とするものである

から，商標としての機能を果たすとは，出所表示機能を果たすということになる（渋谷［2008］329 頁，小野編［2005］70-71 頁）。特許庁が編集した解説書でも，「商標を保護することは，一定の商標を使用した商品又は役務は必ず一定の出所から提供されるということを確認することになる。消費者等の側からみて，過去において一定の商標を付した商品を購入し，又は役務の提供を受けて満足した場合，当該商標を付した商品又は提供を受けた役務が出所の異なったものであったというのではその利益を害することになる」（特許庁編［2010］1182 頁）と，出所表示機能の重要性について説明がされている。

(2) 出所表示機能を重視する考え方の由来

次に，商標としての使用の概念，すなわち出所表示機能を果たしていないと保護されないとの考えが，いつから出てきたのかを検討する。

商標の本質について，議論が古くからされてきているが（たとえば，三宅［1922］63 頁，同［1931］75 頁），出所表示機能を示唆しているものとして，兼子・染野［1968］が，商標保護制度の本質として「商標が商品の一部となり，これを分離しては商品独自の意義が失われるにいたってくると，商標を通じての特殊な関係が商品生産者と需要者の間に発生する。需要者が特定の商標を附した商品を購入し，それによって満足を得たとすれば，その需要者はその商標を記憶し，さらに後においても同一の商標を附した商品を購入することに努めるであろう」と，生産者と需要者の関係について言及がある。

その後，「商標としての使用」と表現されているわけではないが，おそらく最も大きく影響を与えたのは，最高裁昭和 39 年 6 月 16 日判決による商標の本質についての判示であろう。すなわち，「商標の本質は，商品の出所の同一性を表彰することにもある」[8]「一般世人に引用商標の商品と同一営業主の製造または販売にかかるものと誤認混同される虞れがあるとして，本願商標は法二条一項九号（筆者注：現行商標法 4 条 1 項 11 号に相当）に該当する」[9] と判示されている。

(3) 「出所」とは

出所表示機能という際の「出所」の意味が判明しない限り，表 9-1 ②で取り上げた使用の方法について，商標法上の保護が得られるのかどうかは明らかにならない。そこで，「出所」とは何を意味するのか検討する。

まず，条文であるが，商標としての使用について商標法上明文の定めがないのと同じように，出所表示機能という際の「出所」が何を指すのについて商標法上には明文の定めはない。

次に，判例について確認する。「出所」について明確に述べた判決例は見当たらず，唯一「出所」の意味するところを述べたと思われるものが，最高裁第三小法廷昭和50年4月8日判決（集民114号409頁，判時779号56頁〈旧商標法22条1項3号に基づく商標権の範囲確認の審決取消請求訴訟〉）（雷おこし事件）「商標は取引においてその商品が自己の製造，販売等の営業にかかるものであることを表彰するために使用するものである」との判示である。この中で「自己の製造，販売等の営業にかかるもの」が「出所」を意味する部分であるが，その意味する範囲は必ずしも明らかではない。

最後に，「出所」について論じている文献を見てみる。

製造業者，販売業者または役務提供者と述べるものとしては，特許庁編［2010］1181頁，豊崎［1980］13頁，工藤［2003］289頁がある。加工業者・証明業者も含むと述べているものとしては，紋谷編［1979］65頁（満田重昭執筆）がある。

一方で，「商品の出所とは，定義されないまま用いられている概念であるが，商品を流通に置くときの名義人や，商標品の製造販売による損益の全部または一部の帰属主体をいう」（渋谷［2008］501頁）とするものが存在する。この説は，「出所」の意味するところは柔軟に理解できることを示唆しているといえる。さらに，確定した理解はないと率直に述べているものとして，蘆立［2011］627頁が存在する。

以上からすると，「出所」が何を意味するかについて，確定したものはない。

(4) 小　　括

商標権侵害事件において，出所表示機能を果たす態様の使用が「商標としての使用」（商標的使用）であるとの理解は一般的なものとなっており，「商標としての使用」について，立証責任を商標権者と被疑侵害側のいずれが負うか，どのような使用態様が「商標としての使用」に該当するのかの検討など議論がされている[10]。

しかしながら，「商標としての使用」（商標的使用），すなわち出所表示機能を

果たす態様の使用という際の「出所」が何を意味するのかは，じつはあまり明確にされていない。上記の判例・学説，商標法2条1項および3条柱書から考えると，「出所表示」とは，原則的には，商品の製造元もしくは販売元であることを示す表示，または役務の提供元であることを示す表示（ただし，具体的に特定の者の名を需要者・取引者に想起させる必要はなく，同一の商標があれば同一の者の商品・役務であると表すものであればよい）となりそうであるが，商標の「出所」の範囲としてどこまで許容されるのかは必ずしも明確ではない状態である。

ここからすると，表9-1②で取り上げた活動について，製造・販売側ではないマークについて保護が得られるのか疑問が残るということになる。

⌘ 不正競争防止法による保護
(1) 不正競争防止法における出所表示機能に関する判例

次に，不正競争防止法により保護される要件について判示した判決を確認する。

①ベレッタ事件（東京地裁平成12年6月29日判決　平成10年（ワ）21508号）
　（判時1728号101頁）

本件は，銃器メーカーらが，玩具であるモデルガンやそのパッケージに実銃の名称や表示と同一・類似の表示を付して製造販売等を行う者に対して，不正競争防止法に基づき，玩具上の表示の使用差止めおよび損害賠償を求めた事案で，「単に他人の周知の商品等表示と同一又は類似の表示を商品に付しているというだけでは足りず，それが<u>商品の出所を表示し，自他商品を識別する機能を果たす態様で用いられていることを要する</u>」と判示されている。なお，原告らは控訴したが，棄却された。

②つつみ人形事件（仙台地裁平成20年1月31日判決　平成15年（ワ）683号）
　（判タ1299号283頁）

本件は，提人形を制作・販売する原告らが，被告らの人形の制作・販売等の差止め等を求めた事案である。判決では，不正競争防止法の条文の趣旨を説示したうえで，「不正競争行為というためには，単に他人の周知の商品等表示と同一又は類似の表示を商品に付しているというだけでは足りず，それが<u>商品の出所を表示し，自他商品を識別する機能を果たす態様で用いられていることを</u>

要するというべきである。けだし，そのような態様で用いられていない表示によっては，周知商品等表示の出所表示機能，自他商品識別機能，品質保証機能及び顧客集引力を害することにはならないからである」と判示している。

以上の判決から，出所表示機能を果たす態様で使用されていない場合には，不正競争防止法でも保護されないことが明確になっている。

(2) 不正競争防止法における議論の歴史

上記のベレッタ事件は，「不正競争防止法の商品等表示の使用について，初めて判断を示した判例である」（光石［2001］）と考えられていることからも，出所表示機能を果たす態様で使用されていない場合には保護されないとの理解は，比較的最近になって一般的になってきたものである。

そこで，少し時代をさかのぼり，1993 年以前の不正競争防止法のときの議論を振り返ってみる。1993 年改正前不正競争防止法の 1 条 1 項 1 号および 2 号を統合したものが，現行法の 2 条 1 項 1 号に相当するので[11]，旧法のときの議論も十分に参考になる。旧法の 1 条 1 項 1 号および 2 号の混同惹起行為について，出所表示機能を有する態様での使用という限定は必要ないと考えられていた。たとえば，「商品表示の『使用』につき，その態様ないし範囲を厳格に画する必要はない」「標識の使用は，専ら商品表示として使用される場合に限定されない」「他人の営業表示と同一または類似する表示を営業行為において表現するすべての行為が使用として本号の対象となりうる」（いずれも豊崎・松尾・渋谷［1982］143-144 頁，203 頁〔松尾和子執筆〕），「『使用』について，特にどのような態様でなければならないとか，どのような性質の行為でなければならないとか，特別の限定はありません」「他人の商品表示或いは営業表示を用いることによって混同を生じさせる行為はすべて『使用』といって差し支えありません」（いずれも飯村［1989］132 頁）と述べている。

1993 年改正後に発表されている文献でも，「『使用』とは，広く混同を招来する原因となるような形で表示を利用することを指している」（通商産業省知的財産政策室編［1994］29 頁）であるとか，「周知の商品等表示と同一又は類似の商品等表示について，その使用とは，商品等表示をその商品又は営業との関連においてその業務に用いることをいう。公正な競争の確保という観点から，競争に影響を及ぼすべき使用形態はすべて対象とすべきであり，その意味で『使

用』の語句は，広く解されるべきである」（山本［1997］87頁，同［2002］96-97頁，同［2006］86頁）とされており，改正前と理解は変わっていない。

近年になって，「使用」についての「商品等表示としての使用」の態様が必要であることが理解されるようになってきている。たとえば，「2条1項1号に該当するためには，右のような類似表示が自己の商品ないしは営業を示す表示として使用されることが要件とされている。したがって，比較広告などにおいて，自己の商品と比較するために他人の商品表示を用いたとしても，自己の商品等表示として使用しない限り，2条1項1号の問題にはならない」（田村［1994］66頁，同［2003］82-83頁[12]）[13]をはじめとして，2条1項1号が適用されるためには，①「商品等表示」として出所表示機能および品質保証機能を有していること，②冒用者による商品等表示の「使用」等が「商品等表示としての」使用であること，③「混同のおそれ」の存在という要件を満たさなければならない旨を述べる学説（井上［2001］149頁，堀江［2004］298頁）が著された。

さらには，経済産業省の解説書も，2007年になり以前の記載を改訂し，「商品自体に用いることに加え，商品の容器や包装，広告に用いる場合などを含むが，他人の商品等表示を自他識別機能又は出所識別機能を果たす態様で使用していない場合には，商品等表示の『使用』には該当しない」（経済産業省知的財産政策室編［2007］47頁）と記述されるようになった[14]。そして，現在はこの解釈が通説的なものと考えられる[15]。

以上からすると，不正競争防止法においても，出所表示機能を果たす態様に対してのみ差止め請求等を行使できることになるが，「出所」が何を意味するかに関する議論は十分にされていない。

(3) 商標法の出所表示と不正競争防止法の出所表示

商標法の出所表示と不正競争防止法の出所表示について確認しておく。商標法の商標と不正競争防止法の商品等表示の違いをまず確認する。商標は，特許庁の審査による登録があること，および第三者により使用されている商品・役務の区分において商標登録を有することが，権利行使の根拠になる。それに対して，不正競争防止法の商品等表示は，登録等の手続きは必要ない一方で，周知・著名であることが権利行使するうえでの要件となっている。また，商品等表示は，さまざまな「商品又は営業を表示するもの」を包含する概念ではある

点が，商標とは異なる点である。
　一方で，商標法および不正競争防止法のいずれも出所表示機能を果たす態様に対して差止め請求等を行使できることは共通であり，商標法の出所表示と不正競争防止法の出所表示に違いはないと考えられる。

⌘ 第1節のまとめ

　本節での検討をここでまとめると，以下のとおりとなる。
　商標の出所表示機能と不正競争防止法における商品等表示の出所表示機能は，同一のものを意味している。そして，出所表示機能を果たしていない場合，商標権の侵害にはならず，また不正競争行為にも該当しない。その出所表示機能の「出所」とは何をいうかとなると，定義は存在せず，判例や学説でも明確にはなっていない。
　こうした状態で，表9-1②で取り上げた新しいタイプの使用が，出所表示機能を果たすものと考えられるのか，すなわち商標法や不正競争防止法で保護されるのかは，はっきりしない。
　商標法または不正競争防止法による保護が得られるかどうかに関しては，「出所」について適切な理解のうえで，対象問題になった商標または商品等表示が出所表示機能を果たす態様の使用であるのか（「商標・商品等表示としての使用」であるのか）を検討していくのが，適切な思考手順となる。
　そこで，第2節ではヨーロッパやアメリカではどのように理解されているか，参考になる判例を参照しつつ，検討していく。

2　ヨーロッパおよびアメリカにおける出所（Origin）とは

⌘ ヨーロッパ

（1）ヨーロッパにおける出所（Origin）

　商標機能に基づく保護を論じることが盛んなヨーロッパであるが，出所（Origin）がどのように捉えられているかを検討する。
　1970年の論文でF.K.バイヤー教授は，「商標は，ある製造者の商品を他者

の商品から区別する。商標は商品の出所を特定の会社と結びつけるものである」(Beier [1970]) と述べていた。その後, ヨーロッパでは1970年代後半より商標の機能について盛んに論じられるようになった (Beier [1990], Simon [2005])。そのようななか, ヨーロッパでは出所 (Origin) はどのように理解されているのだろうか[16]。

　欧州商標指令[17]の前文も, 「登録商標の機能は特にその商標を出所表示として保証することである」[18]とあり, 商標は識別できるものでなくてはならず, また出所表示機能がとりわけ重要な機能であるとの理解は, 日本法のそれと同じである。ただし, 出所 (Origin) とは何を指すのかについては, 商標指令に明文での定めはない。

　次に, 欧州司法裁判所 (European Court of Justice) における判決例をいくつか参照する。BMW事件 (1999年2月23日 C-63/97　オランダで, 被告 (Deenik) が自動車修理事業をするなかで, BMWの標章を使用していた事件) では, 「商標権者の許諾なく, 当該商標によりカバーされる商品についての修理やメインテナンスを他の事業者が行うこと, または他の事業者が当該商品の専門家であることを公衆に伝える目的で, 標章を使用することは, 商標指令 (89/104) 5条1項 (a) の意味する商標の使用に該当する」 (BMW事件〔1999年2月23日 C-63/97〕Para42) と判示している。注目すべき点は, 使用されている標章については, 使用している被告 (Deenik) の商標ではなく, BMW社の商標であると公衆に認識されていることを前提としたうえで, その商標が付される商品の専門家である旨の告知が, 出所表示に該当すると判断していることである。

　Opel事件 (2007年1月25日 C-48/05　自動車メーカーであるアダムオペル社が, 自動車およびおもちゃのカテゴリーにて, 一般にBLITZマークともいわれるオペルロゴの商標登録を有しているなか, 被告〈Autec〉がおもちゃのリモートコントロール・カーに, オペルロゴを使用していたという事案) でも, 商標権者であるアダムオペル社またはその会社と経済的に関連がある事業者が出所であると判示されている[19]。

　Google事件 (2010年3月23日 C236/08-238/08　検索エンジンGoogleの利用者が, 原告ルイ・ヴィトン社らのブランド名を入力して検索した場合に, 第三者のホームページに関する情報が検索結果を示したページの中に表示されることについて, 検索エンジ

ン運営のGoogle社およびGoogle France社を被告に，差止めを請求した事件）でも，出所表示としては，経済的に商標権者と関連がある事業者も含まれることを判示している。

(2) 小　括

時系列で判決をながめると，出所（Origin）とは製造者をいうと論じられていたときから，「商標権者または商標権者と経済的に関連がある者」へと柔軟に考えられるようになったと理解できる。ただし，商標指令に示唆する文言がないせいか，出所（Origin）とは何を意味するのかという意識はあまりないように感じられる。むしろ商標指令前文にて出所表示機能が重要である旨とあわせて，混同を広く捉える旨記載されていることからか[20]，混同の概念と明確には分離されることなく，商標権者と経済的に関連のあるものと，やや漠然とした理解であるように感じられる。

⌘　アメリカ

(1) アメリカ商標法における出所（Origin）

アメリカにおいては，1925年の論文においてF.I.シェヒター[21]は，「裁判所は縷々商標を定義して商標とは標章，記号又は象徴にして之を添付する商品の出所又は所有を証明することを本来固有の機能とするものなりといった。商標機能に関するこの定義は現在迄の商標法発達の全期間を通不変の姿で採用せられて来た」（Schechter［1925］訳書17頁）と論じている。もっとも，この論文が書かれたのは1947年アメリカ商標法制定の前でもある。

次に，アメリカ商標法の定義からは，トレードマークとは「自己の商品を特定し，他人に製造又は販売されたものと区別する」もの，サービスマークとは「自己のサービスを特定し，他人のものと区別する」ものとなる[22]。これは，日本の商標の定義とおおむね同様の定めであるが，出所の定義について条文上の定めはない。

次に判例をみていく。歴史的には商標法初期においては，出所とは，上述したシェヒターの論文にも著されたとおり，顧客に対して，商品または役務の物理的な提供元のみを示すものと考えられていたようである[23]。それが，現行アメリカ商標法制定前の判例形成を通じて[24]，フランチャイズ形式が認められる

ようになり[25]．この理論により商標法初期の厳格な解釈から，フランチャイザーやライセンサーが出所に含まれると理解されようになっている．

さらに，Processed Plastic Company v. Warner Communication Inc. & Warner Bros., Inc.（675 F. 2d 852［1982］ 映画やテレビ番組の中で登場する自動車が登場するなかで，同じような特徴を有するおもちゃの自動車を，おもちゃメーカー〈Processed Plastic 社〉が製造・販売したことについて，映画やテレビ番組の供給者であるWarner Bros社が訴えた事案）で，おもちゃの自動車は，Warner Bros社によって後援されたテレビ番組のシリーズという1つの出所と関連があると示すものである，と判断した．

また，National Football League Properties Inc. & Seattle Professional Football Club v. Wichta Falls Sportswear Inc.（532 F. Supp 651［1982］ National Football League〈NFL〉と NFL 所属チームである Seattle Seahawks の正式名称やニックネームなどを付したレプリカ・ジャージーを，NFLやチームの許諾なしに，Wichta Falls Sportswear 社が製造販売していたことについての事案）では，アメリカ商標法は，商品の製造者を保護するだけではなく，商品への後援についての混同を招くことについても，訴訟提起を可能とするものであると説示している．

さらに，ESS Entn't 2000 Inc. v. Rock Star Video Inc.（547 F. 3d 1095, 1100 ［2008］ Rock Star Video 社が製造販売するコンピューター・ゲーム〈仮想都市を舞台とするもの〉の中で，ESS Entn't 2000 社が自らの店舗名〈Play Pen〉を想起させる表記がされていることについて，ESS Entn't 2000社が商標権侵害を主張した事案）で，「商標法の目的とは，消費者が商標保有者によって支援されている商品であると誤解して購入することを商標保有者が防ぐことができるようにし，市場において混同を避けること」と説示している．

(2) 小　括

上述のとおり，出所（Origin）については，判例を通じて柔軟に理解されるようになり，商品または役務の物理的な提供元に加えて，商標の二次的な出所（secondary source）として，特定のものによる後援（sponsorship）や承認（approval）を示すことがあると理解されるようになってきている（McCarthy ［1984］p. 106）．

また，Betty Boopと呼ばれる漫画キャラクターを描いたTシャツの制作・

販売についての訴訟について，アメリカの商標専門家の団体である国際商標協会（International Trademark Association）が提出したアミカスブリーフ（Amicus Brief）において，「商標は，製造・販売元（source），後援（sponsorship）もしくは関連（affiliation）について混同しないように，消費者を保護するもの」[26]と述べている。

⌘ 第2節のまとめ

ヨーロッパにおける商標指令のもとでは，上述したとおり出所（Origin）については，混同の概念と不分離な中で，商標権者または商標権者と経済的に関連があるものまで含む。アメリカにおいては，商品の製造者・販売者または役務の提供者に限らず，判例の積み重ねの中で，二次的な出所として後援や承認する者をも含むものと理解されている。とすると，表9-1 ②で取り上げた使用方法については，ヨーロッパもアメリカでも侵害として扱われる場合が多くなるように考えられる。

では次に，日本においてはどう考えるべきかを第3節で検討する。

3 「出所」とは何を意味するのか

第1節で確認したとおり，日本では，商標法においても，不正競争防止法においても，第三者の使用が出所表示機能を果たす態様の使用でない限り，商標権侵害にも，不正競争行為にも該当しない。そして，その「出所」の意味するところは必ずしも明確でない。

そのような中，マーケティング活動として1つの商品・役務に複数の者の標章が使用されている場合が見られるようになってきている。

1つの商品・役務に同一の者が複数の商標を用いることが珍しいことではないのと同様に[27]，1つの商品・役務に複数の者の商標が付されることも珍しいことではなくなってきている。その使用されている商標それぞれについて，「出所」を表示しているのかどうかを検討することが必要である。不正競争防止法における商品等表示についても，商標と同様に，1つの商品・役務に複数

の表示が付され場合に，それぞれについて「出所」を表示しているのかどうかを検討することが必要である。

　第2節での検討からは，ヨーロッパの商標指令では，商標権者だけでなく経済的に関連がある者まで含み，アメリカ商標法では，商品・役務の物理的な提供元だけでなく，後援や承認する者まで含む。いずれも，出所（Origin）とは何を意味するのかについて，柔軟に捉えようとしていることがうかがえる。ヨーロッパやアメリカでの理解をそのまま日本に持ち込むことはできないが，国際的に商品が流通することやさまざまな国で役務が提供される実態を考えれば，日本の制度が他国と制度が大きく異なるというのでは，実際の事業活動に支障がでる。また，さまざまな活動の中で当初は想定されていなかったタイプの使用方法についても，合理的な範囲で解釈を考えることも必要なことである。

　商標法2条1項には，商品・役務を証明することも商標の使用である旨の定めがあり，この証明は，商品の品質または役務の質を保証することに必ずしも限らないと考えることができる。この点からすると，「出所」を商品の製造元・販売元または役務の提供元と限定的に考える必要はなく，「自己の営業にかかるもの」すなわち「商品の製造元・販売元，役務の提供元，又は認定も含む証明する者」と柔軟に解するべきであると考える（足立［2012］30頁）。

　これは，オリンピックやFIFAワールドカップなどイベント主催者のマークだけでなく，通常の商標においても同様に該当する。商標権者が，第三者の商品・役務に自社商標を使用許諾することで，当該商品・役務について一部または全部の責任を負う立場にあるだけでなく，需要者にもそのように理解されている場合が存在する。また，第三者の商品・役務に自社標章の使用を許諾することで，当該第三者から使用許諾料を得るとともに[28]，当該商品・役務に品質や評判に問題があった場合には，自らの事業に影響を受けることになる。すなわち，当該第三者の商品・役務に自社標章の使用許諾することで，一部ではあっても損益が帰属するものであり，その表示が第1節で取り上げた最高裁判所昭和50年4月8日判決（雷おこし事件）のいう「自己の営業にかかるもの」と評価することができる。なお，商標法は，商品・役務について登録するものであることから考えると，証明・認定する対象がその商品・役務であることを忘れてはならない[29]。

また，不正競争防止法における商品等表示の出所表示についても，生産者，販売者または提供者を意味するだけでなく，その商品・役務について証明・認定する者を含むと考える。

　日本の裁判例で，本章で提言する内容そのものを判示したものは存在しないものの，いくつか参考になる裁判例がある。たとえば，ラコステ並行輸入事件[30]は，1つの商品にライセンサーを示すマーク「lacoste」と製造者を示すマーク「IZOD」が使用されていた並行輸入に関する事件で，判決は「IZOD」は製造元を示すものであると認めたうえで，「lacoste」が出所源を示すものであるとした。1つの商品・役務に複数の「出所」があることを示したものと理解できる。また，JIL事件[31]では，問題となった商標「JIL」（登録番号868916号　商標権者は社団法人日本照明器具工業会）が，東芝ライテック株式会社，岩崎電気株式会社，オーデリック株式会社，三菱電機照明株式会社のそれぞれの照明器具に，「JIL」商標権者が定める規格に適合している旨を証するものとして使用されていることで，商標の使用であると判決は認めた。ほかにも，最近の判決でも，データ消去ソフト認定マーク事件がある[32]。これらの裁判例のように，1つの商品・役務に複数の「出所」があることを理解し，使用されているマークごとに，当該商品・役務との関係で「出所」であるのかどうかを検討すべきである。

　上記のように考えることで，表9-1②で取り上げた例においても，製造・販売側ではないマークについても，商標法・不正競争防止法により保護を得ることができると考える。なお，製造・販売側ではないマークについて法により保護を得るためには，「自己の営業にかかるもの」すなわち「認定も含む証明する者」と認定される必要があることから考えると，マークが使用される商品・役務の品質やマークの表示態様について，適切に管理・監督していることが少なくとも必要となろう。

おわりに

　今まで「出所」が何を意味するのかを必ずしも明確に把握しないままに，出所表示機能を果たしているかどうか（商標としての使用・商品等表示としての使用

であるかどうか）を判断していたのに対して，本章の提案に基づけば，「出所」の意味を明確にしたうえで，出所表示機能を果たしているか否かにより，商標法および不正競争防止法により保護が得られるか否かを判断することに資することになる。

これまで「出所」に関して詳細に検討したものは，必ずしも存在していない。それは，知財部門の者は，紛争に関与することになったときや判決を研究するときにはじめて検討することが多く，今まで判決に至った事案がないこと，また，ブランドを使用する立場の者は，自らが実行する活動が法的に保護されるものであるのかどうかを十分に意識しないままマーケティング活動業務に関心が向かってしまいがちなことに起因するように思われる。

たしかに，ブランド活動をはじめとして，マーケティング活動では従来にはなかった取り組みをすることはよくあることである。ただその際に，その活動について法的な後ろ盾があるのか，あるいは第三者の冒用行為を防ぐことができるのか，または法的な後ろ盾がない活動である場合にはどのようなリスクがあるのかを，事前に把握したうえで活動していくことが，ビジネスを展開するには必要なことであろう。

＊本章は，筆者の見解によるものであり，筆者の所属する団体・組織のものではない。

注
1　足立［2007］［2009］。なお，各ブランド要素を商標として使用するかどうか，各ブランド要素を商標として登録するかどうかは，各事業者の判断による。
2　判時2120号103頁。原審は，東京地裁平成22年10月21日判決平成21年（ワ）第25783号　判時2120号112頁。
3　東京地裁平成23年6月29日判決。
4　渋谷［2008］329頁は，「出所表示機能は，自他商品役務識別力と呼ばれることもある」とする。また，工藤［2008］26頁は，「自他商品・役務識別機能と出所表示機能とは全く別の機能ではなく，視点を違えて同じ機能を言い表しているものと考えられる。すなわち，前者は競業者間の横並びでの水平的機能を，後者は製造者・販売者と需要者の縦型での垂直的機能をそれぞれ言っているのであって，機能自体に違いはない」とする。
5　田中［1998］，宇井［1985］，大須賀［1994］に加え，飯田［2003］，司法研修所編［1995］121-122頁，網野［1981］，松本［1990］，辰巳［1996］，後藤［1997］，榎戸［2001］，芹田［2007］などを参照。

6 たとえば，テレビまんが事件（東京地裁昭和55年7月11日判決　昭和53（ワ）255　無体裁集12巻2号304頁），POS事件（東京地裁昭和63年9月16日判決　昭和62（ワ）9572　無体裁集20巻3号444頁），F1モデルカー用シール事件（東京地裁平成5年11月19日判決　平成5（ワ）5655　判タ844号247頁），ブラザーインクリボン事件（東京高裁平成17年1月13日判決　平成16（ネ）3751　原審東京地裁平成16年6月23日判決　平成15（ワ）29488）がある。
7 たとえば，AtoZ事件（東京高裁平成8年12月19日判決　平成8（行ケ）68），賃貸住宅情報事件（東京高裁平成13年10月23日判決　平成13（行ケ）190），DEEP SEA事件（知財高裁平成21年10月8日判決　平成21（行ケ）10141），elle et elles事件（知財高裁平成21年11月26日判決　平成21（行ケ）10203）がある。なお，商標法50条所定の登録商標の使用は，「識別標識としての使用（すなわち，商品の彼比識別など商標の本質的機能を果たす態様の使用）に限定しなければならぬ理由はない」とするものとして，POLA事件（東京高裁平成3年2月28日判決　平成2（行ケ）48）がある。
8 土肥［1989］256頁は，当該最高裁判決が「にも」となっていることを指摘している。
9 最高裁昭和39年6月16日判決　民集18巻5号774頁（墨汁Peacock事件），旧商標法2条1項9号（現商標法4条1項11号に相当する）に関する判決である。
　最高裁昭和36年6月27日判決　民集15巻6号1739頁（橘正宗事件）でも，商品の類否（現行法4条1項11号）が問題になった事例で，「酒類を製造する同一営業主から出たものと一般世人に誤認させる虞がある」と判示している。
10 前掲の文献に加えて，最近のものとしては，大西［2009］149頁，林［2011］128頁に詳しく検討されている。ほかに，金［2010］もある。
11 旧法1条1項　左ノ各号ノ一ニ該当スル行為ヲ為ス者アルトキハ之ニ因リテ営業上ノ利益ヲ害セラルル虞アル者ハ其ノ行為ヲ止ムベキコトヲ請求スルコトヲ得
　1号：本邦施行ノ地域内ニ於テ広ク認識セラルル他人ノ氏名，商号，商標，商品ノ容器包装其ノ他他人ノ商品タルコトヲ示ス表示ト同一若ハ類似ノモノヲ使用シ又ハ之ヲ使用シタル商品ヲ販売，拡布若ハ輸出シテ他人ノ商品ト混同ヲ生ゼシムル行為
　2号：本邦施行ノ地域内ニ於テ広ク認識セラルル他人ノ氏名，商号，標章其ノ他他人ノ営業タルコトヲ示ス表示ト同一若ハ類似ノモノヲ使用シテ他人ノ営業上ノ施設又ハ活動ト混同ヲ生ゼシムル行為
12 田村［2003］83頁に，「商品等表示の意味については，混同を抑止する本号の目的に鑑み，出所の混同を招来するような態様で用いられているものは，商品等表示に該当すると解するべきである」と追記されている。
13 「『表示の使用』については，表示を商品に付したり，営業の提供に際して表示を提示する行為のほか，商品や営業の広告に表示を用いる行為の一切が含まれると解される」と記載されている（田村［2003］94-95頁）。
14 「自他識別機能又は出所識別機能を果たす態様での使用」の旨の記載は，筆者が確認できている限り，1994年以降に発行された『逐条解説不正競争防止法』には

見当たらず，平成18年改正版（2007年）ではじめて記載されたものである。
15 茶園［2011］363頁は，著作物の題号の保護にあたり不正競争防止法2条1項1号を類推適用において，出所識別機能を果たしている必要はない旨，述べている。
16 The Judgment of Lord Nicholls in Scandecor Development [2001] ETMR 800 は，英国商標法における出所表示の重要性やコモンローの時代から現行商標法までの出所の理解について，商標の譲渡との関係で検討している。
17 商標に関する加盟国の法律を接近させるための2008年10月22日付欧州議会および欧州理事会の指令（2008/95/EC）。
18 商標に関する加盟国の法律を接近させるための1988年12月21日付理事会指令（89/104/EEC）でも同様。
19 商標指令は各国の商標法の全面的なハーモナイゼーションをめざすものではなく，域内市場の機能に最も直接的に影響を与える規定を対象とするものであるため，混同のおそれがあるのかどうかの判断は，各国の国内法の範疇となる。
20 現行商標指令（2008/95/EC）前文（11）および原商標指令（89/104/EEC）前文第10パラグラフそれぞれの後段。
21 シェヒターは，1927年に商標の稀釈化についての論文を著しており，その論文は，1996年稀釈化防止法制定（アメリカ商標法改正）にも大きな影響を与えたと考えられている（Schechter [1927], Reprinted in 60 Trademark Reporter 334 [1970]）。この論文の日本語訳としては，筆者も携わった「商標保護の理論的根拠 The Rational Basis of Trademark Protection」『日本商標協会誌』68号，2009年，5頁がある。
22 アメリカ商標法45条，McCarthy [1984] p. 105。
23 McCarthy [1984] pp. 109-110，たとえば，Macmahan Pharmacal Co v. Denver Chemical Mfg. Co 113 F 468 [1901]。
24 たとえば，Coca-Cola v. Bennett et al 238 F. 513 [1916], Coca-Cola Co., v. J. G. Butler & Sons 229 F. 224 [1916], The Coca-Cola Bottling Company v. Coca-Cola Co. 269 F. 796 [1920] など。
25 *Trademark Licensing* 59 Trademark Reporter 820 [1969] に詳しい。
26 Brief of amicus curiae International trademark association in support of rehearing or rehearing en banc, dated March 21, 2011 re Fleicher Studios, Inc v. AVELA Inc. International Trademark Association (INTA) のHPより（http://www.inta.org/Advocacy/Documents/INTAFleischerAVELA.pdf 2014年2月12日確認）。
27 たとえば，知財高裁平成20年5月29日判決（Coca-Cola Bottle立体商標事件 判時2006号36頁）は，Coca-Cola Bottle入り飲料商品の場合，ボトルに表記された「Coca-Cola」だけでなく，その容器の立体形状そのものも商標である，すなわち出所を表していることを明らかにした。
28 イベント標章の保有者は，イベントの標章の使用を許諾することを中心とした各種便益を提供する見返りに，スポンサー料を得ている。
29 商品や役務にイベント主催者のマークが付されていた場合に，私見のように出所

表示を解することは,「当該商品・役務の製造・提供する者がまたはこの商品・役務が,イベントのスポンサーである」とのコミュニケーションを保護することを目的とするものではない。そのコミュニケーションは,「イベント主催者である商標権者が,その商品・役務について証明,承認または後援している」ことを表示していることからの反射的な効果ということになる。

30 東京地裁昭和59年12月7日判決 昭和54（ワ）8489 無体裁集16巻3号760頁。
31 知財高裁平成23年3月17日判決 平成22（行ケ）10359 判時2117号104頁。
32 東京地裁平成25年11月26日判決 平成23（ワ）30933。

参考文献

Beier, F.-K. [1970] *Territoriality of Trademark Law and International Trade*, 1 IIC 61.
Beier, F.-K. [1990] *Industrial Property and the Free Movement of Goods in the Internal European Market*, 21 IIC 131, 149.
Schechter, F. I. [1927] *The Rational Basis of Trademark Protection*, 40 Harvard Law Review 813, Reprinted in 60 Trademark Reporter 334 [1970].（「商標保護の理論的根拠 The Rational Basis of Trademark Protection」『日本商標協会誌』68，2009年）
Schechter, F. I. [1925] *The Historical Foundations of the Law Relating to Trade-Mark Law*, Columbia University Press, reprinted The Lawbook Exchange Ltd. [1999].（司法省調査部『司法資料第249号 フランク・シェヒター 商標に関する法律の史的基礎』1939年）
Simon, I. [2005] *How Does 'Essential Function' Doctrine Drive European Trademark Law?*, 36 IIC 401, 405.
McCarthy, J. T. [1984] *Trademark and Unfair Competition*, second ed. vol. 1.
蘆立順美［2011］「商標が付された商品の流通と商標機能論——商品の詰替・改変の事例を中心として」『関俊彦先生古稀記念 変革期の企業法』商事法務。
足立勝［2007］「ブランドと稀釈化（ダイリューション）について」『日本商標協会誌』64。
足立勝［2009］「ブランドを守るということ——著名ブランドの保護について」『ビジネスロージャーナル』16。
足立勝［2012］「〔判批〕「JIL事件」」小林十四雄・小谷武・足立勝編『最新判例からみる商標法の実務Ⅱ［2012］』青林書院。
網野誠［1981］「「商標の使用」の概念をめぐって」『豊崎光衛先生追悼論文集 無体財産法と商事法の諸問題』有斐閣。
飯田喜信［2003］『〔判解〕最高裁判所判例解説刑事篇平成12年度』法曹会。
飯村敏明［1989］「使用の概念」田倉整・元木伸編『実務相談不正競争防止法』商事法務研究会。
井上由里子［2001］「パブリシティの権利の再構成——その理論的根拠としての混同防止規定」『筑波大学大学院企業法学専攻十周年記念・現代企業法学の研究』信山社。
宇井正一［1985］「商標としての使用」牧野利秋編『裁判所実務大系9 工業所有権訴訟

法』青林書院。
榎戸道也［2001］「商標としての使用」牧野利秋・飯村敏明編『新・裁判実務大系 知的財産関係訴訟法』青林書院。
大須賀滋［1994］「商標としての使用」清水利亮・本間崇編『実務相談工業所有権四法』商事法務研究会。
大西育子［2009］「商標と商品等表示の使用」『パテント』62(4)。
小野昌延編［2005］『注解商標法【新版】上巻』青林書院。
兼子一・染野義信［1968］『工業所有権法（改訂版）』日本評論社。
金久美子［2010］「商標としての使用──侵害訴訟における解釈及びその問題点について」『知財研紀要』。
工藤莞司［2003］「商標制度の現状と課題について──不使用登録商標対策と商標の使用を巡る諸問題」『情報管理』46(5)。
工藤莞司［2008］「商標法の構造と出所表示機能の保護（上）──実務的視点を中心として」『東京都立大学法学会雑誌』49(1)。
経済産業省知的財産政策室編著［2007］『逐条解説不正競争防止法平成18年改正版』有斐閣。
後藤憲秋［1997］「商標権の侵害と出所表示機能を有しない態様での表示等の使用」特許法研究会（PLG）編『富岡健一先生追悼 知的財産法の実務と研究』六法出版社。
渋谷達紀［2008］『知的財産法講義Ⅲ〔第2版〕』有斐閣。
司法研修所編［1995］『工業所有権関係民事事件の処理に関する諸問題』法曹会。
芹田幸子［2007］「商標の使用」牧野利秋・飯村敏明・三村量一・末吉亙・大野聖二編『知的財産法の理論と実務3 商標法・不正競争防止法』新日本法規。
辰巳直彦［1996］「商標の機能と商標権の権利構成についての一考察」『F・K・バイヤー教授古稀記念論文集 知的財産と競争法の理論』第一法規。
田中俊次［1998］「商標権侵害訴訟の要件事実」西田美昭・熊倉禎男・青柳昤子編『民事弁護と裁判実務8 知的財産権』ぎょうせい。
田村善之［1994］『不正競争法概説』有斐閣。
田村善之［2003］『不正競争法概説〔第2版〕』有斐閣。
茶園成樹［2011］「著作物の題号と不正競争防止法」『村林隆一先生傘寿記念 知的財産権侵害訴訟の今日的課題』青林書院。
通商産業省知的財産政策室編著［1994］『逐条解説不正競争防止法』有斐閣。
特許庁編［2010］『工業所有権法（産業財産権法）逐条解説（第18版）』発明協会。
土肥一史［1989］「比較広告における他人の登録商標の使用」『染野義信博士古希記念論文集 工業所有権──中心課題の解明』勁草書房。
豊崎光衛［1980］『法律学全集54-1 工業所有権法〔新版・増補〕』有斐閣。
豊崎光衛・松尾和子・渋谷達紀［1982］『不正競争防止法』第一法規。
林いづみ［2011］「商標権の効力とその制限──商標法25条・26条再考」『パテント』64(5)。
堀江亜以子［2004］「パブリシティ価値の定義と『パブリシティの権利』の一試論」『東京都立大学法学会雑誌』44(2)。

松本武彦［1990］「標章の使用態様と商標権侵害の成否」『関西法律特許事務所開設二十五周年記念論文集 民事特別法の諸問題 第三巻』第一法規。
光石俊郎［2001］「不正競争防止法2条1項1号・2号の『使用』の意義」『知財管理』51(6)。
三宅發士郎［1922］『商標法講和』早稲田大学出版部。
三宅發士郎［1931］『日本商標法』巖松堂書店。
紋谷暢男編［1979］『商標法50講〔改訂版〕』有斐閣。
山本庸幸［1997］『要説不正競争防止法（第2版）』発明協会。
山本庸幸［2002］『要説不正競争防止法（第3版）』発明協会。
山本庸幸［2006］『要説不正競争防止法（第4版）』発明協会。

第10章

ブランドの歴史

田中　洋

はじめに──ブランドの歴史をどう書くか

　ブランドは歴史上いつ，どのように始まり，発展していったのだろうか。本章で考察するのはこの問題である。

　ブランドへ，研究者と実務家の関心が集まるようになったのは，ブランド・エクイティに関心が集まるようになった1990年代の初頭からである。ブランドに関してさまざまな研究論文や著書がこれまでに提出されているけれども，ブランドの歴史的発展を通観する試みは一部を除いてまだ本格的には行われていない。ただ，こうした事情はブランドだけではない。マーケティング，流通，商業，消費者の歴史についても，一部（たとえば，Tedlow［1990］，田村［2011］，Trentmann ed.［2012］）を除けば，通史的試みはあまりみることができないのが実情である。

　しかし現在われわれが読みうる文献をもとにして，ブランドがどのような発展をたどっていったのか，それを探る試みが閉ざされているわけではない。限られているとはいえ，部分的には文献が存在し，またブランドの歴史的発展過程を理論的枠組みによって組み立てる可能性は残されているからである。本章は，ブランドの歴史を二次的な歴史研究文献によって考察する試みである。

　もちろんこうした試みにはいくつかの課題が予想される。1つの問題は，何をもってブランドと考えるかという問題である。文字が存在しなかった時代に

はブランドは存在しなかったのだろうか。また，歴史が始まった時代以降においても，何がブランドであるかという問題が発生する。

もう1つの問題は，ブランドの歴史をどのような理論的な枠組みにおいて記述するか，という問題である。これは，ブランドが歴史の各段階においてさまざまな形態で出現してきたとして，それらの異なる形態のブランドに共通する要素，あるいは相違する要素とは何か，という問題である。またどのように記述すれば，一貫した歴史的発展過程を記述できるのだろうか。

まずブランドを歴史的に取り扱う場合，何をもってブランドと考えるか，という問題について，ブランドを2つの面から定義しておきたい。それは表象としてのブランドと，消費者知覚としてのブランドの2つである。

ブランドとは，商品（またはサービスや企業・組織）が貨幣的な交換の対象あるいは贈与の対象となったとき，その商品を消費者に同定化（identify）させる名前やシンボルなどの表象のことである。もう1つのブランドとは，貨幣的・贈与交換の対象となった商品（またはサービス，企業・組織）が，それは特定の出自をもった商品であるとわかる，消費者の心理的な働きのことである。つまり特定の商品を見たとき，これはどこの誰がつくったのか，あるいは誰が売っているのかがわかる，という心理的な作用としてのブランドである。

つまり，本章では，商品やサービスに何らかの型あるいは形（ブランドネームやシンボル）が付与されたものである「外的なブランド」と，消費者心理に存在する「内的なブランド」，この2つを本章で考察するブランドと考えることにする。

次に，ブランドの歴史をどのような理論的な枠組みで記述すればよいだろうか。フェルナン・ブローデルは歴史学において，「長期持続」（la longue duree）という概念を提案している。ブローデルは歴史の変化を考察するとき，①「出来事史」＝短期的な時間，②「間周期的」時間，③「長期的な時間」の3つに分けた（Braudel [1997]）。

①出来事史とは，短期的に出来事を追って歴史を織りなしていく考えであり，多くの政治史はこうした考え方に基づいている。②間周期的な歴史時間とは，歴史の変動局面に注目して，10～50年単位の歴史を叙述する歴史学的立場の考察である。そして，ブローデル自身も採用した歴史的な考察の枠組みとは，

図 10-1　ブランドの歴史的発達過程

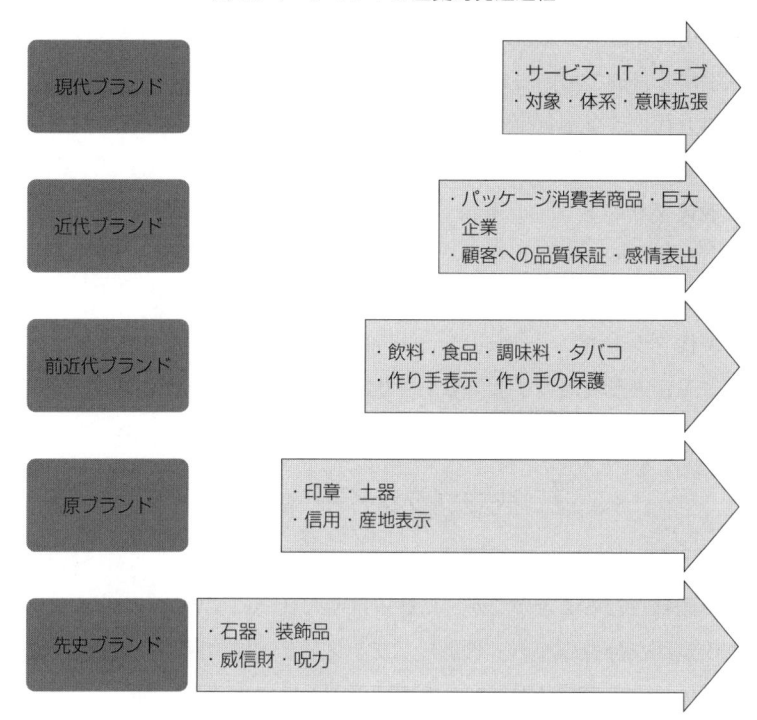

現代ブランド	・サービス・IT・ウェブ ・対象・体系・意味拡張
近代ブランド	・パッケージ消費者商品・巨大企業 ・顧客への品質保証・感情表出
前近代ブランド	・飲料・食品・調味料・タバコ ・作り手表示・作り手の保護
原ブランド	・印章・土器 ・信用・産地表示
先史ブランド	・石器・装飾品 ・威信財・呪力

（出所）　筆者作成。

③の長期的な持続の歴史学である。これは「世紀単位の傾向」（Braudel［1997］訳書 200 頁）を見る方法であり，短期的にはほとんど変化しない「構造」に着目する。ブローデルの歴史学的方法の中心は，まず歴史の表面に浮かび上がってきた現象を捉え，それを記述することにある（ブローデル［2009］）。

　本章では，上記の「長期的な時間」という考え方に立ってブランドや経済・商業に関する歴史研究文献を手がかりにしながら，ブランドの歴史を 5 つの発展段階に分けて考察する。それが以下の 5 つの分類である（図 10-1 参照）。

① **先史ブランド**（prehistoric brand）：歴史以前の段階で，主に石器や装飾品について一定の品質をもつ商品が生産されるようになった段階で，特定の作り手によって，あるいは産地においてつくりだされたと認識され，何らかの意味をはらむようになったブランド。

② 原ブランド（proto-brand）：歴史が始まって以降，遠隔交易などに際して信用を保証するため，あるいは，一定の品質を約束する産地や作り手を表示する目的で用いられたブランド。
③ 前近代ブランド（pre-modern brand）：近代以前の中世・近世社会で，食品や調味料，嗜好品，道具などで用いられたブランド。
④ 近代ブランド（modern brand）：19世紀の「産業革命」の後から形成された，イノベーションをベースとしたパッケージ型消費財ブランド，大規模な企業ブランド，そのほかのブランド。
⑤ 現代ブランド（contemporary brand）：サービスやソフトウェア，ウェブなど主に無形商品のブランドや，意味や体系の面で拡張されたブランド。

1 先史ブランド──前史時代

　文字で記録されることがなかった歴史以前の社会にブランドが存在していたとする決定的な証拠はない。しかし，ブランドとしての財が存在していたと推定できるいくつかの「状況証拠」をあげることはできる。
　ある考古学者は旧石器時代から縄文時代にかけて，黒耀石石器にブランドがあったと想定している（池谷［2005］）。この説は以下のような史実に基づいている。約3万年前からの旧石器時代から縄文時代（1万6500〜3000年前）にかけて，伊豆七島の1つ神津島で産出された黒耀石が，縄文時代の前期末から中期初頭にかけて，伊豆半島の見高段間で石器として加工され生産された。黒耀石は希少であると同時に，石器の素材として切れ味があり，加工しやすい長所をもち，他の石材と比較してはるかに優れた石器の材料となっていた（黒耀石体験ミュージアム［2004］）。このような黒耀石による石器ブランドはどのような根拠をもってその存在を主張できるだろうか。
　考古学者の竹岡俊樹は，日本の旧石器時代に周辺文化に大きな影響をもった茂呂系文化の中で，南関東で発掘された尖頭器だけに黒耀石が用いられた事実から「この道具が特殊な意味をもっていた」（竹岡［2011］129頁）ことを指摘し，さらに，旧石器時代には石器が道具的・機能的用途以外に「道具自体に何らか

の呪的な力が宿ると考えられてきたふし」（同173頁）があることも指摘する。たとえば，斧型石器は特に呪的な力をもっていたと考えられ，そのために遺跡で石器をその回りに埋め込んで特定の場所を囲む，という行為も行われてきた。

ケンブリッジ大学教授で考古学者のレンフルーは，新石器時代のイギリスでのヒスイ耀石で作った磨製石斧（せきふ）の交易に実用価値以上の価値を見出している（Renfrew [2007]）。この耀石はアルプス産で，交易活動によってフランスを経由してイギリスの地に持ち込まれている。木を切り倒すためには刃がすぐ割れてしまうような実用的価値しかなかったにもかかわらず，何らかの象徴的価値と機能をもっていたと推認される。

レンフルーによれば，象徴とは，「Xは文脈CにおいてYを意味する」と定義される。つまり新石器時代に，この石器が象徴（シニフィアン）（X）として何らかの文脈（C）において意味する何か（シニフィエ）（Y）を備えるようになったと考えられる。ここでいう文脈とは，当時の社会において社会的不平等が生じたことと関連している。つまり，収入や階級制度などの社会的不平等が生じることによって，高い階級の持ち物であることを誇示するために，石器が象徴的な意味を帯びるようになったのである。

さらに，認知考古学者のミズンは，石器時代などの先史時代における人間の心の発達の過程を「認知的流動性」に見出している（Mithen [1996]）。認知的流動性とは，異なった種類の知性の間で生じた統合を意味する。たとえば，自分の祖先をある種の動物と考えるトーテミズムは社会的知能と博物的知能との統合である。石器は技術的知能と博物的知能が統合した結果なのである。

つまり，単なる利便性のためだけに石器が用いられたのではなく，そこに社会的知能が加わることによって，石器がある種の宗教的行為に用いられるようになった。石器が社会的文脈において何か特殊な意味を帯びるようになったのは，こうした人類の認知的流動性が心の進化の過程で生じた結果と考えることができる。

ここまでを総合して考えると次のようなことがいえるだろう。

石器時代を通じて，ある種の石器が広い地理的範囲にわたって交易の対象となっていた。この意味で石器は交換的価値をもっていた。しかし先史時代の人類は，石器に石で加工された道具的価値以上のものを見出していた。石器は象

徴的な存在として，そこに呪術的な力を見出すようになったり，農業を基礎とした定住生活によって生じた階級社会における威信財としての性格を帯びるようになった。威信財とは，階級が上の人間が下の人間に対して自分の権威を示すために用いる財のことである。

これらの事実から，ある産地または作り手の石器が一種のブランドの役割を果たしていたと推定することができる。ここでいうブランドとは，商品が機能的道具としての価値以上の高い交換価値をもち，所有者にとって威信財として何らかの社会的価値を生じさせたことを意味する。つまり，先史ブランドとは，①実用的価値，②呪力的価値，③威信財的価値，④美的価値，など複数の価値をもったブランドとして流通していたと考えられる。

2 原ブランド——有史以降の古代

原ブランド（proto-brand）とは，文字による記録が始められ，「歴史」が開始されて以降に生じたブランドのことである。原ブランドは，交易・取引に際して取引者や製造者の信用・商品の信頼性を保証するため，あるいは，一定の品質を約束する産地を表示する目的で用いられた。また偽造を防ぎ，公的な背景を持ち，正統性をもった商品であることの証としてブランドが用いられた。

原ブランドと先史ブランドの違いは，そのブランド商品自身に人間が感知しうる，ブランドとしての最小限の記号性を原ブランドがもっている点にある。すなわち，何らかの使用価値以上の意味をもち，ある程度の体系的な象徴や形象が用いられていたのが原ブランドなのである。

世界最古の文字は古代メソポタミアで発生した（Collon [1990]）。この古代メソポタミア地方では，紀元前5000年以前からスタンプ印章が作られていた。紀元前4000年以上前，シュメール人が作ったワインの円筒印章（roll sealまたはcylinder seal）とは，ワイン樽の盗飲を防ぐ目的で，口を密閉するためにつくられた大理石などの小さな丸い棒のことであり，ワインの醸造主がわかる（古賀 [1973] [1975]）。

また，メソポタミア南部文明のウル遺跡（現在の南イラク）からは，女王プア

メソポタミア文明の円筒印章に刻まれた晩餐会の様子

（出所）　ペンシルバニア大学考古学博物館ウェブサイト（http://www.penn.museum/sites/wine/winemesopotamia.html；2012 年 10 月 8 日確認）。

ビの墓から発掘された紀元前 2600 年から 2500 年ごろのラピスラズリ（瑠璃）の円筒印章に，酒を酌み交わす晩餐会の様子が描かれている（Cylinder Seal of Pu-abi）。

また，エジプトのカイロの南にあるタルカン（Tarkhan）から発掘されたエジプト第一王朝時代のワイン容器には，漢字の四に似た形の印と，その右に並んで逆 U 字型をした刻印が発見されている。ここには，容器中の内容物の製造元と配布先の情報と，当時のワイン管理システムにおいて容器をどのように扱うべきかについての情報が含まれている（Mawdsley [2006]）。

また，同じ古代エジプトの第一王朝時代のアビドスから出土したワイン容器のワインストッパー（ワイン容器の栓）にはファラオの名前が刻印されているのが発見されている（University of Pennsylvania Museum of Archaeology）。ここにはヘテログリフ文字でエジプト王ファラオの名前に加えて，「ワインブドウ」とその産地を意味する文字が円筒印章により刻まれている。

このような古代世界の印章にブランドの原点を見出すことができる（Moore and Reid [2008]）。これを原ブランドと呼ぶことにする。

原ブランドは，紀元前 2600 年のインダス文明にも見出される。Moore and Reid [2008] の記述に従えば，この前期青銅器時代の印章は，四角形をしており，一角獣，虎，サイ，水牛などのモチーフが刻まれている。これらがブランドであった証拠は，これらの印章が通商の証拠書類として取り扱われていたからである。つまりこうした印章に刻まれた動物や象徴は，自分たちの商品であ

第 10 章　ブランドの歴史　213

アビドスから出土したワイン容器のワインストッパー

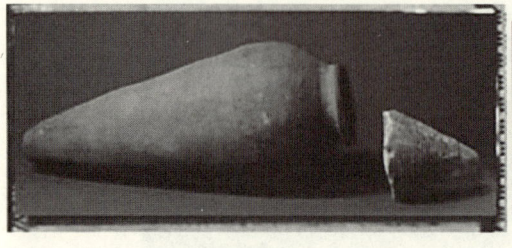

(注) エジプト第一王朝時代のワインストッパーにファラオの名前「デン（Den）」が刻印されている（アビドス〔Abydos〕出土，ペンシルバニア大学考古学博物館蔵）。
(出所) ペンシルバニア大学考古学博物館ウェブサイト（http://www.penn.museum/sites/wine/wineegypt.html；2012年10月8日確認）。

ることを証するために用いられたのである。

　これらの印章は，情報を示す目的で使われ，製造者・販売者・政府関係者であることを表示して，仕分けや貯蔵・運搬などの何らかのマーケティング目的のために用いられたと考えられる。またこうした象徴的な動物が刻まれていたことは何らかの売り手に関する情報が表現されていたとも解釈できる。印章には，豊穣の象徴であるシバ神が刻まれていた例がある。

　紀元前825年から336年の鉄器時代に，古典古代ギリシャでは，陶器への陶師のサインがブランドとして機能していた。紀元前580年頃のものといわれる陶器には，「ソフィロスが私を描いた」という銘が刻まれているのがみられる。ソフィロスとはアテネの最初の陶師といわれ，自分の名前が刻まれることを誇っていた。

　以上ムーアらの考察をベースとしてまとめるならば，原ブランドにおいては，商品の生産地・生産者，品質などの「情報」と，権力と価値という「イメージ」という2つの特徴が認められる。しかし近代ブランドと比較すれば，原ブランドは，情報としてのまとまりや一貫性を十分にはもっていなかった。

　一方，古代歴史学者の鷲田睦朗は，前2世紀中葉から4世紀にかけてのローマ期イタリアにおけるワイン産地ブランドについて論じている（鷲田［2005］）。ワインは古代地中海世界において文明を象徴する存在として認められてきた。大プリニウスの『博物誌』などの古代ローマの文献によれば，ローマの共和制末期にワインのイタリア産地ブランドが誕生した。イタリア初の産地ブランド

は「ファレルヌム」(Falernum) と呼ばれ，この誕生は前1世紀中葉である。ファレルヌムとは，もともとナポリがある南部カンパニア地方最大の都市カプアの属領，現在のモンドラゴーネを指した言葉である。

ペトロニウス作「サテュリコン」の一節には次のように，解放奴隷で財を成したトリマルキオが客をワインでもてなす場面がある（木村編［2011］133頁）。

　すぐにガラス瓶の葡萄酒が運ばれてきた。丁寧に石膏で封印され，首のところにこのような銘札がつけてあった。
　「オピミウスの年のファレルヌス酒，百歳」
　ぼくらがこの銘をたしかめているとき，トリマルキオンは手を叩いて言った。
　「やれやれ，こうしてみると葡萄酒は可哀想な人間よりもずっと長生きをするな。そこでわしらも酒をがぶのみしよう。酒こそ人生だ。本物のオピミウス酒を進呈する。」

大プリニウス（22/23〜79年）は『博物誌』の中で「ワインの有名ブランド（genera nobilia）は世界中に約80あるが，この数の内，3分の2がイタリアに」ある，と述べている（鷲田［2005］21頁）。なぜ当時ファレルヌム産のワインがブランドになったのだろうか。その理由は，まず良質なワインが生産できるようになったこと，次にギリシャワインの輸入増加による市場拡大，といった理由のほかに，カエサルがファレルヌムを饗応に用いたからでもある。ファレルヌム産のワインはいわば「高級ブランド」として受け止められていた。

これら歴史上の断片的な知識をつなぎ合わせると，文字が用いられるようになった人間の歴史の始原，古代世界において，ワインや陶器などの商品が一部の社会階層によって「消費」されるようになり，また，交易活動が開始された時代においてブランドの原型が発達してきたことがわかる。こうした原ブランドは，商品の交易の信用に役立った。商品の真贋を保証し，商品の持ち主を同定化し，取引に立ち会った証拠を残し，さらに，商品の盗難から守ってきたのである。

第10章　ブランドの歴史　　215

3 前近代ブランド

　前近代ブランド（pre-modern brand）とは，近代以前の中世・近世社会で，食品や調味料，嗜好品，道具などごく限られた商品分野で用いられたブランドを指す。こうした時代はヨーロッパにおいては，西ローマ帝国が476年に滅亡した後，19世紀に至るまで1400年近く続いた。後に述べるように，われわれが今日見るような近代ブランドは19世紀以降の産物であるから，長きにわたってブランドが非活発な時代が続いたことになる。

　なぜブランドが活発でない時代が長く続いたのだろうか。それはブランドの成立を可能にする経済社会的条件が十分にそろっていなかったためである。日本やヨーロッパの中世においては，以下に見るように，限られた範囲の商業・工業活動でしかブランドが成立する余地がなかったし，せっかく発達しかけた産地ブランドも中途で途絶する事態が起こっていた。

⌘ ヨーロッパの前近代ブランド

　13世紀中世フランスのトロワでは，都市が繁栄していた（Gies and Gies [1982]）。この時代に都市と呼べる街は北西ヨーロッパではごく限られており，トロワはその限られた都市の1つであった。トロワが栄えた大きな理由は，そこに大きな市（シャンパーニュ大市）があったからである。経済の興隆を背景として，西ヨーロッパの毛織物をイタリア経由で地中海に販売し，香辛料などの地中海の贅沢品を西ヨーロッパで売るための市場が必要とされ，トロワは市として栄えた。こうした西洋中世の都市において，ブランドが使われる場はごく限られていた。小売商の個店のブランド，パンに刻印された焼き印などの流通ブランドがあった。「パン屋のなかには質や量をごまかす者もいるため，パンには店の焼き印を入れる決まりになっていた」（Gies and Gies [1982] 訳書374頁）。当時の北西ヨーロッパでは有数の規模を誇る中世トロワの市で，ブランドらしき存在はやはり産地ブランドだった。「どの町も毛織物の産地としての評判を守ることに必死だった」（同302頁）。

しかしこうした国際商業システムは16世紀にいったん中断する。16世紀ヨーロッパでは「世界システム」が揺らぐ事態が起こっていた（Wallerstein [1974]）。1557年，スペインとフランス両国が経済的に破産を宣告している。16世紀の世界経済の中心に位置していたスペイン帝国はこれをきっかけに没落が始まった。この事態は，覇権がオランダに向かうきっかけとなった。「全世界がここで躓いた」（Wallerstein [1974] 訳書18頁）。こうした事情から遠方交易をベースとしたブランドは，これ以上発展することができなかったと考えられる。

一方，知的財産の保護に関して次のような史実がある。中世のイギリスで1300年に，エドワードⅠ世は宝石商人に金と銀を，ロンドンの貨幣検質所（Goldsmith's Hall, Assay Office）によってあらかじめ刻印されていない限り，売買することを禁じる勅令を出した（Trademark Bureau; The Assay Office）。刻印を偽造する人間は死刑に処せられた。これは知られている限り最も早い知的財産を保護するための商標の使用に当たる。

さらに，嗜好品の市場においては次のような動きがあった。

17世紀には1652年にロンドンにコーヒーハウスができ，イエメンから出荷されるコーヒー豆はヨーロッパ各地にカフェの出現をもたらした（臼井 [1992]）。この時期に出現したコーヒー・ブランドとは「アラビア・モカ」である。モカはアラビアのイエメンの港であり，当時独占的にヨーロッパに向けた船舶の寄港が許されていた。このためにアラビア産のコーヒーがモカと呼ばれるようになったのである。「モカ」という輸出港の名前を冠したコーヒー・ブランドは，その後，モカ港が没落したにもかかわらず，20世紀に至って復活する。

16世紀の絶対主義王制のヨーロッパにおいて，1570年当時からタバコが普及してきた。タバコもまたコーヒーと並ぶ当時の世界商品であった。18世紀初頭にはタバコはさまざまな包装紙に包まれて販売され，"De Fortuin" というブランド名がみられるようになった（上野 [1998]）。

⌘ 日本中世のブランド

中世社会でブランドの萌芽として注目されるのが，平安時代の貴族社会にお

ける「唐物」ブランドの存在である（河添［2008］）。唐物ブランドとは主に中国などから輸入された海外の「舶来品」ブランドのことである。唐物には次のような品々があった。「沈(ぢん)」「麝(じゃ)香(こう)」「衣(い)比(ひ)」「丁(ちょう)子(じ)」などの香料類，白檀などの貴木，「蘇(す)芳(ほう)」などの染料，「陶(とう)砂(さ)」と呼ばれる陶土，「紅(こう)雪(せつ)」「檳(びん)榔(ろう)子(じ)」などの薬品類，「皮(かわ)衣(ぎぬ)」と呼ばれた毛皮，中国の越州窯で制作された「秘(ひ)色(そく)青磁」のような青磁器，「瑠(る)璃(り)壺」と呼ばれたガラス器などである。1001年頃に完成した紫式部の『源氏物語』には，こうした平安貴族が珍重し，威信財として保有また贈与された舶来ブランド品が記述されている。

　平安朝からさらに時代が下り，13世紀後半から日本では「銭」が流通し始めた（網野［2006］）。貨幣流通によって商品流通が促進され，全国規模で商品経済が広がったのである。

　14世紀半ば，南北朝から室町時代初期にかけて，当時書かれた『庭訓往来』の中に各地の名物と並んで「河内鍋」の名前がある（笹本［2002］）。当時河内（関西の河内国丹南郡）の鋳物師は全国的によく知られた存在であり，全国の梵鐘の81のうち50（62％）をつくり，河内の鋳物師が各地の需要に応じて全国各地に定住していた。職能集団によって財が大量につくられ全国に流通するという状況が中世の全国ブランドを生み出したのである。

　室町時代（1336～1573年）に生まれた，日本でおそらくはじめての本格的ブランドであり，かつ「商標」に近い存在が，京都の「柳酒」である（吉田［1997］，レファレンス協同データベース［2010］）。柳酒は，下京五条坊門西洞院（現在の仏光寺通西洞院南西）の柳酒屋が醸造した酒であり，当時の狂言や日記などの文献にも頻繁に登場した。美酒として知られ，贈答品として珍重された。当時，柳酒は六ツ星紋を商標にしていた。柳という名前の由来には，店の前に大きな柳の木があったという説と，柳の樽を使用したという説の2つが伝えられている。

　柳酒ブランドについて室町時代の文献には以下のような記述がある（『角川古語大辞典』，情報言語学研究室［2010］）。

　　「柳と云酒は，唐土にもよい酒を柳と云ぞ。日本の京にも云ぞ」『板本湯山聯句抄・三』（1504）。

「酒は柳一荷,加之(しかのみならず)天野,南京の名物」『尺素往来』
(1522写本,室町時代後期,一条兼良著)
「松の酒屋や梅つぼの,柳のさけこそすぐれたれ」『狂言集・餅酒』

　柳酒の背景には,京都の造り酒産業の隆盛がある。室町時代の1425 (応永32)年に調査された,「洛中洛外酒屋名簿」には,合計342軒の造り酒屋が登録されていた(小野[1981])。中世京都では,15世紀当時,酒造屋が北野神社を中心に集中していた。柳酒はこうした酒造業の競争の中で,評価を勝ちえていたのである。
　なぜ室町時代に柳酒はブランドになりえたのか。京都という当時の経済・文化の大消費地において,大規模な日本酒の製造がなされるようになり,おそらくは酒造業同士の競争に勝ち残ってきたこと。また,当時の政治経済上の有力者(貴族・武士)に支持を得たこと,また地方に出荷されてその名前を知らしめたことなどが考えられる。
　しかし後代,柳酒を含む京都産の日本酒の競合相手が次々と出現した結果,柳酒は斜陽化した(吉田[1997])。しかし柳酒は文献上でも明確に確認できる,本格的な前近代期ブランドの嚆矢(こうし)であった。
　15世紀以降の室町時代には,「法論味噌(ほうろみそ)」「金山寺味噌(きんざんじみそ)」(径山寺味噌)の名が登場する。法論味噌は『下学集』に,奈良のお寺で法論の際に用いられたゆえの命名で,「ほうろみそ」などの名前で一般に知られるようになった。『七十一番歌合』(室町時代末期1500年頃成立した職人を唄った和歌集)に「ほうろみそ売り」が登場する(平野[1985] 45-47頁)。

「夏まではさし出ざりしほうろみそ　それさえ月の秋をしるかな」
「うとくみならの都のほうろみそ　ほろほろとこそねはなかりけれ」

　当時,味噌は自家製造がふつうであり,20世紀に入っても「手前みそ」という言葉があるように,農村部では味噌を買うことは恥ずかしいこととされていた。したがって,このほうろみそや一部の味噌(尾張味噌,三州味噌,南部味噌)のような近世に入って人々に知られた味噌は,むしろ例外的に市販されて

いた味噌であったと考えることができる。

⌘ 江戸期のブランド

江戸期に発達したブランドは図10-1に示した「ブランドの歴史的発達過程」における「前近代ブランド」に位置づけられる。江戸期の代表的な金融ブランドとして「三井両替店」，流通ブランドとして「三越」がある。「三井家の家祖」三井高利(たかとし)は「店先売(たな)り」と「現銀(金)掛け値なし」という新しいビジネスモデルを編み出し，新たな小売業ブランドを世界に先駆けて創出した。このほかにも，薬品・食品・日用品などにわたってさまざまなブランドが発達した（大伏 [1988]）。たとえば，団十郎艾(もぐさ)（薬品），唐豆腐（食品），読書丸（丸薬）長命寺桜餅，越川屋の袋物，加賀屋のギヤマン（上等な舶来品ガラス器），山東庵の煙管，瀧水，剣菱（清酒）などである。

江戸期ブランドの特徴として，①商品カテゴリーとして食品・嗜好品・日用品など広い範囲にわたっていた，②引札というメディアを通じてブランド・エクイティが育成された，③厳しいブランド間競争が繰り広げられていた，ことがあげられる。

江戸期ブランドは前近代ブランドから近代ブランドへ発達する中間形態として大きな意義をもっていた。

4 近代ブランド

近代ブランド（modern brand）とは，19世紀末以降20世紀末おおよそ1980年代までに展開された大量生産・大量消費の時代に登場した，マーケティングや販促を目的として，ブランド名やブランドに関するさまざまなシンボルを意図的に備えたブランドのことである。近代ブランドの最大の特徴は，商標やシンボルなどそのブランドのアイデンティティを証する体系的な象徴性の存在にある。

近代ブランドの出自は3つある。

①　イノベーション・ベースのブランド：自社が起こした独自のイノベーシ

ョンをベースとして発達したブランド。主に消費財ブランドとして登場している。
② 巨大企業ブランド：産業革命後に巨大な装置産業あるいは国家からの資本投入によって出現した巨大企業グループ・ブランド。重工業，鉄道，化学工業，金融などの，大資本を投入して築かれた大規模な企業体であり，日本では主に財閥ブランドとして現れた。
③ フォロワー・ブランド：自社独自のイノベーションではなく，①②のブランド群の模倣あるいはフォロワーとして市場に登場し成功したブランド群である。

以下では主に，この①と②の近代ブランドについて考察する。

⌘ イノベーション・ベースのブランド

　この時期に華々しく時代のスポットライトの中へ登場したのは，消費者パッケージ財である。食品や日曜雑貨の分野で，小分けされ，パッケージに入れられ，低価格で購入頻度の高い製品が消費者パッケージ財である。大量生産技術と流通・物流網の発達，中産階級の消費者層の増大などがこうした商品の登場を支えていた。

　こうした19世紀末に生じたブランドの新しいステージは「包装革命」の下に起きた（Pomeranz and Topik [2006]）。産業革命によって商品が大量に生産されるようになると，これらの商品を保存・貯蔵・運送される必要が生じた。タバコ・食品・日用品などが小分け包装されて販売されるようになったのである。さらに，20世紀には香水・ワインのような贅沢品を包むガラスボトルが開発され，あるいは，時代を下ると第二次世界大戦後には，冷凍食品やアイスクリームのように温度帯によって異なる商品が販売されるなど，包装形態は多様化した。

　このように包装がブランドを形成した例には枚挙にいとまがない。アメリカでアンホイザーブッシュ社のバドワイザー・ビールは1876年に低温殺菌法を採用し，瓶詰めにして鉄道網を利用し，全米に売ったことで，はじめてのビールの全国ブランドが確立された。

　ミツカン（中埜酢店）の7代社長中埜又左エ門（政一，当時は襲名前）は戦後

の1940年代，ほかの業者によって，自社の商標が刻印された空き樽に，価格は安いが品質は劣悪な他社の合成酢が詰められ流通しており，自社ブランドの価値が傷つくのを目撃していた（株式会社中埜酢店 [1986]）。このため断行されたのが，それまでの樽詰め・壺詰に代わる，お酢の全面的な瓶詰化であった。製菓会社の井村屋も，大正初期（1910年代）に，当時量り売りがふつうであった時代に「くじ付き甘納豆」を箱に入れるアイデアを実行し，今日の事業の基礎を形成した（井村屋製菓 [1996]）。消費者プロモーションと個別包装とを同時に実現したのである。

近代ブランドが本格的に登場するのは19世紀後半の「第二次産業革命」の時期に当たる。第二次産業革命とは1870年から1914年の時期を指している（Mokyr [1998]）。第一次産業革命によって鉄道や自動織機などの産業財を生産する装置ができた。第二次産業革命では，消費者が買ったり使ったりする消費財が製造販売されるようになった。新制度派経済学者のノースは産業革命の結果として起こった19世紀後半からの経済変化を「第二次経済革命」と呼び，産業革命よりもはるかに本質的な変化であったと論じている（North [1981]）。科学と技術が融合し，企業の収益率が高まったからである。資本集約型の技術が生まれ，新しい産業組織が必要とされるようになった。

この時期に広がった商品として嗜好品がある。タバコや酒などの嗜好品においてはブランドが早い時期から出現している。その理由は，いくつかある。

1つはこうした製品は当初，家内工業において「大量生産」と「大量流通」が可能になったことである。つまり同じ機能や性質をもった製品が一定程度の数量つくられるようになったため，それを標準化されたパッケージに収めて流通させることができるようになった。このためブランドが発生する余地が生じたのである。

もう1つの理由は，こうした嗜好品が快楽をもたらすため，快楽をブランドによって商品を特定化することが消費者にとって利便性があったからである。つまり消費者はこのブランドを用いれば快楽を味わうことができるというように条件づけられたのである。

⌘ タバコブランドの発達

タバコ喫煙の習慣は 17 世紀前半にかけて世界中に浸透した（上野 [1998], 和田 [2004]）。アメリカにおいては，19 世紀末，パイプタバコ会社の W. T. ブラックウェル社が 1869 年に出した雄牛（ブル）のトレードマークで知られた「ダーナム」(Durham) というブランドは当時高い評判を得ていた。

同じダラムでパイプタバコや噛みタバコをつくっていたデュークは今日のタバコ・ブランドの基礎をつくり出した。デュークはブラックウェル社に対抗して，1881 年に紙巻きタバコ（シガレット）を発売した。彼は当時発明されたばかりの紙巻きタバコ高速巻上機を用いて，大量生産に賭けたのである。当時ボンサックという人物が発明し特許を取得したボンサック式巻上機は，1 日 1 台当たり 12 万本のシガレットを製造でき，手巻き職人の約 50 倍の生産能力があった。しかも機械の操縦は 3 人で事足りたという。

デュークは宣伝販売戦略に注力するとともに，シガレット以外のタバコ市場の企業をも合併し 1910 年に至って全米タバコ市場の 4 分の 3 を支配していた。しかし 1911 年のアメリカでのトラスト解体を命じる最高裁の判決以来，デュークの会社は 4 つに分割された。その 1 つの R. J. レイノルズ社はブランド「キャメル」を成功させた。キャメルはそのパッケージと広告デザインにひとこぶラクダの「オールド・ジョー」という呼称のキャラクターを用いて消費者に親しまれるブランドを形成した。

その後，フィリップ・モリス社が 1930 年代以降「フィリップ・モリス」ブランドで，タバコ市場のシェアを伸ばした。1974 年に至って世界のシガレットの 39.4% が，上位 6 社（BAT，フィリップ・モリス，R. J. レイノルズ，ロスマンズ，インペリアル，アメリカン・ブランズ）の多国籍企業によって占められ寡占化が進んだ。

⌘ 日用品ブランドの発達

19 世紀のアメリカで，マコーミックによる刈り取り機械の発明は，農業の生産性を上げ，小麦などの穀物生産増加に貢献した（Petrick [2012]）。また自動車会社のフォード流の生産ラインを応用した大規模な食品生産工場ができ，「キャンベルスープ」や「ハインツ」などのブランドが誕生した。

1898年にW.K.ケロッグによってコーンフレークの製造方法が発明された後，1906年にミシガン州のバトルクリークでケロッグ社を立ち上げている。ケロッグはシリアル食品の創始者としてアメリカ人の朝食の習慣を変えたイノベーターであった。

　ナビスコ社ができたのはやはり1898年，ニューヨークビスケット会社とアメリカンビスケット会社が，そのほかの100社以上のパン製造会社を統合し，この会社は後にナビスコと呼ばれるようになる。今日，ナビスコはオレオ・クッキーやリッツ・クラッカーなどを販売し，スナックの分野で第1位を誇っている。

　ヨーロッパでも1867年にドイツ人の薬剤師であったアンリ・ネスレが牛乳の加工品をスイスで製造・発売し，子どもの栄養状態を解決しようとした。アンリ・ネスレは自社の商品ラインを拡張させることに熱心で早い時期から国際化を志向している。1905年にはアングロサクソン乳業会社とネスレ社が合併して，今日のネスレの原型を形作っている。

　食品以外で，早い時期にブランド化を果たした日用品の1つは石鹸である。プロクター・アンド・ギャンブル社（P&G）がアイボリー石鹸を発売したのは，1879年である。それまでの同社の柱事業の1つだったローソクがオイルランプに取って代わられ，1876年の売上のピークを過ぎた後で出たのがアイボリー石鹸ブランドであり，同社を救うヒット商品であった。

⌘ 日本の消費財ブランド

　日本の消費財ブランド・メーカーも，この20世紀に入る時期の前後に多く，イノベーションをベースとしたブランドの地保を築いている。

　味の素は1908年に商品「味の素」を発売している。この商品の素は，グルタミン酸ナトリウムであり，東京帝国大学教授で，「旨み」成分を発見した池田菊苗により製造特許が取得され，味の素の前身である鈴木製薬所によって発売されている。

　資生堂の創業は1872年で，資生堂薬局として銀座で開業し，97年に高級化粧水である「オイデルミン」を発売して化粧品業界に進出している。オイデルミンは当時最新の処方に基づく化粧水であり，ボトルのデザインは芸術性を帯

びていた。また1923年，日本初のボランタリー・チェーン・システムである「チェインストア制度」を導入し，化粧品小売の流通を整えた。さらに，1937年には化粧品愛用者組織である「資生堂花椿会」を発足させ，「制度品ビジネスモデル」を確立した。

　こうした流通制度の革新は，後に松下電器産業（現パナソニック）によって1953年の「ナショナル連盟店制度」に引き継がれていく（日高［1999］）。日本の戦後においては，ナショナル（現パナソニック），ソニー，シャープ，サンヨー，東芝，日立など数多くの家電ブランドが出現する。特にソニーはその商品戦略の巧みさから世界的に評価の高いブランドを1970年代に至る時期に確立した。

　サントリーは1899年鳥井信治郎が大阪で鳥井商店を開業し，葡萄酒の製造販売を始めたことに起源をもつ。その後，赤玉ポートワインの発売（1907年）を経て，1921年に寿屋を設立，23年には日本初のモルトウイスキー蒸溜所である京都郊外・山崎工場の建設に着手している。国産ウィスキー製造への歩みを始めたのである。

　赤玉ポートワインの製造を当時担当していたのはニッカウヰスキーの創業者である竹鶴政孝であった。竹鶴は摂津酒造に勤務していたが，後に，スコットランド留学の後，鳥井信治郎社長に招かれ寿屋に入社，日本のウィスキーづくりに貢献する。竹鶴はその後1934年に至って寿屋を退社し，ニッカを創業した。

⌘ 商標制度の成立

　19世紀の初頭までブランドという言葉は存在しなかった（Pomeranz and Topik［2006］）。登録商標は19世紀に世界の主要地域で法制度として整備された。イギリスでは世界で最も早く整備され，1862年虚偽表示を禁止する商品標法が制定された。さらに，1875年に先使用主義による商標登録法が成立した。

　アメリカでは，1840年代からいくつかの州が登録商標保護に乗り出した。商標制度がアメリカ政府によって連邦法としてつくられたのは1870年であり，商標登録に関する統一的立法が制定された（大島［2010］）。日本では，1884（明

治17) 年の商標条例によって近代的な商標制度がスタートしている。

✥ 大企業ブランド

19世紀の終わりから20世紀の初頭にかけて，特にアメリカで，今日のアメリカ経済の基礎を形作った大規模な企業体がいくつも誕生した。そのうちのいくつかは今日でもブランドとして，その力を誇示している。たとえば，ロックフェラーやカーネギーの名前は，大学・財団・建築物・ホールの名前として今日知られているが，これらはこの時期に誕生した大企業創業者たちがこれらの施設を寄付して名前を残した跡なのである。

ロックフェラーはジョン・D. ロックフェラー（1839～1937年）によって，最初は石油産業の製油所経営から出発して，競争相手を買収して水平統合を行い，精油を運ぶ鉄道会社とカルテルを結び，また垂直統合を行いながら，次第に巨大企業へと変身していった（安部［2001］）。1892年にはスタンダードオイル社として，全米原油生産の25％を占めるまでになった。

1911年，スタンダードオイル社は時のウィルソン政権のもとで，解体判決を受ける。それらの解体された後の企業は，後に石油企業のセブンシスターズに名を残している。エクソン（旧スタンダード・オイル・オブ・ニュージャージー），モービル（旧スタンダード・オイル・オブ・ニューヨーク），ソーカル（旧スタンダード・オイル・オブ・カリフォルニア，現在はシェブロン）の3社である。

化学工業の分野でも，1802年にアメリカで創設されたデュポン社は当初創立者の家族が支配していたが，従兄であるピエール・デュポン（1870～1954年）たち3人の手によって1903年に買収された。ピエールはデュポン社を火薬専業の企業から，総合的な化学企業へと変貌させた。大規模企業ブランドになるためには，技術力や商品の革新性だけでなく，組織マネジメントにおいても革新を起こすことが必要なのである。

ドイツの発明家カール・ベンツ（1844～1929年）は，1885年に自動車を発明し，自動車を史上はじめて実用化した。ベンツはエンジンのみならず，エンジンを動かすための気化器・点火装置，自動車が曲がるための補正ギア，エンジンを冷やす冷却器，エンジンをかけたままで車軸に回転が伝わらないようにするクラッチ，ハンドブレーキ，ステアリングなど自動車に関する多くの発明を

成し遂げた。今日の自動車もこうしたベンツの発明を基礎に動いている。ベンツの名前は「メルセデス・ベンツ」社のブランドに生き続けている。

　フォード・モーター社は，1903年にヘンリー・フォード（1863～1947年）によって創立された。フォード社はシカゴの食肉加工業者の流れ作業に影響を受け，1906年に大衆車の生産に限定すると宣言し，07年からN型，08年から有名なT型フォードの量産を開始した。1927年までの18年間フォード社はT型のみを生産し続けた。

　しかし生産体制で先を行っていたフォード社は，後にゼネラルモーターズ（GM）の後塵を拝するようになる。ブランド戦略という点において，GMはフォード社よりも先駆的であった。ブランドの個性や違いを際立たせることで，大衆車から高級車に至るピラミッド型のブランド・ポートフォリオを実現し，このブランド階層に沿って消費者がより高級で大型の車に乗り換える戦略を実行したのである。GMのブランド戦略は経営戦略とマーケティング戦略・コミュニケーション戦略を一体化させたものとして，特筆に値する。

✠ 日本の大企業ブランド

　日本の近代において勃興した企業集団として「財閥」の存在が知られている（安岡［1990］）。

　財閥ブランドの代表である「三井」の起源は，1673年に伊勢松坂から江戸に進出した呉服店にある。三井家は幕府の呉服御用達として財をなした。しかし幕末にかけて業績は窮迫した。こうした窮状を救ったのは幕末から維新の混乱状況であり，朝廷の出納所御用を引き受けることで，幕府から明治政府へ食い込むことが可能となった。1876（明治9）年に三井銀行を創設し，三井物産会社も同じ時期に設立した。三井財閥は時代の影響を受け，何度も破綻の危険に見舞われながら，優れた番頭＝経営者の登場によってこうした危機を乗り越えてコンツェルン化していった。

　三菱財閥の起源は明治維新期に活躍した岩崎弥太郎（1834～1885年）である。1873（明治6）年に土佐藩の交易事業を引き継ぐ商会会社を三菱商会と改称し，岩崎はこの会社の主宰者となった。三菱商会はその後，高島炭鉱などの炭鉱や銅山の経営，造船業，蒸気船の海運事業を行うことで成長していった。この過

程で三菱は明治政府との結びつきを強めていく。また東京海上火災保険や明治生命保険，日本鉄道会社の設立にも三菱はかかわる。三菱財閥は明治時代に，鉱山業・造船業・銀行・倉庫業・商業などの事業を多角化経営するに至るのである。

　このように，財閥グループは国家と結びつくことで企業グループとしての地盤を固め，大企業ブランドとして自らを確立していくに至る。

⌘ ブランド・マネジメント

　ブランド・マネジメントの歴史の上で画期的な出来事だったのは，1931年5月13日，当時，P&G社のマネージャーだったニール・マッケロイ（1904〜1972年）がブランド・マネジメントという概念をメモで発表したことである（Dyer, Dalzell, and Olegario [2003]）。それは「ブランド担当者の職務と責任」と呼ばれるメモであり，ブランド・マネージャーが把握すべきデータ，注意すべき点，なすべき任務，学習のための心構えなどを記している。

　たとえば，担当ブランドの出荷状況を個数単位，地域単位で把握し，販売状況の良い地域と悪い場所を分析し，効果の高いマーケティング戦略を組み合わせるように指示した。またマッケロイはブランドを管理するチームのあり方を示していた。

　マッケロイの考え方に沿って，マーケティング部門ではさまざまなスキルが要求されるようになったため，P&Gではアシスタント・ブランド・マネージャーから出発し，経営陣に昇格していくキャリア・コースができあがった。このメモによって個別の商品について，ブランドを単位として管理することで，ブランドという抽象的な存在をマネジメントする考え方が生まれたのである。

5　現代ブランド

　現代ブランド（contemporary brand）が近代ブランドと異なるのは，ブランドがマネジメントの対象となり，ブランド力がマーケティング活動の中心的存在となった点にある。さらに，ブランドが適用される商品がモノからサービス，

ソフトウェア，金融，オンライン・プラットフォームなどの無形商品や企業・組織体にまで広がった点である。

近代ブランドと現代ブランドの分水嶺は1980年代末イギリスにおけるブランド・エクイティへの着目である。ブランドはこの時期，企業の無形資産の1つとみなされるようになり，1980年代以降の世界でより拡張された存在となった。

現代ブランドの特徴は，その対象・体系・意味の3つの次元の拡張として捉えることができる。

⌘ ブランド化対象の拡張

モノだけでなく，サービス，成分，技術，オンライン・プラットフォーム，観光地，都市などブランド化される対象が広がった。サービス経済の興隆とともに，サービス業がブランドを活用して事業を伸ばしてきた。先駆的な例は，ケンタッキーフライドチキンやマクドナルドのような，フランチャイズ・ビジネスである。

さらにHSBC（旧香港上海銀行）やシティバンクなどグローバルな金融ビジネス，マイクロソフトのようなソフトウェアビジネス，あるいは，グーグルやフェイスブックのようなオンライン・ネットワークのプラットフォーム・ブランドの例をあげることができる。半導体メーカーであるインテル社はPentiumを成分ブランドとして成功させた。「GOA」（トヨタの衝突安全ボディ），環境に関連したマツダの「スカイアクティブ」（環境技術）や衝突被害軽減ブレーキであるスバル・レガシィの「Eye Sight」など自動車分野では技術ブランドづくりも活発に行われている。

さらに，各都市間また観光地間のグローバル競争が激化し，場所のブランディングが国家の支援によって活発に行われるようになった。イギリス・韓国・香港などでは国家（地域）ブランディングが試みられている。オリンピックのようなスポーツ競技開催や，MICEのような国際会議招致活動においても都市ブランディングがより重要と考えられている。

スポーツ界においてはスポーツ主宰団体によってブランドがさまざまな形で有用な武器として活用されるようになった。たとえば，イギリスのサッカーリ

ーグである「プレミアム・リーグ」，アメリカのプロ野球リーグ「MLB」，日本のプロサッカーリーグ「Jリーグ」などの成功例がある。スポーツ競技もまたブランド化され，スポンサーを集めるために「オリンピック」「サッカーワールドカップ」などは大規模な世界的スポーツイベント・ブランドとして成長してきた。

　エンターテインメント業界でもブランドは活用されている。古典的成功例はウォルト・ディズニーである。ディズニーは「ディズニーレシピ」を1957年に描き，映画やテーマパーク，出版を中心に，「ディズニー」ブランドを基軸として，コンテンツを活用して収益を生む仕組みをつくりあげた。映画界におけるブランド化の成功例は，1977年にはじめて公開された『スター・ウォーズ』であり，映画興業収入だけでなく関連キャラクターグッズの販売も合わせて商業的に大きな成功を収めた。「シルク・ドゥ・ソレイユ」はカナダから始まったパフォーマンス・アートであるが，エンターテインメント業界において新しいカテゴリーを創造し，ブランド化することに成功した。

　非営利団体もまたブランドを重視するようになった。「ユニセフ」は世界の子どもを援助する非営利組織であり，1990年代にブランド力を強化する施策を実行することで，より強力な組織へと変わることができた。ブランドはまた，社会集団にも拡張されている。たとえば，西側諸国から「テロリスト集団」として考えられている「アルカイーダ」は，ネットワークの「ブランド」として専門家から捉えられている。

　また，商標制度の面からも，これまでのように，文字や平面図形（ロゴ，キャラクター，シンボル）だけが商標ではなくなっている。1996年に立体商標制度が，また2005年に地域団体商標が導入され，商標概念が少しずつ変更されてきた。日本では近年次のような新しい商標のありようが検討されている（江幡［2011］）。①動きの商標，②ホログラムの商標，③輪郭のない色彩の商標，④位置商標，⑤音の商標，である。

⌘ ブランド体系の拡張

　企業ブランド・商品ブランドのほかに，サブブランド，ホールディングス・ブランド，事業ブランド，ディーラー・ブランドなど，ブランドの体系がより

複雑化している。これは企業の事業体系が変化し，より多様な企業のあり方が実現されてきた結果であるが，これにともなって，どのようにブランドを配置し，どのようにそれぞれのブランドを活用すべきかが課題となってきた。

「セブン＆アイ・ホールディングス」はテレビ広告でもその名称を訴求し，HDブランドを高めるような努力を行っている。「伊勢丹三越ホールディングス」も独自のブランド・シンボルをもち，単なるデパートの集合体以上の存在として自らを主張している。

また買収したブランドをどのように位置づけるかも課題となっている。M＆Aが活発化し，企業やブランド・事業が売買の対象となるにともない，獲得したブランドのエクイティをどのように最大化し，活用するか。たとえば，P＆G社は，「ジレット」など数々の巨大ブランドを獲得し，自社のブランド・ポートフォリオを組み替えながら強化している。日本でも花王は「カネボウ」ブランドを取得して自社のポートフォリオに組み入れている。

企業は単に事業を統合整理するだけでなく，新たに取得したブランドパワーをどう活用して，自社の既存のブランド力とあわせて，どのようなシナジーを形成するかが問われるようになったのである。

⌘ ブランド意味の拡張

ブランドが，商品カテゴリーの意味だけでなく，ライフスタイル・マインドスタイル，社会的理念などの幅広い意味をもつようになった。「無印良品」に見られるように，共通した価値観や理念によって裏打ちされたブランドが出現して，単体の商品カテゴリーだけを表出するブランドのあり方は大きく変化した。「パタゴニア」はファッション・ブランドの1つではあるが，環境を重視した創始者の理念が貫かれて，一部に熱心なファン層を形成している。

「ツタヤ」のように，もともとビデオレンタルから出発しながら，インターネットの普及により，ツタヤチャネルを提供することで，ツタヤブランドがもともともっていた「ソフトの豊富さ」「便利さ」を残して，新しい事業に拡張するような例もここに含まれる。「タニタ」はヘルスメーターから出発して「丸の内タニタ食堂」のような健康生活へ拡張したブランドを形成してブランド評価を高めた。

GEのように，複合化した事業体系に対応して，抽象化したブランドの意味を包括するようなメガブランドが登場した。GE，フィリップス，日立製作所，富士フイルムなどの電機・化学産業ではリストラクチャリングによって，もともとの本業とは異なった事業分野を数多くもつようになり，企業ブランドの意味が変容するようになった。P&G，ユニリーバ，コカ・コーラ，ペプシコは，"ハウス・オブ・ブランズ"（企業ブランドを冠しない個別ブランドをしたがえる）として，強力な商品ブランドを数多く保有している。

こうした結果，ブランドがもつ意味は複合化し，より抽象的理念によって異なった事業分野の個別ブランドをカバーするようになった。

おわりに

本章では，歴史の中のブランドの発展と変化の歴史を展望してきた。ここでの主要な発見とは，①ブランドの起源は1つではなく，多様でありうること，②ブランドの歴史的発展過程は重層的であること，③ブランドがその時代の商品生産形態と交換（取引）形態，さらに競争環境の3つから影響を受けて変化してきたことである。ブランドの今後の変化の方向性は，この3つの要素によって規定されると考えられるのである。

＊本章は現在執筆中の書籍からその一部を縮少したものである。本章のフル・バージョンは別途発表される予定である。

参考文献

Allen, F. L. [1939] *Since Yesterday*, Harper & Row.（藤久ミネ訳『シンス・イエスタデイ——1930年代・アメリカ』筑摩書房，1990年）

American Marketing Association [2007].（http://www.marketingpower.com/mg-dictionary.php?SearchFor=brand&Searched=1）（brandの項目）

Braudel, F. [1997] *Les Ambitions de l'Historire*, Editions de Fallois.（浜名優美監訳『〈ブローデル歴史集成Ⅱ〉歴史学の野心』藤原書店，2005年）

Christin, A-M. (ed.) [2012] *Histoire de L'ecriture*, Flammarion.（澤田治美監修『世界の文字の歴史文化図鑑——ヒエログリフからマルチメディアまで』柊風舎，2012年）

Collon, D. [1990] *Near Eastern Seals*, British Museum Press.（池田潤訳『オリエントの印章』（學藝書林，1998年）

Cylinder Seal of Pu-abi, The British Museum（http://www.britishmuseum.org/explore/highlights/highlight_objects/me/c/cylinder_seal_of_pu-abi.aspx）（2012年10月8日確認）

Dyer, D., F. Dalzell and R. Olegario [2003] *Rising Tide: Lessons from 165 Years of Brand Building at Procter & Gamble*, Harvard Business Press.（足立光・前平謙二訳『P&G ウェイ——世界最大の消費財メーカー P&G のブランディングの軌跡』東洋経済新報社，2013年）

Gies, J. and F. Gies [1982] *Life in a Medieval City*, HarperCollins Publishers.（青島淑子訳『中世ヨーロッパの都市の生活』講談社，2006年）

Kellogg's "Discover Out Best Days in the US"（http://www.kelloggs.com/en_US/our-history.html）

Mawdsley, L. [2006] "A First Dynasty Egyptian Wine Jar with a Potmark in the Collection of the Australian Institute of Archaeology," *Buried History*, 42, pp. 11-16.（http://www.potmark-egypt.com/images/attachment//BH42Mawdsley3.pdf）（2012年10月8日確認）

Mithen, S. [1996] *The Prehistory of the Mind: A Search for the Origins of Art, Religion, and Science*, Thames and Hudson.（松浦俊輔・牧野美佐緒訳『心の先史時代』青土社，1998年）

Mokyr, J. [1998] *The Second Industrial Revolution, 1870-1914*, Manuscript, Northwestern University.（http://faculty.wcas.northwestern.edu/~jmokyr/castronovo.pdf）

Moore, K, and S. Reid [2008] "The Birth of Brand: 4000 Years of Branding," *Business History*, 50(4), pp. 419-432.

North, D. C. [1981] *Structure and Change in Economic History*, W. W. Norton & Company.（大野一訳『経済史の構造と変化』日経BP社，2013年）

Petrick, G. M. [2012] "Industrial Foods," in Jeffrey M. Pilcher (ed.) *The Oxford Hand-Book of Food History*, Oxford University Press, pp. 258-278.

Polanyi, K. [1977] *The livelihood of man*, Academic Press.（玉野井芳郎・中野忠訳『人間の経済——交易・貨幣および市場の出現』（上・下）岩波書店，2005年）

Pomeranz, K. and S. Topik [2006] *The World that Trade Created: Society, Culture, and the World Economy, 1400 to the Present*, M. E. Sharp.（福田邦夫・吉田敦訳『グローバル経済の誕生——貿易が作り変えたこの世界』筑摩書房，2013年）

Renfrew, C. [2007] *Prehistory: Making of the Human Mind*, Weidenfeld & Nicolson.（小林朋則・溝口孝司訳『先史時代と心の進化』ランダムハウス講談社，2008年）

Richardson, G. [2008] *Brand Names before the Industrial Revolution*, Working Paper 13930, National Bureau of Economic Research.（http://www.nber.org/papers/w13930）

Tedlow, R. S. [1990] *New and Improved: The Story of Mass Marketing in America*,

Butterworth-Heinemann Ltd.（近藤文男訳『マス・マーケティング史』ミネルヴァ書房，1993 年）

The Assay Office, Hallmarking History. (http://www.theassayoffice.co.uk/hallmarking_history.html)（2013 年 11 月 6 日確認）

Trademark Bureau Mytkhun (Moldova) "History". (http://www.tmprotect.idknet.com/eng/history.html)（2013 年 11 月 6 日確認）

Trentmann, F. (ed.) [2012] *The Oxford Handbook of the History of Consumption*, Oxford University Press.

University of Pennsylvania Museum of Archaelogy "Egypt". (http://www.penn.museum/sites/wine/wineegypt.html)（2012 年 10 月 8 日確認）

Wallerstein, I. [1974] *The Modern World-System: Capitalist Agriculture and the Origin of the European World-Economy in the Sixteen Century*, Academic Press.（川北稔訳『近代世界システム――農業資本主義と「ヨーロッパ世界経済」の成立』岩波書店，2006 年）

安部悦生［2002］「ロックフェラーと石油産業」安部悦生・壽永欣三郎・山口一臣編『ケースブック アメリカ経営史』有斐閣，55-88 頁。

網野善彦［2006］『日本中世に何が起きたか――都市と宗教と「資本主義」』洋泉社。

池谷信之［2005］『黒潮を渡った黒曜石――見高段間遺跡』新泉社。

井村屋製菓［1996］『美食創造物語』（同社パンフレット）。

上野堅實［1998］『タバコの歴史』大修館書店。

臼井隆一郎［1992］『コーヒーが廻り世界史が廻る――近代市民社会の黒い血液』中央公論社。

江幡奈歩［2011］「商標制度を巡る最近の動きと今後の課題」『特許研究』51，22-32 頁。

大島厚［2010］「米国商標制度の概要――商標登録実務を中心に」『知財管理』60(7)，1049-1070 頁。

小野晃嗣［1981］『日本産業発達史の研究』法政大学出版局。

大伏肇［1988］『資料が語る日本の広告表現千年の歩み――古代・中世・近世編』日経広告研究所。

株式会社中埜酢店［1986］『七人の又左衛門――風雪，ミツカン百八十年の足音』（同社発行小冊子）。

河添房江［2008］『光源氏が愛した王朝ブランド品』角川学芸出版。

木村凌二編［2011］『ラテン語碑文で楽しむ古代ローマ』研究社。

古賀守［1973］『ドイツワイン』柴田書店。

古賀守［1975］『ワインの世界史』中央公論社。

黒耀石体験ミュージアム［2004］『黒耀石の原産地を探る――鷹山遺跡群』新泉社。

笹本正治［2002］『異郷を結ぶ商人と職人――日本の中世 3』中央公論新社。

佐原真［2008］『縄紋土器と弥生土器』学生社。

情報言語学研究室［2010/9/22］「やなぎ【柳】」。(http://club.ap.teacup.com/hagi/472.html)（2012 年 7 月 17 日確認）

壽永欣三郎［2002］「デュポン社」安部悦生・壽永欣三郎・山口一臣編『ケースブック

アメリカ経営史』有斐閣，90-109 頁。
壽永欣三郎［2002］「自動車産業とフォード」安部悦生・壽永欣三郎・山口一臣編『ケースブック アメリカ経営史』有斐閣，110-126 頁。
壽永欣三郎［2002］「フォードと GM」安部悦生・壽永欣三郎・山口一臣編『ケースブック アメリカ経営史』有斐閣，127-144 頁。
田村正紀［2011］『消費者の歴史——江戸から現代まで』千倉書房。
竹岡俊樹［2011］『旧石器時代人の歴史——アフリカから日本列島へ』講談社。
林玲子・作道洋太郎［1996］「商品流通の発達」井上光貞・永原慶二・児玉幸多・大久保利謙編『幕藩体制の成立と構造（上）』山川出版社，289-308 頁。
日高謙一［1999］「小売店専売化におけるインセンティブ・システム——高度成長期における松下電器のショップ店政策」『経済論叢別冊 調査と研究』（京都大学）17，23-41 頁。
平野雅章［1985］『醬油味噌の文化史』東京書房社。
ブローデル，フェルナン（金塚貞文訳）［2009］『歴史入門』中央公論社。
牧野昇・会田雄次・大石慎三郎監修［1991］『大江戸万華鏡』農山漁村文化協会。
「三井の歴史」。(http://www.mitsuipr.com/history/edo/tanjo.html)
安岡重明［1990］『財閥の経営史——人物像と戦略』社会思想社。
吉田元［1997］『江戸の酒——その技術・経済・文化』朝日新聞社。
レファレンス協同データベース［2010/6/12］「柳の酒」。(http://crd.ndl.go.jp/GENERAL/servlet/detail.reference?id=1000067817)（2012 年 7 月 17 日確認）
鷲田睦朗［2005］「ローマ期イタリアにおけるワイン産地ブランドの誕生」『古代文化』（財団法人古代学協会）57(9)，28-40 頁。
和田光弘［2004］『タバコが語る世界史』山川出版社。

【ケース1】

グローバル・ブランド構築の戦略的要因
サムスン電子の5つの革新期を超えて

徐　誠敏

はじめに——本ケースのねらい

　世界的経済危機の中でも，持続的な成長を続け，業界をリードするグローバル企業に共通しているのは，顧客が本当に求めている潜在的なニーズを探り当てて，それを製品やサービスの具体的なかたちにして提供することである（島田［1999］）。すなわち，グローバル成長企業は，持続的な成長を実現するために，各国の顧客・消費者・市場の潜在的なニーズに迅速かつ的確に対応し，マーケットイン（market-in＝顧客の論理）の製品展開を行うことで，世界に通用するブランド構築に取り組んでいる。これが，市場競争の原点であるといえる。言い換えれば，グローバル・ブランド[1]構築には，顧客無視の供給者の論理（product-out）ではなく，顧客の論理という発想が根底にある。

　上記のような視点でグローバル・マーケティング戦略を徹底的に実践することで，比較的短期間でグローバル企業として成長すると同時に，グローバル・ブランド構築に成功した企業が，サムスン電子[2]である（表11-1参照）。したがって，本ケースでは，グローバル・マーケティングとブランディングの視点から，サムスン電子の競争力の発展プロセスに焦点を当てて考察することで，同社が世界市場で存在感のあるグローバル・ブランドになった戦略的要因を明らかにしたい（図11-1参照）。

表11-1 グローバル・ブランド（Best Global Brands）ランキング2013

2013年順位	ブランド名	価値（億ドル）	2012年順位
1	Apple	983.16	2
2	Google	932.91	4
3	Coca-Cola	792.13	1
4	IBM	788.08	3
5	Microsoft	595.46	5
6	GE	469.47	6
7	McDonald's	419.92	7
8	**Samsung**	**396.10**	**9**
9	Intel	372.57	8
10	Toyota	353.46	10

（出所）　Interbrandkoreaより筆者作成。

図11-1　サムスン電子の競争力の発展プロセス

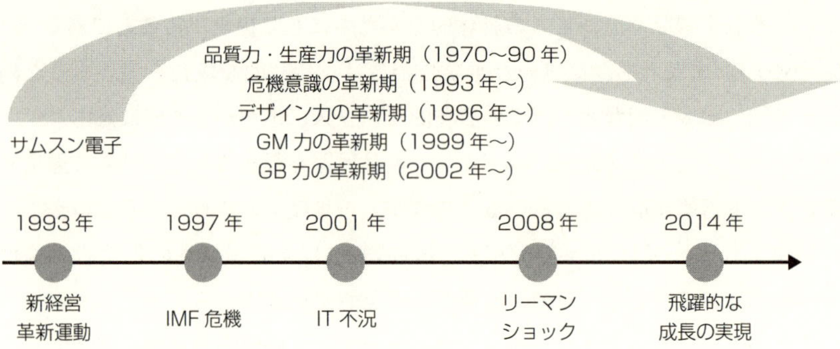

サムスン電子

品質力・生産力の革新期（1970～90年）
危機意識の革新期（1993年～）
デザイン力の革新期（1996年～）
GM力の革新期（1999年～）
GB力の革新期（2002年～）

1993年　新経営革新運動
1997年　IMF危機
2001年　IT不況
2008年　リーマンショック
2014年　飛躍的な成長の実現

（注）　GM: global marketing. GB: global brand.
（出所）　徐［2012］27頁をもとに一部省略・加筆。

1 サムスン電子の競争力の発展プロセス

⌘ 品質力・生産力の革新期（1970年代前半～90年代後半）

サムスン電子は，約30年間にわたり，品質力・生産力を向上させるために日本企業から技術能力を，「吸収段階（1970年代前半）→模倣段階（1970年代後半）→改良段階（1980年代）→革新段階（1990年代前半）→国際化段階（1990年代後半）」というプロセスを通してダイナミックに学習してきた（曺・尹[2005]）。本節では，こうした一連のプロセスを「品質力と生産力の革新期」（技術学習のダイナミズム）と呼ぶことにする（徐[2012]）。また，同社の技術は，1960～70年代では組立および生産の効率性，80～90年代では開発のスピードと品質改善，2000年代では21世紀の技術ビジョンを，技術革新の力量の向上と源泉技術の確保に重点を置きつつ，発展してきたともいえる（シン＝イ＝ハ[2009]）。

特に，サムスン電子が21世紀のグローバル競争時代において真のグローバル超一流企業として躍進するために注力した分野は，半導体，LCD，携帯電話などである。ここでは，自己技術なしでは企業の存立自体が不可能であるという李健熙会長[3]の強い意志がうかがえる。同社はこれだけで満足せず，グローバルに通用する強力なブランドを確立するために，自社独自の技術力の強化に積極的に取り組み始めるようになる。なぜなら，世界的なブランドの多くは，技術開発にたゆまぬ努力を続けて進化しているからである。

これを意識しながら，同社は，自社独自の技術でつくったサムスン・ブランドのグローバル・プレミアム戦略を実現するために，OEM（original equipment manufacturer: 相手先ブランドによる製品製造）企業から，ODM（original design manufacturer: 相手先ブランドによる設計・製造）企業へ，さらにOBM（original brand manufacturer: 自社ブランドによる製造）企業へとさらなる進化を遂げている。すなわち，同社は，単に製品をつくる三流企業から，技術を開発する二流企業へ，ブランドをつくる世界の一流企業へと成長しているといえる。

⌘ 危機意識の革新期（1993年～）

　今日のサムスン電子の急成長の起爆剤となったのは，1993年6月に行われた，李会長による「新経営宣言」であるといっても過言ではない。この「新経営宣言」が行われた理由は，当時，韓国国内市場シェア・ナンバーワンというポジションにあぐらをかき，同社の経営幹部のほとんどがまったく危機意識をもっていなかったからである。このような状況が続いた結果，同社は，組織内部に官僚主義，事なかれ主義，縦割り主義などが蔓延し，組織の非活性化をもたらす「大企業病」にかかっていた。これに大きな危機感を感じた李会長は，「新経営宣言」後，価値創造，自社ブランドの戦略的なマネジメント，利益重視，経営幹部をはじめとする組織内部の全従業員の危機意識の向上，製品の差別化と企業経営のあり方そのものの革新に本腰を入れて取り組むことになる。

　「新経営宣言」の中で最も重要なポイントであると同時に，近年のサムスン電子の躍進における最も大きな原動力となったものに，3PI運動がある（畑村・吉川［2009］）。すなわち，①全社員の仕事を変える徹底した意識改革とグローバル人材の養成を強化することでサムスン・グループ全体の企業文化を確立するための「パーソナル・イノベーション」(personal innovation)，②コストや収益性を重視しつつ，グローバルなものづくりに対応できる情報システムを構築するための「プロセス・イノベーション」(process innovation)，③マーケットイン志向（顧客志向）に基づいたデザイン・ブランド戦略を強化することで，グローバル市場に通用する革新的製品を生み出すための「プロダクト・イノベーション」(product innovation) を起こし，同社は急成長を果たすことができたといえる。

　とりわけ，同社が最初の大革新として推進したのは，組織内部で変化を恐れ，または最も変化させにくい，経営幹部たちの危機意識を高めると同時に，全従業員の意識改革を実現させるための「パーソナル・イノベーション」であった。したがって，「新経営宣言」が行われたこの時期を「危機意識の革新期」と呼ぶことにする。

　この大変革の一連のプロセスを見ると，李会長は，サムスン・グループのトップとしての強力なリーダーシップを通して組織内部の全従業員を束ねつつ，今後の経営戦略の意図および方向づけを示す「最高ビジョン提示者」の役割を

表 11-2 「新経営宣言」以降のサムスン・グループの変化

	1993 年	2006 年	93 年と 06 年の対比
売上高	8.1 兆ウォン	59.0 兆ウォン	7.3 倍
税前利益	0.5 兆ウォン	9.2 兆ウォン	18.4 倍
時価総額	3.1 兆ウォン	101.1 兆ウォン	32.6 倍
輸出額	67 億ドル	500 億ドル	7.5 倍
従業員数(海外含む)	6.8 万人	13.8 万人	2.0 倍

(出所) サムスン電子 HP より筆者作成。

果たすと同時に,つねに組織変革を推進する「カオス・メーカー」(chaos maker)の役割をも果たしてきたといえる。李会長の強力なリーダーシップの下で1993 年に行われた「新経営宣言」の成果は,時間の経過とともに変化している数値を見ると,一目瞭然である(表 11-2 参照)。

⌘ デザイン力の革新期(1996 年～)

1990 年代前半から製品のデザインの重要性にいち早く着目した李会長は,96 年を「デザイン革命の元年」と宣言し,自社ブランド戦略に本格的に力を入れた。そのため,この時期をサムスン電子の「デザイン力の革新期」と呼ぶことにする。なぜ,李会長は,製品のデザインの重要性にいち早く着目したのか。それは,当時のサムスン電子の「安かろう,悪かろう」というイメージから脱却して,プレミアム・ブランドのポジションを確立するためであった。1996 年,李会長が「デザイン革命宣言」を通して全社員に伝えたかったのは,21 世紀型の企業のパラダイム・シフトは単に製品を販売する時代から脱皮して,デザインの中に企業の哲学や文化を反映すると同時に,アイデンティティを付与して販売することで,世界市場で通用するグローバル・ブランドを確立しなければならないという意味だったに違いない。

したがって,デザインは,サムスン電子にとって最も重要な DNA であり,戦略的資産であるといえる。同社は,デザイン重視の経営戦略をバックアップするために,次のようなさまざまな工夫を行うことで,毎年デザイン競争力を高めている(シン=イ=ハ[2009])。その戦略的工夫には,① 1995 年「SADI

表11-3　サムスン電子の海外におけるデザイン賞受賞実績

		1996	1997	1998	1999	2000	2001	2002	2003	2004	2005	2006	2007	合計
年間受賞実績		5	7	6	8	11	26	18	17	33	63	80	63	337
IDEA		1	4	2	4	3	3	5	3	5	3	3	1	37
iF（独）	Product	—	1	3	4	4	11	5	4	8	12	24	26	102
	Communication	（2005年新設）									6	7	11	24
Red dot（独）	Material	（2006年新設）									1	—	2	3
	Product	1	—	—	—	—	—	—	—	8	15	17	23	67
	Communication	—	—	—	—	—	—	—	—	—	1	1	—	2
G Mark（日）		3	—	—	—	4	12	8	4	10	20	24	—	85
D&AD（英）		—	—	—	—	—	—	—	—	—	1	1	—	2
DFA（中-香港）		（2003年新設）							1	2	1	2	—	6
iF China（中）		—	—	—	—	—	—	—	1	2	1	2	—	6

（出所）　サムスン電子HPより筆者作成。

(Samsung Art & Design Institute)，IDS (Innovative Design Lab of Samsung) の設立」，②97年から毎年実施している「サムスン人賞デザイン部門」，③97年「デザイン賞の制定」，④2000年「デザイン優先経営宣言」，⑤01年「デザイン経営センター設立」，⑥05年「第2のデザイン革命：ミラノ宣言」，⑦06年「金型技術センター設立」などがあげられる。とりわけ，「デザイン経営センター」と「ミラノ宣言」を通して，同社は，世界的なプレミアム・ブランドとしての自社ブランドのアイデンティティとポジショニングの確立を図っている。それと同時に，CEOから現場の末端従業員に至るまで，デザインの意味と重要性を新たに認識し，デザインを最も重要な経営資源の1つと位置づけることで，組織内に創造的なデザイン文化の構築・強化を支援している。さらに，同社は，最先端の高級デジタル製品を中心としたワールド・ベスト戦略の本格的推進とともに，世界的権威である商品賞とデザイン賞において，他のグローバル競争企業を圧倒する受賞実績を上げ続けることになる（表11-3参照）。

　こうしたデザイン重視の経営戦略の成果により，サムスン電子の製品は，欧米市場で大ヒットを飛ばし，販売台数世界1位を誇るような製品を多く輩出することになる。たとえば，ワイングラスのシルエットをモチーフにデザインされた液晶テレビ「ボルドー」をはじめ，洗練されたデザインと高い技術力が融合したスマートテレビ，スマートフォン，携帯電話，タブレット端末機ギャラ

クシーなどを提供し，各国の顧客・消費者の心をつかんでいる。

⌘ グローバル・マーケティング力の革新期（1999年〜）

　サムスン電子の企業ブランド価値を高めるための活動は，1997年末「アジア通貨危機」を抜本的な構造調整で克服した後，本格的に実施された。同時に，同社はグローバル市場に目を向け，新しい需要を生み出すために，生産と販売を現地で完結するグローバル戦略を採用し，現地の特性に合わせて製品を開発し，現地流通網とアフター・サービスの体制を構築するなどといったグローバル・マーケティング活動を本格的に強化した[4]。とりわけ，1999年から，サムスン電子は，グローバル市場向けの革新的なマーケティング戦略や活動を展開することで，同社の製品の品質やブランド価値が，欧米の先進国市場において真に評価されるようになってきている。ここでは，この時期を同社の「グローバル・マーケティング力の革新期」と呼ぶことにする。

　また1999年，サムスン電子は，企業全体にまたがる「グローバル・マーケティング室」を立ち上げ，内部にブランド戦略チーム，製品イノベーション・チーム，地域戦略チーム等を設けることで，社内におけるブランドの重要性に対する認識の向上と現地化されたマーケティングの強化を後押しした。「グローバル・マーケティング室」では，次のような役割を果たしている（張［2009］119頁）。

　第1に，全社的なブランド戦略の立案と管理を行うことである。第2に，従業員のコンセンサスをつくり出すために，ブランド・ミッションとクリード（creed: 信条）をつくり体系化し，ブランドとは「消費者に対する私たちの約束である」ということを生産現場と管理職に対して徹底的に教育してその考え方を浸透させることである。このようなインターナル・ブランディング[5]（internal branding）活動を通して，同社は，ブランドを単なる商標の意味ではなく，重要な資産であり，そのために投資し，それを保護すべきであるということを全社員に認識させている。また第3の役割として，ブランドに対する投資を正当化するために，ブランド価値に影響を与えるあらゆる変数の数値化を行っている。数値化し，可視化することで，財務面の統制の強い同社の企業文化から，ブランドへの投資に対する反発が起こるのを未然に防ぎ，内部のコンセンサス

を構築するためである。

　こうして同社は，こうした「ブランド価値評価システム」を通して，未来のブランドに対する持続的な投資に対しての正当性を確保し，影響力の大きい事業部や製品群には集中的な支援を行うことができるようになった。

　このような「ブランド価値評価システム」を通して，サムスン電子は，携帯電話端末が投資額に対しブランド認知度の上昇効果が最も高い製品であると認識し，すべてのマーケティング資源を携帯電話端末に集中することで，パフォーマンスを大きく向上させることになった。携帯電話端末機にすべてのマーケティング資源を投入した理由の1つとして，消費者がつねに持ち歩く製品であり，ブランドの「見せる効果」が高い製品だからというのがある。

　とりわけ，2003年から，同社は，開放的で，親近感を与え，先端デジタル企業ブランドと製品ブランドのイメージを強調する「SAMSUNG DIGITall Everyone's is Invited」という広告コピーを使い始めた（韓国経済新聞社編 [2002] 59-64頁）。こうした一連のデジタルのイメージを強調する広告を出した後，同社は，2003年には『マトリックス・リローデッド』，05年には『ファンタスティック・フォー』，とりわけ06年には『スーパーマン・リターンズ』に，274の最先端のデジタル製品を供給する過去最大規模の「間接広告」[6] (PPL: product placement) を通して，世界各国の消費者に対し自社ブランドの認知度の向上とプレミアム・ブランドとしてのポジションの確立を促すことになった。このように，一貫した広告コンセプトのもとで，グローバル広告の標準化戦略が可能になったのは，世界中で50社にのぼっていた同社の広告代理店を一本化し，広告スローガンを1つに統一するなど，ブランドの広告戦略を本格的に強化してきた成果であるといえる。

　さらに，サムスン電子は，欧米先進国において自社ブランドの認知度を高めると同時に，プレミアム・ブランドとしてのポジションを確立するために，各国の顧客・消費者の琴線に触れる文化マーケティングとスポーツ（五輪）・マーケティングを戦略的に活用している。その結果，比較的短期間で自社ブランドの認知度の向上とプレミアム・ブランドとしてのポジションの確立，市場支配力の拡大に貢献している。このような地域密着型の文化マーケティングとスポーツ・マーケティングは，新興国市場でも同様であり，サムスンというグロ

ーバルな企業ブランド価値の向上と「サムスン電子＝革新的な高品質製品を作るデジタル時代のリーダー」というグローバル・プレミアム・ブランドとしてのポジションの確立に大いに貢献している。

それに加えて，同社は，近年東アジアだけではなく，欧米や中南米諸国にまで広がっている「韓流ドラマ」と「K-POP」を，欧米の先進国市場と新興国市場を開拓するための有力なビジネス・スタイルとして位置づけ，集中的に取り組むことで，同社の製品の積極的な海外展開・普及とグローバル・マーケティング活動を後押ししている。それと同時に，韓国独自の文化とライフスタイルに対するイメージを高めることで，韓国の国家ブランド価値の向上にも大いに貢献しているといえる。

⌘ グローバル・ブランド力の革新期（2002年〜）

2000年代に入ってから，サムスン電子は，デジタル製品の世界一流化戦略の強化とワールド・ベスト製品の育成に重点を置き始める。それ以来，同社は，最先端の高級デジタル製品を中心に先進国市場を本格的に攻略し，世界シェア・ナンバーワンの製品を拡大しワールド・ベスト戦略を展開することで，高級デジタルブランドとしてのプレミアム・イメージを確立することとなった。また，上記の活動を通して，同社は，比較的短期間で急成長を果たすと同時に，自社のグローバル・ブランド価値を高めた。その成果として，2002年以降，アメリカのビジネス週刊誌（『フォーチュン』『タイム』など）をはじめ，多くの海外マスコミが，同社に関する特集記事を相次いで組んだ[7]。その結果，2002年から同社のグローバル・ブランド価値は，時間の経過とともに大きく向上することになる。ここでは，この時期を「グローバル・ブランド力の革新期」と呼ぶことにする。

また，同社は，プレミアム・ブランドとしてのポジションを確立するために，中国市場を高付加価値戦略の実験の場と位置づけ，積極的に取り組んだ結果，1年経たないうちにそのポジションを確立することに成功した（シン＝イ＝ハ［2009］）。とりわけ，2004年に入り，同社は，世界最高の企業として知られているインテル，トヨタ，マイクロソフト，ノキア，ソニーを凌駕するか，それに匹敵するハイ・パフォーマンス，すなわち年間30％を超える成長率を見せ

図11-2 サムスン電子のグローバル・ブランドの成功要因とその一連の流れ

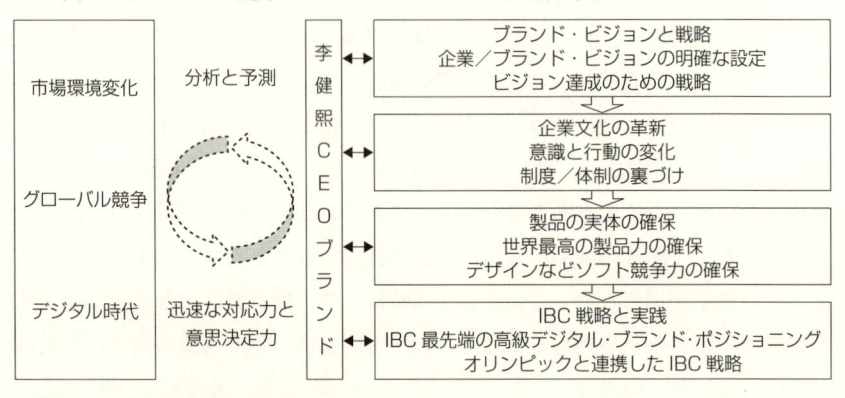

市場環境変化	分析と予測	李健熙CEOブランド	ブランド・ビジョンと戦略 企業／ブランド・ビジョンの明確な設定 ビジョン達成のための戦略
グローバル競争			企業文化の革新 意識と行動の変化 制度／体制の裏づけ
デジタル時代	迅速な対応力と意思決定力		製品の実体の確保 世界最高の製品力の確保 デザインなどソフト競争力の確保
			IBC戦略と実践 IBC最先端の高級デジタル・ブランド・ポジショニング オリンピックと連携したIBC戦略

(注) IBC: integrated brand communication.
(出所) チョ［2007］68頁をもとに加筆。

たことで，世界で最も成長の速い企業といわれるようになる（李［2006］）。

サムスン電子が世界市場で存在感のあるグローバル・ブランド構築に成功した理由として，次のような4つの戦略的要因があげられる。①明確なブランド・ビジョンの樹立と実践，②企業構成員の意識と行動変容など企業文化の革新，③ブランドの源泉である製品の実体の確保，④効果的なブランド・コミュニケーション戦略および実践などである（図11-2参照）。その他の要因としては，同社のグローバル・ブランド成功過程を主導してきた李会長のCEOブランドの存在も欠かせない。

2 李健熙CEOブランドがもたらす戦略的競争優位性

⌘ CEOブランドの定義

李会長は，強力なリーダーシップを発揮することで，サムスン電子を世界の一流企業として成長させてきた「CEOブランド」であるといえる。ここでいうCEOブランドとは，「企業のCEOが有する卓越した資質と能力，とりわけリーダーシップとコミュニケーション能力を発揮し，実質的な企業価値の向上に大いに貢献した結果，競合他社と異なる自社独自の企業ブランドの差別的な

優位性を生み出し，組織内部の社員のモチベーションを高めると同時に，組織内部と外部のステークホルダーに対し，さまざまな側面において多大な影響を与えることにより，一種のパーソナル・ブランドとしての役割を果たす企業の最高経営者」を指す（徐［2010b］149頁）。その代表的なCEOブランドとしては，Apple創業者であるスティーブ・ジョブズをはじめ，松下電器産業（現パナソニック）の創業者である松下幸之助などがあげられる。

したがって，企業はこのようなCEOブランドを構築・強化することで，組織内部の全社員をはじめ，顧客・消費者・株主・投資家なども彼らのファンになり，自社ブランドに対する信頼性も高めることができる。

⌘ PIとCEOブランドの違い

日本では，1980年代後半から使われているプレジデント・アイデンティティ（president identity：PI）という言葉がある（坂本［1989］，佐藤［1989］）。これは，企業トップの個性（顔），独自性を世間に絶えず訴えることで，企業そのものをPRし，企業イメージを向上させ，その結果，企業のパフォーマンスの向上を図ることができるという考え方である。すなわち，企業の最大の商品は社長であるということである。その代表的な例としては，松下幸之助があげられる。1980年代当時は，「あの松下さんの会社の製品だから」といって，どれだけ多くの人がナショナル製品を買ったか計りしれないものがある。

しかし，当時のプレジデント・アイデンティティの考え方には，企業トップがもつ強力なリーダーシップやコミュニケーション能力がもたらす大きな成果として，競合他社と異なる自社独自の企業ブランドの差別的な優位性を生み出すという視点がなかった。言い換えれば，企業トップが強力なリーダーシップやコミュニケーション能力を発揮し，自社の技術力・品質力の向上だけではなく，デザイン力・マーケティング力・人材力・企業ブランド力などを高めることで，実質的な企業価値の向上に貢献したというのが，CEOブランドの最も重要なポイントなのである。

⌘ 李健熙CEOブランドがもたらす戦略的競争優位性

CEOブランドに対する捉え方は，狭義と広義の2つの意味に分類すること

図11-3　CEOブランドがもたらす戦略的競争優位性

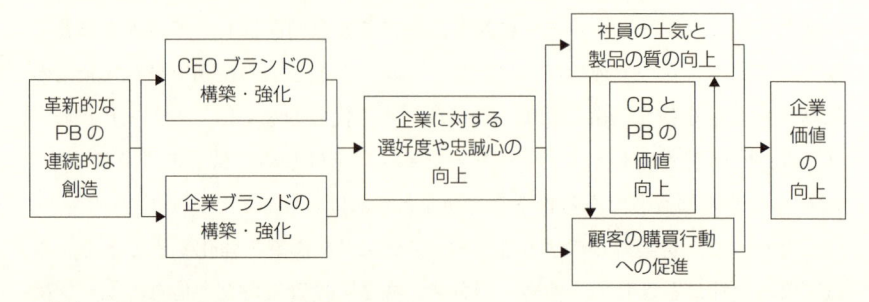

革新的なPBの連続的な創造 → CEOブランドの構築・強化／企業ブランドの構築・強化 → 企業に対する選好度や忠誠心の向上 → 社員の士気と製品の質の向上／CBとPBの価値向上／顧客の購買行動への促進 → 企業価値の向上

（注）　CB: corporate brand，PB: product brand.
（出所）　徐［2010b］224頁をもとに加筆。

ができる。狭義の意味としてのCEOブランドは，ブランド・パーソナリティ[8]の知覚に影響を与えるドライバー要因の中で，製品非関連特性（ユーザー・イメージ，スポンサー活動，シンボル，ブランドの年齢，広告スタイル，原産国，企業イメージ，エンドーサー機能を有する有名人など）の1つの要素として捉えることができる。一方，広義の意味としてのCEOブランドは，自社独自の企業ブランドと製品ブランドの価値と評判の向上に大いに貢献できる無形資産の重要な要素（intangible assets）の1つとして位置づけることができる。なぜなら，李健熙やスティーブ・ジョブズのようなCEOブランドは，組織内部の全社員の心を束ね，仕事に対するモチベーションを向上させることで，革新的な製品を次から次に生み出し，企業の実質的なブランドの価値と評判の向上に大いに貢献しているからである。

　たとえば，2002年，李会長は，製品の開発段階から抜け目なくデザインをチェックし，つかみやすく広く軽く薄いデザインを提案することで，通常「李健熙フォン」と呼ばれる革新的なデザインの携帯電話「SGH-T100」を発売し，全世界の販売台数1000万台という大記録を樹立した。いうまでもなくスティーブ・ジョブズも，デザイン開発に深くかかわって，iPod，iPhone，iPadといった革新的な製品を連続的に生み出すことで，Appleの急成長を遂げることができた。このような好循環を生むのが，CEOブランドがもたらす戦略的競争優位性であるといえる[9]（図11-3参照）。

3 新興国市場における地域密着型ブランド構築戦略

⌘ 新興国市場における地域密着型ブランド構築戦略の重要性

　近年，世界経済の牽引役としての存在感を増す新興国市場におけるブランド構築とシェア拡大は，日本企業にとって喫緊の課題である。日本企業が解決すべき課題のヒントは，新興国市場でのサムスン電子のグローバル・ブランド戦略にある。上述したように，同社は，グローバル市場における企業ブランド価値を高めるための戦略の一環として，グローバル・マーケティング活動の強化に注力している。また，同社のブランド戦略の特徴は，新興国市場においても先進国市場と同じプレミアム製品であるギャラクシーS・シリーズの投入と積極的かつ大規模な広告宣伝活動，現地に溶け込む文化マーケティングとスポーツ・マーケティングを基本としているところにある。とりわけ同社は，新興国それぞれの市場にスムーズに受け入れられるようなブランドづくりに力を注いでいる。このような同社のグローバル・マーケティング活動は，グローバル市場で通用する強いブランドづくりで最も重要な戦略の1つである。

　むろん，母国で成功したモデルをそのまま海外に展開する「標準化アプローチ」は，戦略・経営・事業をグローバルな規模で具体化し，展開する企業にとって効率的な方法であることに異論を唱える者はいないだろう。しかし，急速に台頭するBRICs，NEXT11といった新興国市場は，先進国市場とまったく異なる性質をもっている[10]。すなわち，新興国市場は，先進国市場と文化的・政治的・地理的・経済的な隔たりが大きいため，新興国市場に進出したすべての企業は，必ず「現地化圧力」（localization pressure）に直面する。このような企業の現地化圧力の解決と新興国市場開拓は，世界市場を単一市場と捉え経済効率性や規模の経済性を追求する世界標準化の視点に基づくアプローチでは実現できない。それらを実現するための効果的なアプローチとしては，新興国それぞれの国や地域ごとに異なる文化的・政治的・地理的・経済的な隔たりが存在することの重要性を再認識し，それを前提とするグローバル・マーケティン

表 11-4 新興国市場におけるサムスン電子の地域密着型ブランド構築戦略の成功事例

製品名	地域	特徴
TV	西南アジア	友達・家族とともに映画・音楽が共有できる機能
	インド	テレビ視聴者がよく見る番組を簡単に操作できるイージービュー機能
	中南米	サッカー・モード搭載，サッカー競技時の中継放送に最適化された画質と音質の提供
	中東	5つの地域でのアラビア語認識機能の拡大
	アフリカ	電圧が不安定でも画面の揺れを防止，無料衛星TV機能搭載
	中国	幸運・福を象徴する赤色の採用，8をモチーフにしたスタンドの採用
冷蔵庫	西南アジア	暑くてじめじめとした気候に反映した自動製氷機の搭載
	中南米	大家族とのパーティを楽しむ文化に着目し，果物・野菜の大量保管機能
	インド	盗難防止用の鍵付きの機能
洗濯機	西南アジア	フタに洗濯板を適用し手洗いが容易，移動式の車輪装着
	インド	頻繁に起きる停電に対応して動作が止まる前の状態を記憶する機能 伝統衣装のサリーを傷つけないようにする特殊機能
携帯電話	インド	電力事情を考慮して本体裏面に太陽光パネルの設置

（出所）サムスン電子HPより筆者作成。

グ戦略が有効である。

したがって，本節では上記のようなグローバル・マーケティング戦略を徹底的に実践することで，新興国市場においてグローバル・ブランドの構築に成功しているサムスン電子の取り組み事例を紹介することにする。すなわち，同社の新興国市場における「地域密着型=local relevance」ブランド構築戦略の仕方が「グローバル・ビジネスの常識」であると同時に，グローバル・ブランド確立につながることを明らかにしたい。

⌘ 新興国市場における地域密着型ブランド構築戦略がもたらす競争優位性

表11-4は，新興国市場におけるサムスン電子の地域密着型ブランド構築戦略の成功事例をまとめたものである。その代表的な例としては，2009年，同社がインドの電力事情を深く考慮して，本体裏面に太陽光パネルを設置し，太陽光を集め充電できるようにした携帯電話（グローバル・ブランド名：クレスト・グルー）があげられる。同社は，この革新的な携帯電話を世界で初めてインド市場に投入した。これは，8万ルクス程度の太陽光がある場所なら，1時間ほ

図11-4　新興国市場におけるサムスン電子のしたたかなグローバル・マーケティング戦略

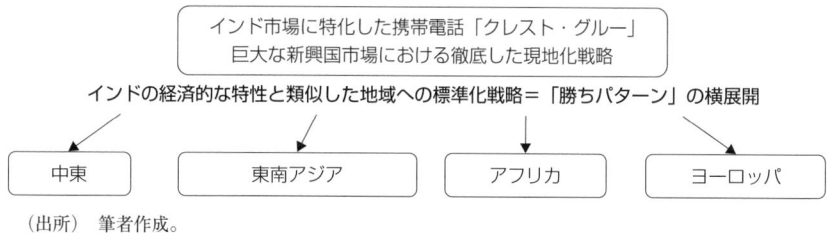

インド市場に特化した携帯電話「クレスト・グルー」
巨大な新興国市場における徹底した現地化戦略

インドの経済的な特性と類似した地域への標準化戦略＝「勝ちパターン」の横展開

| 中東 | 東南アジア | アフリカ | ヨーロッパ |

（出所）　筆者作成。

どの充電で5〜10分間通話できるというものである。また，都市・農村を問わず電力事情がよくないインドだが，この機器であればユーザーは別途電源がなくても手軽に携帯電話が利用できる。したがって，「クレスト・グルー」は，インド市場の経済的な特性を深く考慮して開発されたインド特化型携帯電話なのである。

　ここで注目すべき点は，同社のしたたかなグローバル・マーケティング戦略は，単なる地域密着型のものづくりにとどまらず，インド市場の経済的な特性と類似した新興国市場に汎用的に対応できる製品を発売することで，確実に高収益を生み出していることである（図11-4参照）。したがって，同社のこのような取り組みは，新興国市場におけるボリューム・ゾーン（volume zone）[11]を攻略するうえで，最も重要なグローバル・マーケティング戦略の1つであるといえる。

⌘「地域専門家制度」がもたらす競争優位性

　上述したサムスン電子の新興国市場における地域密着型ブランド構築戦略の最も大きな原動力の1つは，「地域専門家制度」（Regional Specialist Program）である。この制度は，同社の親会社であるサムスン・グループが1990年から導入し，これまでに約4400人以上の地域専門家を独自に育成することで，それぞれの国・地域のニーズを的確に把握し，彼らが本当に必要とする品質・価格・デザインを迅速に提供する「国・地域別市場最適化戦略」を中心とするグローバル・マーケティングを強化するというものである。

　もともと，この制度は1990年から李会長が，それぞれの国や地域で一から生活基盤をつくることにより，現地に溶け込み，その国の政治をはじめ，生活

文化への理解を深め，その専門家になる人材を育てるために導入したものである。また，1996年から，同社をはじめとするサムスン・グループは，グローバル人材不足の問題を解決するために，現地職員の養成を行う一方，より積極的な方法として自社の人材を国際化することにいっそう多くの努力を傾けている。

なかでも最も力を注いだのが，「地域専門家制度」である（全・韓［1997］146-147頁）。この制度は，グローバル化する世界経済の潮流に合わせて，つねに存在する各国別の政治・経済・文化的差異から生じる「現地化圧力」に適切に対応できるよう，企業の現地化能力を培い，海外の各地域で市場調査からマーケティングまで，現地人と同じくらいのレベルで，自信をもって業務が遂行できるようなグローバル人材を養成することに目的がある。とりわけ，この制度は，次のような3つの目的がある。それらは，①現地でその国の言語を学ばせる，②その国と地域社会の産業経済・文化・風俗などを習得させる，③現地の人との幅広い交流を通じて必要な人脈を築かせることによって，以後，同地域に駐在員として派遣する場合，あるいは国内で同地域の人とビジネスをする場合に備えて，有能な地域専門家として活用すること，の3つである。

2012年時点で，50カ国で285人が地域専門家として活動している。選ばれた社員は，3カ月間，合宿形式で語学研修を受けた後，1年間，業務から完全に離れて現地で生活する。期間中の給与は保証されるが，家探しから日々の生活，人脈づくりに至るまで，自力で行わなければいけない。サムスン電子は，人材育成にこれまでに320億円以上を投じている。ここで注目すべき点は，こうした長期にわたる大規模な投資プログラムは，企業の最高経営者の確固たる信念と強力なリーダーシップをはじめ，グローバル化のプロセスで最も重要なことが優秀なグローバル人材の養成である，という徹底した認識なしでは，実現できなかったと考えられることである。

研修後各国に派遣された地域専門家は，本社から支給されたパソコンとデジカメを使って毎週報告を行うことで現地の言葉や文化に精通するだけでなく，現地要人との人脈形成にも力を発揮している。また彼らが本社に報告したデータは，現地の最新情報であることから，現地化製品を開発するデータやマーケティング情報としても役立っている。

「地域専門家制度」のプログラムの終了後は，現地の専門家として市場開拓に携わることになる。また，現地法人トップとして活躍する道も開かれている。1990年代までは派遣先の60％が先進国であったが，2000年以降の派遣先は中東，アフリカ，中国，インドなど新興国が増えており，ここ5年間では80％がそれらの地域で占められている。現在，最も多い派遣先は，中国である。このほか，日本，アメリカ，中東，アフリカ，中南米，中央アジアなど，世界60カ国，700都市以上をデータベース化している。「地域専門家制度」は，まさにサムスン電子のグローバル化の根幹を支えているコア・コンピタンスにほかならない。すなわち，それぞれの国や地域の文化，価値観，習慣，生活様式などを体得させると同時に，実際の生活者でなければ気がつかないような，リアルタイムで生まれつつある新しいトレンドまでをも吸収し，それらを製品開発やマーケティング戦略，デザイン戦略などに活かすことで，新興国市場の開拓を促している。

　サムスン電子が中長期的な観点から取り組んでいる「地域専門家」の養成がもたらす利点は，次の3点があげられる。①各国の消費者の潜在的ニーズの的確な把握と迅速な対応，②各々の市場のニーズに応じて必要十分な機能・品質だけを提供する製品開発の革新，③各国・各地域の重要人物との緊密な交流関係の構築・強化，である。また，同社は，「地域専門家制度」を中長期的な視点から地域専門家を養成することで，先進国・新興国それぞれの市場において持続的に競争を優位に進めることができるようになる（図11-5参照）。

　以上をふまえて，企業が新興国市場で持続的な成長を実現するためには，地域密着型ブランドを構築するための「国・地域別市場最適化戦略」を徹底的に実践すべきである。もし日本企業がサムスン電子から学ぶということであれば，国境を越えたマーケティング活動を行う際に，国・地域ごとの文化的・政治的・地理的・制度的・経済的な隔たりの重要性を再認識すると同時に，それらの差異をグローバルな視点から統合的に活用して収益に結びつけることを前提としたグローバル・マーケティング戦略を徹底的に実践すべきであろう。

図11-5 「地域専門家制度」がもたらす競争優位獲得プロセス

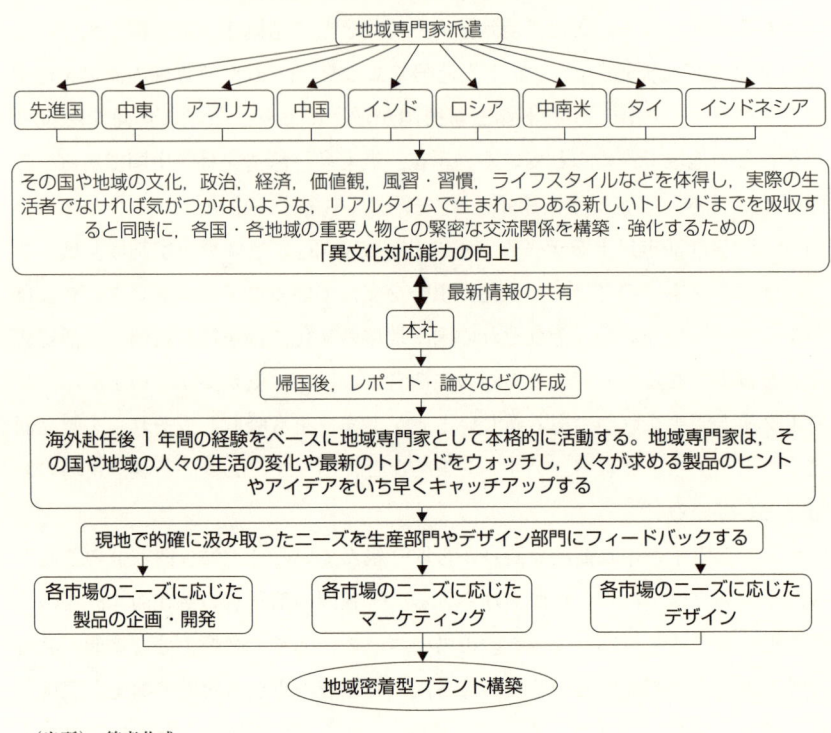

```
                        ┌──────────────┐
                        │ 地域専門家派遣 │
                        └──────────────┘
   ┌──────┬──────┬──────┬──────┼──────┬──────┬──────┬──────┐
 先進国  中東  アフリカ  中国  インド  ロシア 中南米  タイ  インドネシア
```

その国や地域の文化，政治，経済，価値観，風習・習慣，ライフスタイルなどを体得し，実際の生活者でなければ気がつかないような，リアルタイムで生まれつつある新しいトレンドまでを吸収すると同時に，各国・各地域の重要人物との緊密な交流関係を構築・強化するための「**異文化対応能力の向上**」

↓↑ 最新情報の共有

本社

↓ 帰国後，レポート・論文などの作成

海外赴任後1年間の経験をベースに地域専門家として本格的に活動する。地域専門家は，その国や地域の人々の生活の変化や最新のトレンドをウォッチし，人々が求める製品のヒントやアイデアをいち早くキャッチアップする

↓

現地で的確に汲み取ったニーズを生産部門やデザイン部門にフィードバックする

- 各市場のニーズに応じた製品の企画・開発
- 各市場のニーズに応じたマーケティング
- 各市場のニーズに応じたデザイン

↓

（ 地域密着型ブランド構築 ）

（出所）筆者作成。

おわりに——この事例からの学び

　近年，グローバル・ブランドとして存在感を高めてきたサムスン電子の事例を通して明らかになった主な知見は，以下のとおりである。

　今日のサムスン電子のグローバル・ブランド価値の向上は，先進国市場と新興国市場の特性に応じた，日本企業からダイナミックに学習してきた「ものづくり競争力」と，欧米企業からダイナミックに学習してきた「市場づくり競争力」とのハイブリッド戦略の確立と徹底した実践があったからこそ実現できたといえる（図11-6参照）。すなわち，「ものづくり競争力」と「市場づくり競争力」のハイブリッド戦略こそが，同社の成長の鍵となったのである。

図11-6 サムスン電子のものづくり競争力と市場づくり競争力のハイブリッド戦略

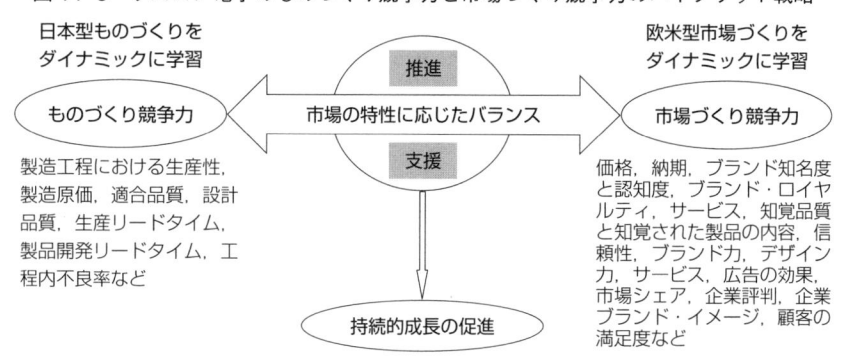

日本型ものづくりを
ダイナミックに学習

ものづくり競争力

製造工程における生産性，製造原価，適合品質，設計品質，生産リードタイム，製品開発リードタイム，工程内不良率など

推進
市場の特性に応じたバランス
支援

持続的成長の促進

欧米型市場づくりを
ダイナミックに学習

市場づくり競争力

価格，納期，ブランド知名度と認知度，ブランド・ロイヤルティ，サービス，知覚品質と知覚された製品の内容，信頼性，ブランド力，デザイン力，サービス，広告の効果，市場シェア，企業評判，企業ブランド・イメージ，顧客の満足度など

（出所）徐［2012］4頁をもとに加筆。

また，サムスン電子が存在感のあるグローバル・ブランドになった戦略的要因は次のとおりである。①グローバル・マーケティング力とデザイン力の強化，②企業のトップの強力なCEOブランドの戦略的競争優位性とグローバル・マーケティング活動への積極的な関与と支援，③地域密着型の文化マーケティングとスポーツ・マーケティング活動，④経営トップをはじめとする全社員が取り組む全社的なマーケティングの考え方，⑤新興国市場における「地域密着型ブランド構築戦略」，⑥社員の異文化対応力・グローバル対応力を高めるための「地域専門家制度」。

上記のすべての戦略的要因は，市場開拓・拡大の機会をつかむと同時に，製品が売れる市場環境の構築を促すものである。したがって，グローバルな成長・発展をめざす企業は，先進国市場だけではなく，新興国市場においても成長を果たすために，サムスン電子のような市場づくりをめざした仕組みづくりをベンチマーキングして，ベスト・プラクティスとして自社に取り入れて実践することも1つの選択肢として考えてみてもよいのではないだろうか。

注
1　ここでいうグローバル・ブランドは，Aaker［2000］と田中［2007］の定義づけに依拠し，筆者なりに改めて定義すると，次のとおりである。グローバル・ブランドとは，企業独自のブランド・ネーム，ロゴ，ブランド・アイデンティティ，ブランド・ポジショニング，ブランド・パーソナリティなどが世界的に標準化されたブランドであると同時に，複数の地域市場で競争力ある認知度と選好度を確保した企

業・製品・サービスのブランドのことである。
2　サムスン電子は，総合家電・電子部品・電子製品メーカーで，韓国の四大財閥企業の中で，最も規模が大きいサムスン・グループの中核企業である。
3　サムスン電子会長である李健熙会長は，以後，李会長と表記することにする。
4　「大企業のグローバル・マーケティングの強化」『毎日経済』1997年1月3日付。
5　ここでいうインターナル・ブランディングとは，「自社ブランドの目指すべき姿を中長期的な視点から組織内部に着実に定着させると同時に，それらを全社員が共有し，それらに則した形で顧客・消費者に対して一貫性のある行動ができるよう全社的に取り組む諸活動」を指す。詳しい内容については，徐［2010b］254-309頁を参照されたい。
6　ここでいうPPLとは，映画やドラマなどに自社製品を何気なく露出させ，消費者のブランドに対する知名度や認知度を高める広告技法を指す。
7　『中央日報』（日本語版）2002年3月25日付。
8　ここでいうブランド・パーソナリティとは，「ある所与のブランドから連想される人間的特性の集合体」を指す。Aaker［1996］訳書181頁。
9　ここで注意すべき点は，CEOブランドを単なるCEOのイメージ管理のレベルでとどめることではなく，これをブランド資産管理的な視点からマネジメントすることで，組織内部のステークホルダーだけではなく外部のステークホルダーの心（認識構造）の中に，ブランド価値や評判，信頼性などが高いCEOブランドとして位置づけることがきわめて重要なことである。
10　ここでいうBRICsとは，近年，経済発展が著しいブラジル，ロシア，インド，中国の4カ国の英語頭文字をつなげた造語である。NEXT11とは，BRICsの名付け親でもある世界最大級のアメリカの投資銀行ゴールドマン・サックス社が考え出した，BRICsの次に潜在的経済成長が見込まれる新興国11カ国の名称であり，それらの国は，ベトナム，フィリピン，インドネシア，韓国，パキスタン，バングラデシュ，イラン，ナイジェリア，エジプト，トルコ，メキシコである。
11　ここでいうボリューム・ゾーンとは，マーケティング用語や経済用語の1つであり，商品やサービスが最も売れる価格帯や普及価格帯という意味のほかに，中間所得層を指すこともある。

参考文献

Aaker, D. A. [1996] *Building Strong Brand*, The Free Press. （陶山計介・小林哲・梅本春夫・石垣智徳訳『ブランド優位の戦略――顧客を創造するBIの開発と実践』ダイヤモンド社，1997年）

Aaker, D. A. and E. Joachimsthaler [2000] *Brand leadership*, The Free Press. （阿久津聡訳『ブランド・リーダーシップ――「見えない企業資産」の構築』ダイヤモンド社，2000年）

李彩潤（洪和美訳）[2006]『サムスンはいかにして「最強の社員」をつくったか――日本企業が追い抜かれる理由』祥伝社。

韓国経済新聞社編（福田恵介訳）[2002]『サムスン電子――躍進する高収益企業の秘

密』東洋経済新報社．
坂本樹徳［1989］『プレジデント・アイデンティティの時代──企業イメージは社長できまる』PHP 研究所．
佐藤正忠［1989］『PI が会社を変える──「プレジデント・アイデンティティ」のすすめ』経済界．
島田晴雄［1999］『マーケット・パワー──日本経済再生の鍵』PHP 研究所．
徐誠敏［2010a］「企業ブランド研究の現状と課題──日・韓企業の全社横断的企業ブランド・マネジメント専門組織を中心として」『富士ゼロックス小林節太郎記念基金 2008 年度研究助成論文』．
徐誠敏［2010b］『企業ブランド・マネジメント戦略── CEO・企業・製品間のブランド価値創造のリンケージ』創成社．
徐誠敏［2012］「先進国市場と新興国市場におけるサムスン電子の躍進要因に関する研究──デザイン力，グローバル・マーケティング力，グローバル・ブランド力の革新期に着目して」『富士ゼロックス小林節太郎記念基金 2009 年度研究助成論文』．
徐誠敏［2014］「国家ブランディングの妥当性と領域，発展」キース・ディニー編（林田博光・平澤敦監訳）『国家ブランディング──その概念・論点・実践』中央大学出版部．
田中洋［2007］「グローバルブランド・マネジメント」諸上茂登・藤沢武史・嶋正編著『グローバル・ビジネス戦略の革新』同文舘出版．
曺斗燮・尹鍾彦［2005］『三星の技術能力構築戦略──グローバル企業への技術学習プロセス』有斐閣．
全龍昱・韓正和（康子宅訳）［1997］『韓国・三星グループの成長戦略』日本経済新聞社．
畑村洋太郎・吉川良三［2009］『危機の経営──サムスンを世界一企業に変えた 3 つのイノベーション』講談社．
張世進［2009］『ソニー VS. サムスン──組織プロセスとリーダーシップの比較分析』日本経済新聞出版社．

韓国語文献
サムスン電子 HP（http://www.samsung.com/）．
シン・チョルホ＝イ・ファジン＝ハ・スギョン［2009］『サムスン・ブランドはなぜ強いのか──大韓民国 1 等サムスンのブランド・マネジメント戦略』キムアンドキム・ブックス．
チョ・ヨンソク［2007］『第一企画出身の教授たちが書いた広告・広報実務特講』コミュニケーション・ブックス．

【ケース2】

事業環境の変化とブランド・マネジメント
横河電機IA事業部の挑戦とその後

本庄加代子

はじめに

「経営資源をブランドに投下すべきか？ それとも，コストカットを優先すべきか？」経営の意思決定者がつねに迷う課題の1つである。本ケースは，環境変化による業績悪化の中で，組織のブランド・マネジメント体制を追いながら，その結果，ブランドの価値とその役割の変化がどのように再解釈され変化を遂げたかという一事例を紹介している。

具体的には，2002年から13年までの横河電機株式会社（以降，横河電機）のIA事業部のブランド・キャンペーン「Vigilance/VigilantPlant」の約10年間の取り組みを追い，ヒト・モノ・カネの視点で，ブランド・マネジメント体制とその成果を取材に基づき可能な範囲で記述している。

横河電機IA事業部は，ブランドを立ち上げてから約5年で，大きな成功を収める。ブランドを軸に社内が活性化し，取引先までもその価値が浸透し，結果，業績に大きく貢献していくこととなる。その結果を最も象徴しているのが，「マーケティング大賞奨励賞」（JMA-日本マーケティング協会主催）の受賞であった。しかし同年のリーマンショックにより，全社の営業利益は急降下する。組織として，ブランド戦略よりも事業の立て直しが最優先されるなかで，ブランド戦略を牽引してきたリーダーや，想いを一にするスタートメンバーが総入れ替えとなり，また海外拠点の大リストラの中でブランドが浸透し始めていた人

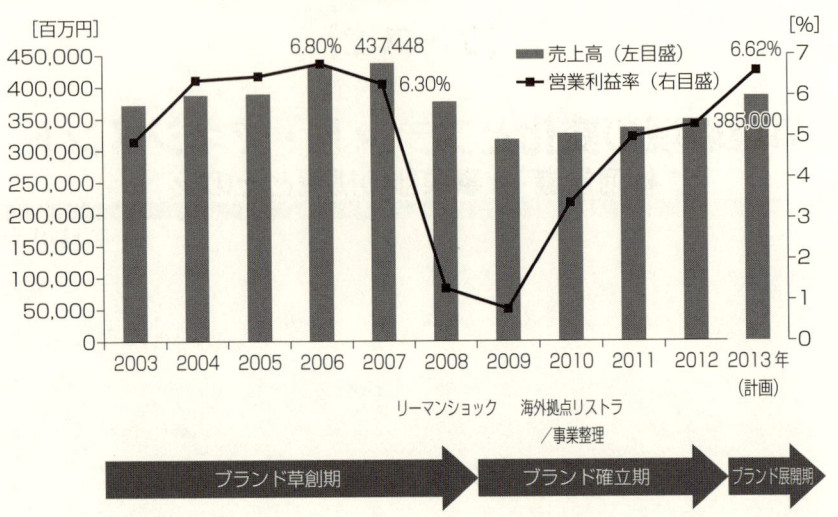

図 12-1 横河電機の業績とブランド活動

[百万円]・売上高（左目盛）／[%]・営業利益率（右目盛）

2003〜2007：ブランド草創期、2008〜2012：ブランド確立期（リーマンショック／海外拠点リストラ・事業整理）、2013：ブランド展開期

主な数値：2006年 売上高437,448、営業利益率6.80%；2007年 6.30%；2013年（計画）売上高385,000、営業利益率6.62%

（出所）横河電機『ファクトブック2010』2013年，および業績予想（2013年11月）をもとに作成。

材も流出する事態となる。ブランドに魂を込めた人々の手から，組織的な形式知として引き継がれるなかで，その実態はどのように変容を遂げたのだろうか。

結論を先取りすれば，ブランドの灯は組織の中で生き残り，そのブランド価値を維持したままの状況にある。ブランドを管理運用するルールが規定され，それらを管理する人員も増員され，国内本部推進室もできた。さらにブランドを冠した新規事業「VigilantPlant Services」が新たに発足するなど，攻めの大火に転じる可能性をも秘めている。一方このようなブランドとしての安定的な組織的基盤が確立するなかで，体裁は整いつつありながら設立当初のような組織を熱狂させるほどの社内的な盛り上がりは薄れている状況にあるという。

本ケースでは，2002〜08年までの取り組みを第1節の草創期[1]，第2節として2009〜12年までの取り組みを確立期，13年以降は，展望期として，時系列でそのプロセスを詳述する（図12-1）。そのことにより，環境や組織体制の変化とともに，ブランドがどのように変容進化を遂げるのかの端緒を明らかにしていく。

1 ブランドの草創期——2008年まで

⌘ B2Bブランディングの成功

　東京都武蔵野市に本社を構える横河電機のIA（industrial automation：生産制御）事業は，2002年から07年までの6年間で売上が2.3倍に急増し，みごとな成長を遂げていた。特に2007年は世界市場の首位を争う米系石油メジャーのシェブロン社から超大型案件受注[2]に成功するなど，その勢いは内外に大きなインパクトを与えていた。横河電機は，世界の名だたる巨大企業がしのぎを削る海外市場で，確たる地位を築き始めているのであった。

　製油所や化学工場などプラントの生産を制御する機器とシステムを供給している同社は，日本市場ではリーダー企業であり，ほとんどの日本のメーカーの取引先となっている。しかし海外市場，特に欧米では技術・性能面において卓越した競争力があるにもかかわらず，その存在感は薄く，真の力を十分に発揮しきれない状況が続いていた。そのような中で，横河電機の強みを際立たせた一連のブランディング活動が，成長のドライバーとして効果的に機能し，海外市場での成長を加速させていったのである。

　これまで一般に，B2B企業のブランディングというと，合理的な意思決定が重視されるがゆえに，感性的な訴求であるブランディングは機能しづらいのではないかという考え方もあり，B2B企業でブランディングまで検討されたのは稀であった。またB2C企業のブランディングのような「顧客（消費者）を対象にした収益効果を目的とした取り組み」というよりも，求人活動や流通パワーの獲得を狙うなど間接的な効果を期待して取り組むケースが目立っていた。著名な事例でいうならば，村田製作所やクラレなどに代表されるような，主に学生の採用を意識した取り組みや，インテルの"インテル入ってる"キャンペーン事例に代表されるように，自社の直接的な取引先である流通ではなく，さらに川下にいる最終消費者へのマス広告などを用いた間接的な働きかけにより，いわゆるディマンド・プル（最終消費者からの指名購買による需要喚起）を引き起こすことで流通業者との取引条件を有利に進めるという方法などである。

図 12-2　市場の製品レベル

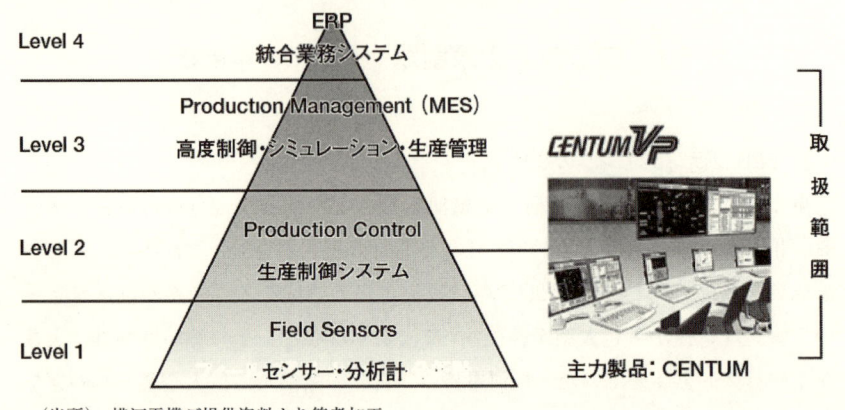

- Level 4: ERP　統合業務システム
- Level 3: Production Management (MES)　高度制御・シミュレーション・生産管理
- Level 2: Production Control　生産制御システム
- Level 1: Field Sensors　センサー・分析計

主力製品: CENTUM（CENTUM VP）

取扱範囲: Level 2～Level 3

（出所）　横河電機ご提供資料より筆者加工。

　本事例は，B2B 企業においても，収益効果を狙い商品やサービス提供の価値に基づく世界観を顧客に対して直接的に訴求することによって，購買行動に変化を促すというブランディングも効果を発揮しうることを示していた。

⌘　横河電機の IA（制御）事業の概要

(1) 横河電機の業績とブランドの貢献

　横河電機は，制御機器・システム・計測機器などの製造・販売を行う産業エレクトロニクス・メーカーである。2007 年の連結売上高は，4374 億円と過去最高を計上，同営業利益も 274 億円，営業利益率 6.2％ と高水準を誇っていた。また売上高成長率も，6％ 台（過去 5 年平均[3]）と堅調に推移する。それを支えるのが，基幹事業である IA 事業である。同事業は近年海外市場で目覚しい成長を遂げており，海外の IA 事業部の伸びに比例し横河電機全体の売上高は上昇し，売上高に対する海外事業比率が，2006 年には，49.1％[4] と国内売上高と拮抗し，07 年には 55.6％ と国内事業を上回るまでに成長した。この海外事業の成長の契機の1つが，2002 年から世界規模で取り組みが始まったブランディング活動であった。

(2) IA（制御）事業の取扱製品

　横河電機の IA 事業では，石油精製や石油化学，化学，鉄鋼・非鉄金属，電力・ガスなどさまざまなプラントにおいて使用される生産制御システムや制御

機器を取り扱っている。同業界は、一般に4つの階層に分類され、企業の統合業務システム（Enterprise Resource Planning、以下ERP）をLevel 4の最上階として、工場と経営情報の橋渡しをするManufacturing Execution System（以下MES）をLevel 3、工場内の生産を監視・制御する生産系システムをLevel 2、センサーなどの各種現場機器をLevel 1として分けられている。この4つの階層を生産に関する情報が還流し、プラント全体の操業を適正に維持管理する仕組みである。このうち、横河電機の取扱範囲は、主としてLevel 1からLevel 3で、特に従来から強みとしてきたのは、"工場の神器"にあたるLevel 1のセンサーや分析計と、"工場の頭脳"と呼ばれるLevel 2の生産系システムである。

横河電機が世界に先駆けて開発した分散型生産制御システム（以下DCS）の「CENTUM」はこのLevel 2に該当する製品であり、特に石油化学プラントなどの爆発の危険をともなう工場において、計画外の停止の確率がきわめて小さい制御システムとして、高い信頼が寄せられている（図12-2）。

⌘ IA業界の市場概況とブランド競争の勃発

(1) 長きにわたる海外事業展開と欧米市場での苦戦

横河電機の海外での事業経験は長く、1950年代からアジア市場を中心に展開している。販売から生産体制や研究開発体制までも徹底した現地化を図っている。1987年より基幹製品であるDCSの「CENTUM」をシンガポール拠点で生産開始、その後、2002年には国内生産方式をも移転し、高水準の生産性能と低コスト生産体制をとっている。また、2001年には英語や中国語に堪能な現地の技術者を採用し、グローバル競争の足場となるグローバル・エンジニアリングセンターを設置し、シンガポール政府との友好関係を築き、海外市場での事業基盤を地道に構築した。その結果アジア市場ではトップシェアを獲得し、横河電機の本来の力をいかんなく発揮した。

しかし強固な海外基盤があるにもかかわらず、欧米市場においては巨大企業を相手に苦戦が続いていた。

(2) メインプレーヤー6社

IA業界の競合は、1990年時点では30社近くが存在したが、グローバル化

や顧客ニーズの高度化・総合化にともなう急激なM&Aによって，絞り込みが進んだ。その結果，現在はビッグ6とよばれるABB（スイス），Honeywell（米），Invensys（英），Emerson（米），Siemens（独），横河電機（日本）の6社がメインプレーヤーとなっている。各社の売上高は，Honeywellで346億ドル[5]，ABBは291億ドル[6]，Emersonは226億ドル[7]，Siemensは724億ユーロ[8]，そして，Invensys（現Schneider）は2101百万ポンド[9]（いずれも2007年）といった売上高数兆円の超巨大企業である。その一方，横河電機は，その何分の1かに相当するわずか5000億円弱の売上規模である。このような世界の超巨大企業がひしめく海外市場で，横河電機は長い間戦い続けてきたのである。2006年の横河電機は，目覚ましい発展を遂げ，01年には1桁台の第6位であったDCSのシェアが，06年には10%を上回るまで順調に成長し，上位グループを捉えるようになった[10]。

　激戦が繰り広げられる市場の中で，競合各社が最も注目しているプレーヤーがEmersonである。これまで業界内で特に目立った存在ではなかった同社は，積極的なM&Aとブランド戦略によってIA市場全体を揺るがす存在となっていた。Emersonは，買収により獲得した個別バラバラな製品をすべてEmersonの統合ブランドである"PlantWeb"を冠することで視覚的に関連性をもたせ，それをベースにブランド・キャンペーンを展開していった。"PlantWeb"は，Emersonの純正品を使うことで，工場内にある個々のフィールド機器をデジタル技術により蜘蛛の巣状につなぎ，複雑になりがちな工場全体の操業情報を効率的に，しかも簡単に管理できるということを訴求していた。これによって，Emersonは中小規模のサプライヤーが群立するフラグメント化された最下流の市場を中心にシェアを高めていった。Emersonの勢いは，上流の競争にも影響を及ぼし始めていた。大手プレーヤーは，次第にその動きを看過できなくなり，Emersonと同様にソリューションを包括的に取りまとめるブランドを打ち出し，業界全体が"ブランド競争"に突入した。横河電機も2002年に現在のIAマーケティング本部の前身となる社内プロジェクトを発足させ，IA関連事業部・海外拠点を横断してタスクフォース・メンバーを選出，Emersonに対抗できるブランドの導入が検討されることとなった。

⌘ 横河電機の海外市場での課題

(1) 知名度の低さ

　国内や早くから参入し現地化を進めたアジア市場では，横河電機は首位の座を獲得していた。しかしながら，巨大企業と競合する北米やヨーロッパでは横河電機の知名度や市場における実績あるメインプレーヤーとしての定評感はなく，2000年代になっても，「Yoko……Who?」（横なんとかって，一体どこ会社だ？）と門前払いされるなど，検討の土俵にのらないこともしばしばだった。グローバルのシェアを奪取するうえで，この取引の足かせとなる知名度の低さを克服することが，横河電機にとっての最大の関門であった。

(2) リーダー意識と縦割組織の弊害

　国際的な知名度の低さの要因は，本社側に根付く意識と組織体制にあった。本社では日本における"市場のリーダー"であるという自負が強く，海外での販売方法も日本でのやり方を色濃く残し，「良いものをつくっていれば，売れるはず……わざわざ，マーケティングを展開しなくても……」という感覚が依然として強かった。組織体制も，各製品別に開発から営業，そしてアフターサービスまでそれぞれ独立した体制をとっており，開発情報や営業管理などは，組織として分断されている状態にあった。それゆえに，豊富な製品ラインナップやそれぞれの技術を密結合させる技術力は有しつつも，本来もっている実力を十分に発揮できない状況が続いていた。

(3) 統一的なマーケティングの不在

　また，世界の各拠点で展開されるセールス活動は，それぞれの地域や営業マンに極度に依存し，それぞれの地域の状況に応じて，個別バラバラに展開されている状況にあった。横河電機に関する説明資料やカタログ，セールスツール，パワーポイントの書式などに至るまでほとんど未整備状態であり，顧客にアピールすべきメッセージや実績といったコンテンツも不揃いであった。したがって，横河の営業体制は，個々の営業に頼る属人的な側面が強く，全体としては，非常に非効率な状態にあった。顧客に伝達されるべき横河電機の良さが，うまく伝わらず販売機会を逸する状況もしばしばで，顧客から「製品自体はすばらしいのだけど，マーケティングがまるで駄目だね」や「システムは堅牢そのものだけど，貴社とは付き合いにくい」という声も聞かれていた。このような状

況から，海外拠点の営業現場からは，日本の本社主導の世界レベルで統一的な本格的なマーケティング活動に対する渇望感が募っていった。

⌘ ブランド戦略の胎動

(1) 海外の現場を熟知する2人のリーダー

2002年，長くヨーロッパに駐在し，横河電機の海外事業を支えていた黒須聡部長（現専務）は，つねに噴出する海外拠点の不満を重く受け止め，横河本社として，組織的な課題解決を探っていた。そこで海外拠点のキーマンを集め，横河の失注要因となっていたEmersonの分析や自社のボトルネックを協議するGlobal Strategy Workshopを企画した。そして，その推進役に，横河電機が最も弱い北米エリアで，現場営業を支援し，事業の整理にも関与した経験をもつ坂野真一氏を指名した。黒須氏は，社内ですでに多くの大型案件受注の"伝説"をもつほどの敏腕営業マンであり，坂野氏は経営企画として若いながらも社長賞を受賞した経験があった。しかし坂野氏は，北米拠点の事業再建の業務を行う中で，顔の見える営業マンのリストラを行った葛藤と失望感を抱えていた。入社来，間接部門に所属し何ら価値を生み出していないような喪失感を抱えながら，いつか現場の営業マンに対して「コスト削減」ではなく前向きな「収益貢献」を行いたいと考えていた。このときの坂野氏の"リストラへのリベンジ"の想いが，後に"VigilantPlant"を生み出す大きな原動力となっていった。

(2) クロスファンクショナルチームの発足と組織設計

初回のGlobal Strategy Workshopでは，「本社側には市場に臨む意思も戦略も感じられないという海外拠点の大不満」から，本社側で，事業部縦割りを突破しIA全体で戦う体制をつくるという結論に帰結した。クロスファンクショナルチームの人材は，各事業部と"兼務"業務として確保し，相互に横連携を図るよう設定された。また当初はミッション達成後解散するバーチャルな組織として想定されていたが，現在のIAマーケティングの母体となっていく。

このクロスファンクショナルチームの組織設計そのものが，チームの円滑な運営に寄与している。関連事業部は9部署あり，その横串を刺すように事務局が置かれ，また関連するキーマンへの打診ルートも確保されていた。さらに現

場リソースをもたない事務局に対し，"兼務"の体制であることが功を奏した。すなわち，リソースをもたないからこそ多くの情報が自主的に各事業部側から提供されチームの運営はうまく推進されていくことになったのである。

⌘ ブランド活動の具体化
(1) "横河らしさ"の明文化

横河電機の課題を克服する第一歩として，取り組まれた活動が，横河電機の"らしさ"を明文化することであった。Emerson などの他社との差別化を図るうえで，外部コンサルタント[11]をうまく使いながら競争上の強みとなる自社の DNA を突き詰め，ブランド・イメージ上のポジショニングを明らかにしていった。その分析によれば，横河電機の強みは，顧客ニーズに合致する「高い技術力に裏打ちされた信頼性」と「どのような困難なプロジェクトも完遂させる横河マインド」の2点にあった。

横河電機の製品力とエンジニアリング力を支える高い技術は，導入実績のある顧客から高い信頼性を獲得していた。特に横河電機のオンリーワン技術である二重化技術は，制御システムの計画外の停止確率を極小化するもので，製油所や化学工場などで採用されている。決して停止することが許されない，爆発などの危険をともなう連続処理プラントにおいてきわめて重要な役割を果たし，その信頼性は，99.99999％を誇っている。製品だけではなく，エンジニアリング技術も同様に非常に高く評価されていた。また，横河マインドともいうべき，プロジェクトに対する"完遂能力"も固有の強みである。

「どのような困難なプロジェクトでも，一度受注すると顧客の要望に応じて粘り強く調整し，プロジェクトを絶対に完遂させる。時には赤字覚悟でも，取り組む。仕事を仕事として割り切らない」といった日本独自の仕事に対する姿勢は，横河電機には根づいている。それを最も評価しているのが，業界内でも要求水準が高いといわれるロイヤル・ダッチ・シェル（以下シェル社）である。以前は他社のシステムを採用し，横河電機との取引は一部であったが，大型プロジェクトの中で競合各社が，シェル社の要求の厳しさから参加を見合わせたなか，横河電機だけが自ら全システムをカスタマイズし，プロジェクトを完遂したことが同社の高い評価を獲得するきっかけとなった。以来，同社は，その

遂行能力とシステムの稼動実績を買われ，シェル社からの継続的な大型受注を獲得している。シェル社だけではなく，横河電機を実際に導入した他の顧客は，次のように，一同高く評価している。"Yokogawa is excellent company to work with……They distinguish themselves through their very very strong commitment to customer service……"（横河は実際に一緒に仕事をすると本当に優れた会社で，顧客の要望に対して異常なほど強いコミットメントをもち，それが他社との大きな差別性になっている）。

このような自他ともに認める横河電機の強みをもとに，競合他社との相対的な位置関係とコンセプトの基本的な方向性として抽出されたのが，Emersonと対極をいく，"Aggressive Craftsman"（積極的な職人）であった。「製品力」と「高い技術力」そして，職人気質の「プロジェクト完遂能力・マインド」に支えられる「高い信頼性」こそが，横河電機のDNAともいうべき強みであり，それを"Craftsmanship"とうたった。さらに，今後，付加すべき要素として積極的な攻めの姿勢を"Aggressive"で形容した。これは，これまでの「黙っていても良いものなら売れる」といった組織に根強く残る意識を変革することを目的としたものであった。

(2) 提供価値のメッセージ化

"Aggressive Craftsman"という基本コンセプトを社内外に効果的に伝達するために，クリエイティブ・メッセージとして昇華させたものが，"Vigilance"（寝ずの番）というものであった。そこには，横河電機の"Craftsmanship"が表現されており，そこから"quality""trustworthy""commitment"というニュアンスが包含されていた。"Vigilance"は，英語を母国語とする欧米人でも一般的にはなじみのない言葉であり，当初は世界の各拠点からさまざまな反対を受けた。しかし，「聞きなれない言葉だからこそ，横河電機のIA事業を表現する固有の言葉として定着するだろう」との意見や，「一般的な言葉では自社の強みが埋もれてしまう」との意見もあがり，最終的には非常にエッジの効いたこの言葉を採用することとなった。結果的に，当初の狙いどおり，"Vigilance"という言葉は横河を独自に形容する言葉として定着し，営業が自らを説明できるような提供価値として浸透していった。

図 12-3　グローバルワークショップの様子と "Vigilance" の発表に盛り上がる営業マン

（出所）横河電機ご提供資料。

(3) コミュニケーション・ツールによる一貫性の担保

　横河電機は，自社の提供価値を "Vigilance" に込め，さまざまなマーケティング活動で展開していった。メッセージを軸に自社の事業概要や実績を説明する資料やブランド・ビデオ，その他コミュニケーション・ツールを制作し，展示会やパブリシティや対外発表の場，広告で使用していった。露出を増やすことで，メディアとの強いコネクションも構築し，比例して業界内雑誌での露出や展示会での注目度も高まっていった。また，これまでバラバラであった大量のカタログの仕様を多大な時間とコストをかけ，統一的なデザインシステムに集約して，一貫性のあるコミュニケーションで効率化をすすめた。

(4) 徹底した社内浸透活動

　一般に，海外の事業運営は多様な言語と多様な価値観を前提に，現地の自主性を重んじつつも，世界である程度の一貫性を維持しなければならない。しかし実際の運営は，そのバランスを保つのは難しく，ビジネス活動のあらゆる局面で，困難を極めるのが通常である。ともすると，自社の説明さえも国によって大きくブレることになる。

　そこで横河電機は，対外的に新しいメッセージを訴求する前に，まずは情報発信の基点となる社内に浸透させることを重視し，世界中でこのメッセージとコミュニケーション・ツールを紹介するグローバルワークショップを実施した。マーケティングセンターが中心となり，世界の各拠点に "横河らしさ" を明示し，この新しいメッセージに込めた想いを説き，営業戦略と同時にツールを紹介していった。多くの世界中の営業マンが，本社から届けられたこの新しいメ

【ケース 2】事業環境の変化とブランド・マネジメント　　269

ッセージに,「待っていました」とばかりに歓喜し,ワークショップ会場は大いに盛り上がりを見せた。

これをきっかけに,新メッセージは急速に従業員に浸透し始めた。"Vigilance"は社内の求心力として機能しはじめ,各営業拠点で"Vigilance"を核とした積極的な営業活動が展開されていった。同時に従業員の自社に対する意識も変化し,営業マンとしての自信やモチベーションの拠所としても機能し始めていった。半年後には,その成果は顧客にも波及し,「最近横河が変わった」とその効果が指摘されるようになった。

事実,横河電機全世界の拠点の社内での"Vigilance"の認知率は,93%であり,73%の人がメッセージに愛着を感じていた[12]。その後も継続して,グローバルワークショップを年1回行っているが,現在は,営業以外の従業員も参加できるものとなっており,以前からの課題であった縦割り組織の弊害を,ワークショップで一堂に会することにより,徐々に緩和される効果も表れつつある。

(5) トップの高いコミットメント

さらに,ブランディングを加速させたのが,トップのコミットメントであった。2005年2月横河電機の内田勲社長(当時)は,大手制御メーカーの首脳が揃う展示会で「2010年世界ナンバーワンになる」と堂々と宣言して,ブランドを発表し,業界メディアを賑わせた。各メディアの反応は上々で,「眠れる横河がとうとう目覚めた」などと大きく取り上げられた。そして,このような社外への発信が契機となり,結果として社内にミラー効果として跳ね返り,社内でも乗数的に浸透し,さらに強固なものになっていった。

(6) 統合ブランドとしての進化

社内の求心力として機能したコア・アイデンティティ"Vigilance"は,その後,製品と密接に結びついた統合ブランド"VigilantPlant"として進化していく。

それは,2004年に,ある海外拠点から,抽象的なメッセージだけではなく,顧客がより具体的で直接的なメリットとして感じる価値と明確に紐づけられないか,という要望があがったことに端を発する。"VigilantPlant"と名づけられたこの統合ブランドは,ドラッカーが提唱する「管理の行き届いたプラント

図12-4 "VigilantPlant"を実現するための製品開発計画（将来ロードマップ）

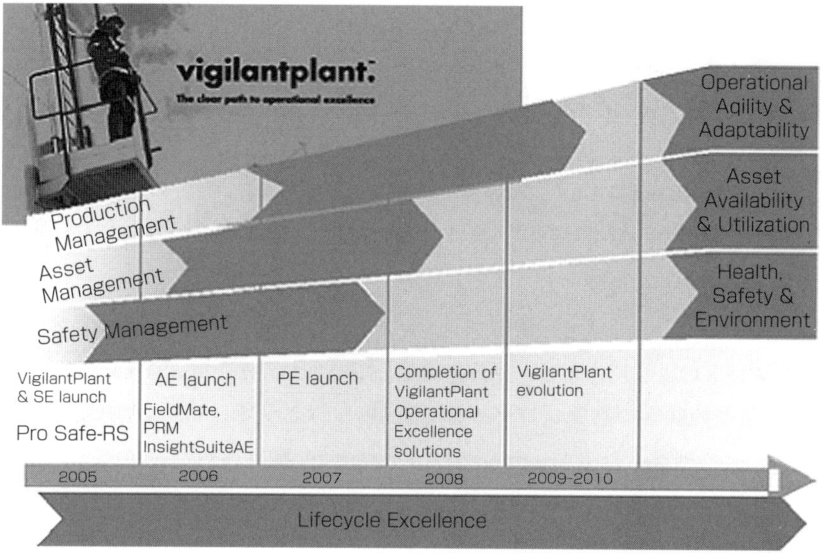

（出所） 横河電機ご提供資料。

とは，一見静かで退屈に見える」という言葉に由来し（上原［2008］），顧客の視点で横河電機の本質的な提供価値を突き詰めたメッセージとなっている。その価値を実現するための具体的な製品を今後の開発計画として表した（図12-4）。さらに，2008年から本格的に横河電機IA事業の製品全体の統合ブランドとして位置づけられ，既存の無数の製品が"VigilantPlant"を軸としたブランド・ポートフォリオに組み込まれることになった。

以上のように，2002年からの一連のブランディングを通じて，横河電機のIA事業の国際的な知名度は飛躍的に向上し，07年現在では，最も弱い市場といわれていた北米のノンユーザーの知名度が60%を達成，その他の地域では，ほぼ100%となった[13]。現在，大型プロジェクトを検討する大企業やEPCが制御システムを発注する際に，横河電機を候補として検討しない状況はほぼ皆無の状況になっており，横河電機の最大の課題は解決されつつある。また，ブランドの社内浸透活動を通じて，組織や地域の壁を越えたつながりも生まれると同時に，社内のマーケティングへの意識も格段に向上，日本市場での"VigilantPlant"の導入も試みられている。

図12-5　ブランドによる購買プロセスの変化――初期のツマヅキの解消による好循環サイクルの実現

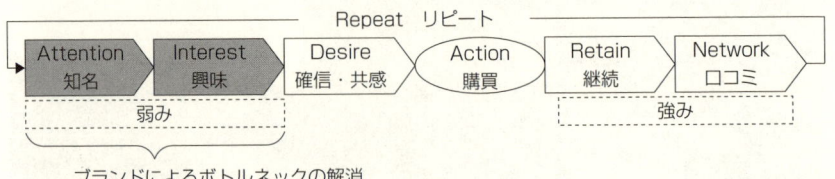

```
                        Repeat リピート
  ┌─Attention─┬─Interest─┬─Desire─┬─Action─┬─Retain─┬─Network─┐
  │   知名    │   興味   │確信・共感│  購買  │  継続  │  口コミ │
  └───────────┴──────────┴────────┴────────┴────────┴─────────┘
        弱み                                    強み
        └──ブランドによるボトルネックの解消──┘
```

(出所)　横河電機ご提供資料より筆者加工。

⌘ 購買行動への影響

次に，このような横河電機のブランディングの活動が，具体的には顧客の購買行動にどのように作用し，成長に貢献していったのかを確認する。

IA事業の顧客の購買プロセスを，図12-5のように，AIDMAを業界特性にあわせて調整した，AttentionからInterest，購買にあたるAction，そして継続性のRetain，業界の評判・口コミにあたるNetworkのフレームワークでみていく。

横河電機の強みは，一度使うとリピートされる高い信頼性であり，購買プロセスの後半のRetainやNetworkは圧倒的に強い。一方，弱みはAttentionの部分であり，知名度がないゆえに検討組上にはのらず，購買プロセスの非常に初期の段階でのツマヅキであった。ブランディング始動後，2002年の導入時は，"Vigilance"によって，営業体制も自社のアイデンティティを1人1人が明確に認識することで，横河電機の"顔"が明確になり，魅力的で効率的な営業活動が実現し，顧客の購買行動の最初の段階である，Attentionを引き寄せたと考えられる。また，2004年の"VigilantPlant"導入以降は，特にノンユーザーの間で，"VigilantPlant"の効果は強く確認されている[14]。"Vigilance"／"VigilantPlant"が，顕在・潜在顧客の購買行動の初期段階のツマヅキを解消し，検討組上にあげる効果を発揮したと思われる。その後，Desire段階まで進むと，横河電機はどのような厳しい評価にも耐えうる性能とそれを裏打ちする実績を持ち合わせ，採用されたAction段階以降は，横河電機が強みとしている高い信頼性を獲得，その後リピート受注に入るという好循環サイクルに入っていく。

最初のボトルネックであった知名度をブランドで克服する仕組みがドライバ

ーとなり，横河電機の成長を飛躍的に加速するに至ったと分析できる。

⌘ ブランドが機能するメカニズム[15]
(1) 多数の関与者

　IA市場は，購買の検討を行う期間が非常に長いことが大きな特徴である。短くても1年，長いプロジェクトになると3年にも及ぶ場合がある。これは，生産制御システム導入の初期投資金額が莫大で，一度導入すると他社へのスイッチング・コストが嵩(かさ)むため，事前の検討が慎重に進められるからである。検証の間，製品自体の性能・精度は，顧客の要望に応じて，工場への導入にあたってのエンジニアリング力や工場稼動後の継続的サポート力を問われることになる。また，購買意思決定に関与する人数も多く，経営トップや財務担当者といったマネジメント層から，エンジニア，プラント設計のプロジェクト責任者まで多くの人が携わる。当然ながら，プラントの現場を熟知しているとは言い切れない人も混在する。このように，IAの購買検討プロセスは，長期間にわたる非常に複雑な意思決定を，情報量や情報理解に偏りのある多数の関与者で取り決める状況になる。そのため，取引を成立させるには，誰もが納得できる"企業の知名度"や"市場での定評・信頼性"が大前提であり，欠くことのできない絶対条件となっていた。つまり，業界特性上，多数がかかわる複雑な購買意思決定プロセスだからこそ，その複雑なプロセスの情報処理を単純化してくれるブランドの機能が求められていたと考えられる。

(2) ソリューション・ニーズの高まり

　B2B市場全般の傾向と同様に，IA市場においても，「モノ売りからソリューション売り」への傾向が高まっている。特に海外では，横河電機などの制御機器メーカーが，主要オートメーション請負業者（main automation contractor: MAC）に指定される受注形態が増加し始めている。MACとは，石油メジャーなどのエンドユーザーが，特定の制御メーカー1社に，自社品・他社品を含めたオートメーション・システム全体の構築・とりまとめを委託する形式を指す。横河電機などの制御機器メーカーとしては，DCSやフィールド機器などの個別商品単体だけではなく，工場全体の最適化と経営情報との統合であるMESとの連携やエンジニアリングなど，トータルなソリューション能力を問われる

状況にあり，その傾向は年々強くなっていた。顧客は，個別の具体的な価値よりも全体的な便益としての価値を求めるようになり，それを端的に示すブランド・メッセージがうまく機能したと考えられる。

(3) エンドユーザーの専門知識の減少

前段で紹介したMAC方式のようなオートメーション・システム全体を一括で受注する形式が増加している背景には，エンドユーザー側のプラント・オートメーションに関する知識や人材の減少がある。日本や欧米では，いわゆるベビーブーマー世代の引退が始まり，全世界的にエンジニアは不足傾向にある。その一方でプラント情報のデジタル化など技術革新が進みつつあるため，相対的にエンドユーザーのオートメーションに関する専門知識は減少し，制御機器メーカーへの依存が高まる状況にある。B2BあるいはB2Cの領域にかかわらず，ブランディングが効果を発揮する状況を見極める重要な要素の1つに，顧客の製品への関与と製品に対する判断力の水準がある。顧客の製品への関与が高い状態で，製品に対する判断力が低い場合が最もブランドが効果を発揮しやすい（たとえば製造原価の何倍もの価格設定されるラグジュリー・ブランドなどは最たるもの）。反対に，相対的に製品に対する判断力が高くなるもの（＝顧客自身で目利きができるもの）は，ブランドの効果を発揮しづらい状況にある。このような観点からも従来，B2B領域は，判断力の高いプロフェッショナルが，合理的に判定する意思決定プロセスが働きやすいため，一般的にはブランディングが効果を発揮しづらいと考えられる傾向にあった。

しかしながら，前述のとおりIA業界では，年々高度化するプラント設計においてエンドユーザーが制御機器メーカーに依存するようになり，専門知識は減少（判断力が低下）傾向にある。つまり，巨額の費用をかけるプラント設計への関与は依然として高いものの，エンドユーザーの専門知識（判断力）の相対的低下によって，ブランディングが効果を発揮しやすい状況になっていたと考えられる。

⌘ 草創期のまとめ

以上のような横河電機IA事業のブランディングの成功は，外部環境を追い風に，強固な海外の経営基盤と高い製品力というポテンシャルとマーケティン

グ・センターの徹底した取り組みによって実現されたのである。

　本事例から，一連の横河電機の取り組みを通して導出される示唆として以下3点を導出した。第1に，本事例はB2B分野におけるブランディングという手法の有効性を端的に示している。特に技術革新と統合化が進み，より複雑な購買意思決定を迫られ，さらに，ユーザーの判断力が低下するB2Bの市場環境においては，ブランディングという戦略手法は，有効に機能する可能性が高い。B2B分野であるがゆえに，ブランディングという取り組みが困難ではないかという思い込みは払拭し，経営の手法の1つとして積極的な活用を試みるべきであろう。

　第2に，技術志向の強い多くの日本の製造業が，ブランディングを用いて，その優れた力を自己認識し，ロスなく社内外に伝達することができるならば，さらなる事業成長の可能性が広がるということである。特に，マーケティングを巧みに展開するプレーヤーの多い海外市場で，確たる地位を構築するためにブランディングは必須であろう。さらにその際重要なのが，従業員をコミュニケーションの発信の基点にするということである。まずは，世界に分散する拠点に対して徹底的に浸透させることで対外的な発信力の向上はもちろん，これまで，暗黙知として曖昧に認識されてきた自社のアイデンティティを明確に自認することが，個々の従業員の自信へとつながり，その自信の総和がブランディングを加速していくのである。

　最後に，日本企業が海外に進出する際，ゼロベースで戦略を見直すこと＝"出島戦略"の重要性である。組織内部の事情として，経営の意思決定には，これまで業績を支えてきた国内の既存事業の声に左右される場合も多く，国内戦略との整合性や社内調整を優先する組織の慣性が働く。しかしながら，国内で活躍するリーダー企業でも，海外では無名である場合が多く，市場に参入するうえでの基盤をゼロから構築する努力は必須であり，市場環境の異なる国内事業とは一度，一線を画し戦略を見直すことが，早期に確たる市場における地位を構築することにつながると考えられる。

2 "その後"のブランド戦略──2009〜13年

　既述のように，ブランド活動が功を奏し，2007年は米系石油メジャーのシェブロンから超大型案件を受注するなど，ブランド活動は海外市場における横河電機の躍進を牽引した。

　また国内でも"VigilantPlant Show"の開催や国内営業や代理店に対して，海外同様のワークショップを行い，ブランド浸透の広がりをみせ，VigilantPlant国内推進室も立ち上がることとなった。シェア・ナンバーワンが視野に入るなかで，本格的にIA市場のリーダーとしての戦略を見直しつつあった。

　しかし2008年，突如リーマンショックが襲いかかる。業績が下降するなか2009年，営業の最前線を支援するような全社的なマーケティングの必要性を痛感し，既存の組織からは考えられないような大胆なブランド戦略を展開してきた黒須氏をはじめ，スタートメンバーが大幅に入れ替えとなる。ブランド戦略の生みの親の1人であり，プロジェクトを牽引してきた坂野氏は事業再生の根幹を担う統廃合業務を命じられる。同時に，世界中の横河電機各拠点での大リストラで，ブランド浸透の要となっていた海外法人の社員たちもいなくなってしまう。

　本節では組織として，ブランドよりもまずは収益体質の強化が優先され，かつブランドの管理そのものが属人的なものから組織的な業務として引き継がれるなかで，ブランドは，どのように変容していったかを追っていくこととする。

⌘ ブランド管理の確立期──2009〜12年

(1) 組織体制の変化

　創設当初は，クロスファンクショナルチームとして時限的に発足したIAマーケティングセンターは，組織としての体をなしはじめていた。VigilantPlantを推進する企画室は，兼務ではない専業のスタッフで固められ，人員は総勢で20名以上の大きなものとなっていった。しかし，2008年のリーマン・ショックを境に，そこにはマーケティングや海外営業とはほど遠いメンバーがほとん

どとなった。

　また坂野氏の後任は，部門横断的な業務により成立する情報ビジネスや過去に，全社横断的なビジネス・コンセプト（ETS[16]）の推進経験のある，長谷川健司氏が引き継ぐこととなった。長谷川氏は，「ブランドの成功を引き継ぐプレッシャーをどのように感じたか」という筆者の質問に「以前は，VigilantPlantの展開と発展については，全世界が坂野の肩に乗り，すべてが坂野頼みだった。どのような業務も組織である以上，異動があり，担当者のノウハウは組織的に引き継ぐタイミングがある」と軽快に答えられている。

　また，長谷川氏が過去に推進してきたETSは，IA以外も含む国内事業部を中心に構築され，全社的にその浸透が進められていた。そこに込められたメッセージは，海外IA事業部が推進するVigilantPlantと重複的な意味合いもあった。このように，これまで組織的に異なるメッセージを推進してきたリーダーの長谷川氏ほかVigilantPlant発足時の草創期を経験しない新たなスタッフ体制で，VigilantPlantを新たに推進していくこととなった。

(2) コーポレート・ブランドとVigilantPlantの位置づけの再解釈

　後任の長谷川氏の悩みは「VigilantPlantはブランドなのか？　最終的にブランド価値は横河電機にためるべきである」という部分であった。VigilantPlantは，顧客に将来の理想的な操業をみせるビジョンであり，各商品を一枚岩に見せるファミリー・ブランドであり，最終的な価値をためる"器"ではないという想いがあった。そこで，社内浸透のグローバルワークショップでは，コーポレート・マークに込められた思いがVigilanceである，というコーポレートマークとVigilantPlantの関係性を説明し，その融合を図っていった。具体的には，「横河電機の企業ロゴマークの太陽のシンボル（図12-6）は，"Warm Heart"（温かな心）と"Leading Edges"（最先端の技術）を示し，そのフィロソフィを一言で表す，すなわち"Vigilance"である」という説明を行い，企業ロゴマークとVigilance/VigilantPlantのかけ橋となるストーリーを構築することを試みている。

　この頃から，社内浸透活動の柱であるグローバルワークショップにおいて，VigilantPlantを全面的に押していくというよりも，コーポレート・ブランドである横河電機が顧客に提供する価値などを訴求することが主体となり，Vig-

図12-6　横河電機の太陽のシンボルマークとVigilanceの意味合いの再解釈

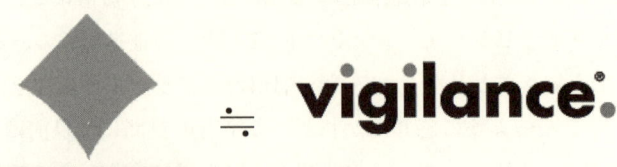

YOKOGAWA ≒ vigilance.

黄色い太陽：Warn Heart
先端のとがり：Leading Edge Technologies
（価値をためる器としてのブランド）
　≒　（その心を示すブランドメッセージ〈ほぼタグラインと等しいと考えられる〉）

（出所）インタビューに基づき，著者作成。

ilance/VigilantPlantのブランドやその意味合いを十分に説明する時間はなくなっていった。

(3) ブランド運用ルールの構築

　VigilantPlantは，これまでさまざまな商品を1つのユニットとして見せる，「ファミリー・ブランド」という前提であったが，これまでさまざまに各事業部単位で構築されてきたネーミングやデザインによって，商品体系はバラバラで，ほとんど一貫性はなかった。社内ではそれを，色とりどりの商品が並び統一感が欠如している様子をたとえて"クリスマスツリー問題"として問題視されていた。そこで，既存商品ではなくルールを適用しやすい新しい商品から，VigilantPlantを冠するルールや統一的なデザイン承認ルールを構築し，商品体系の見た目を統一していくこととした。ネーミング・ルールとデザイン・ルール規定が新たに構築され，ブランドのVI管理（visual identity system）の運用が始まり，ブランド管理の基礎が固まっていった。

(4) 国内外のソリューション・ノウハウのナレッジ強化

　さらに，長谷川氏は，VigilantPlantが掲げるビジョンを具体的な現場の提案営業につなげていこうと，世界でソリューション・キャンペーンを展開した。そこでは世界一厳しい顧客である日本の製造業を相手に培われた，横河電機の，現場と経営をつなぐソリューション・ノウハウを海外でも，もっと積極的に展開すべきだという想いがあった。海外拠点の営業やユーザーにわかりやすくそ

のノウハウを伝えるために，海外拠点のスタッフと一丸となって笑劇形式のライブで，デモンストレーションを行うなど工夫を凝らした。

また，2011年には日本のベストプラクティスとともに，世界の横河電機のベストプラクティスを共有すべく，新しくGBSS（Global Best Solution Sharing）というコンテストを導入した。これは，エリアごとでの予選を通過した各国の拠点チームは，日本で行われる本戦に勝ち進むという，オール横河を巻き込んだかなり大掛かりなものである。この手ごたえは大きく，日本のトップたちが，海外での昨今の動きとナレッジをダイレクトに知るよい機会となり，また参加者も日本の本社のトップとの交流が図られることが高いモチベーションとなり，毎年行われるイベントとして定着していった。このように，ブランディングで標榜したソリューション・カンパニーへのコミットメントを，より具体的に現場が実現できるような営業支援施策が展開された。

(5) グローバルなネットワークの構築

新しくマーケティングセンターを担うスタッフは，海外での経験の少ないスタッフがほとんどで，以前と比べ非公式的なネットワークが乏しいというのが大きな課題でもあった。そこでそれを補うべく，組織的な仕組みとして海外とのネットワークの強化が図られた。たとえば，各エリアで予算権限をもつ拠点長で行う販売会議に加え，会議で討議された事項をより具体化すべく，その下位の若いメンバーで集う部会としてGlobal Marketing Communication Team Meetingが発足した。集まったメンバーの構成は，時に女性比率が8割以上となったこともあり，その中で討議される内容はコミュニケーション戦略課題といった大きなものから，各言語対応マニュアルの相互シェアといった細かな事柄まで共有され，日本と海外との距離感はもちろん，拠点間の課長やリーダークラスの距離も少しずつ縮まっていったという。

⌘ ブランド管理の確立期の結果

(1) ブランド価値の"維持"という成果

リーマンショックを経て5年ぶりに実施した2012年のブランド調査では，VigilantPlantのブランド評価は，07年に実施した力と遜色のない"維持"の結果であった[17]。想いを1つにする初期メンバーからブランドが手を離れ，組

織としてブランド・マネジメント体制に引き継がれながらも，その管理の基盤が確立し，またブランドそのものの解釈もコーポレート・ブランドとの関係性の中で広がりを見せていった。また経済産業省が発行する2011年の『ものづくり白書』には，確立期に展開した横河電機のブランド活動のキャンペーンが掲載されるなど，国内での評価も衰えてはいない。

(2) ブランドの高齢化による"鮮度感"の薄れとマネジメント課題

しかし，その組織としてブランド・マネジメント業務の手法は確立する一方で，ブランドの立ち上がり期のような社内を熱狂させ，シェア・ナンバーワンに向かって強くモチベートしていくほどの勢いは，もはや失っているのではないかという声も，拠点やワークショップ参加者たちの声から聞かれている。

その要因として指摘されるのは，Vigilance/VigilantPlantの「物理的な時間の経過の中で，鮮度感の薄れ」の中で，それを克服するほどに新しい付加価値をつけられなかったことに起因するとされる。すなわち，2003年の導入から10年程が経ち，そのブランドそのものが高齢化していることを前提に確立期においては，よりいっそうの鮮度，未来への期待感を高めるようなブランドのロードマップが求められていたはずだが，拠点の現場が「新しさ」を感じるほどに刷新されず，"ソリューション"という名のもとにその説明の「抽象度」が上がるばかりでわかりづらく，営業現場の末端まで活性化するには至っていない，と指摘される。

あえて確立期を反省的側面から見直すならば，ブランドの高齢化に比して，ロードマップの具体性と魅力が薄れ，わかりづらく抽象度が高くなり，さらに，Vigilance/VigilantPlantそのものの価値訴求も十分行われなかった可能性がある。つまり，ブランド・マネジメントそのもののやり方は"業務"としては確立したものの，本来のブランド戦略の目的であった営業最前線の活性化という目標には届いていなかった，あるいは見失われがちな側面があったかもしれない，ということを否定はできない。実際にそれを裏づけるかのように，結果として，リーマンショック等の外的打撃は競合他社も同じ競争環境の中で当初グローバル・ナンバーワンをめざしていた横河電機の市場シェアは，市場第4位にまで上昇したが，トップシェア・ホルダーとのギャップは広がっている[18]。

⌘ ブランド活動の展開期――2013年以降

現在，横河電機は，大胆な事業整理が功を奏しリーマンショック以前を上回る収益体質に回復している。この好機にブランドをあらためて攻めに転換していこうという前向きな動きが活発である。

(1) "Old but New" を実現する組織体制

2013年から新しくブランド・マネジメントを担うのは，ブランド活動の草創期のキーパーソンであり，横河電機の基幹商品を開発してきた "Mr. DCS" と呼ばれる岩崎彰氏と，長年日本 IBM で "e-business" キャンペーンを推進してきた瀬戸口修氏が引き継ぐこととなった。この2人を中心に，Vigilance/VigilantPlant の当初からの普遍性を維持しながら，少し高齢化したブランドに新たな価値を吹き込むことを狙っている。

また，確立期の障壁の1つは，スタッフが海外拠点での経験やネットワークが乏しいことにあった。これまで長らく横河電機は全世界でビジネスをしてきたが，拠点ごとに業務は分断されがちであり，本社も国内・海外事業との壁が厚く真のグローバル・カンパニーとはいいがたかった，という。今後は，IA マーケティング本部が横断的に世界的な巻き込みを加速させ，人的交流を活性化させることで有機的なネットワークづくりに寄与していく。

(2) 顧客視点での "鮮度感" の再考

これまでは「営業マン」が最も影響力のあるタッチ・ポイントであったが，最近の調査では，ネットの影響が大きくなっている。特に，ソーシャルメディアにより，ブランドがますます顧客と企業のインタラクションの中で醸成される前提に立つと，今後は Vigilance/VigilantPlant の提供する価値を購買決定者やユーザーといった顧客目線で見直すことが求められるという。顧客に受容されるような IA のトレンドに即した未来感を醸成し普遍性は維持しながらも，魅力的な "鮮度感" を同時に打ち出していくことが考えられている。すでにソーシャルメディア活動等への正式なマーケティングの予算化が始まり，活動は本格化している[19]。

(3) Vigilant Plant Services[20] の発足

そして何より，展開期の最も大きな動きとして，VigilantPlant Services の発足がある。2002年の胎動のときから，"トータル・ソリューション・カンパ

ニーへの転換"が大きな目標とされてきたが，その大きな一歩となるサービス事業が正式に発足した。これにより上位システムから下層部品までのハード・ソフトをサービスにより密結合させ，顧客に対するソリューション提案やエンジニアリング，購買後のアフターサービスまでオール横河として横連携を図っていく素地ができあがった。

　補足すれば，技術の非常に優れた強い組織が横連携し顧客に一丸となって目線を合わせていくことは，"ソリューション・サービス"という言葉を安易に持ち出すのを躊躇せざるをえないほど容易なことではない。経験的実感からは，ほぼ無理に近いと感じるが，横河電機も例外ではなかった。しかし10年前に描いた"夢物語"が今まさに実現しようとしているのである。

⌘ "その後"のブランド活動の総括

　このようなマネジメントの変化の中で，VigilantPlant自体も微妙に進化変容しながらも生き残り，今，再び攻めの一手として期待されている。このような成功に至るのは，横河電機のブランディング活動にどのような特長が見られるからなのだろうか。

(1) ツールとしてのブランド戦略

　横河電機のブランディングの特長の1つは，ブランド価値向上を最終目的化していないことにある。横河電機のメンバーは当初から「ブランド戦略」を担いでいたわけではない。競合他社からシェアを奪回しグローバル・ナンバーワンになるための1つのマーケティング・ツールという認識で行きついた結果である。一般に，ブランド構築を大きく掲げてしまうと，ブランドそのものが目的化することに陥りがちであるが，横河電機の場合，大目標は営業支援であり売上にあることが組織的にリマインドされる。したがって時に，さまざまな関与者の想いでブランドが散漫になりチグハグになりながらも，それを前提として夢や未来を描こうとする割り切った姿勢がみられ，統一的で美しいブランドの世界観を具現化することに固執をしていない。

　そのような姿勢の背景には，すでに何度も組織横断的に，美しいビジョンを掲げながらもそれらが形骸化していったという苦い経験があると考えられる。したがって，VigilantPlantの生みの親の1人である坂野氏は，VigilantPlant

が営業上その役目を終えれば，コアとなるイデオロギーだけ残して，スクラップしてかまわないという柔軟な見解をもつ。

(2) 100周年に向けたブランドへの期待

一方，組織的なマネジメント基盤が固まり，生みの親であるスタートアップ・メンバーから自立し始めた VigilantPlant に，社内では期待する声も多い。特に2015年創立100周年を迎える横河電機は，周年をキッカケに顧客と対話をし，相互理解を深める絶好のチャンスと捉え，その場で未来をともに創造する頼りがいあるパートナーとしてのポジションを，瞬時にわかりやすく伝えていくツールとして，ブランドの効果的な活用を検討している。

おわりに

以上の取り組みで見てきたように，最初は華々しく立ち上がったブランド活動も後継やそのマネジメント体制，市場の趨勢や事業戦略との兼ね合いによって浮き沈みがあることは，実際のビジネスではよくあることである。ブランドは生き物と同じ成長し年を重ね，さまざまなマネジメントのやり方と市場との対話によって変容する。本事例は激変する市場環境の中で，組織としてはただひたすらにブランド・マニュアルに従って，画一的な管理をし，美しいブランドの世界観を維持することに注力するだけでは無意味である，というブランド・マネジメントの本質を明示している。

*本ケースは2009年『マーケティングジャーナル』に掲載した本庄［2009］をベースに，08年以降の活動とその成果について取材に基づき加筆したものである。本庄［2009］では2002年から07年まで，横河電機の成長に大きく寄与したIA（industrial automation: 制御）事業のブランディングの成功とその道筋をたどりながら，B2Bブランディングが効果的に機能する諸条件について理論的側面から言及している。

（謝辞）　本ケース執筆は，横河電機株式会社イノベーション本部シニア・マネジャー　坂野真一氏の全面的なご協力によるものです。また最新動向についての詳細は，横河電機㈱ IAマーケティングに歴代携わられた方々へのインタビューに基づいております。IAMK本部MK企画室室長 岩崎彰氏，同企画室部長 瀬戸口修氏，IAPF事業本部・ビジネス推進センター長 長谷川健司氏，イノベーション本部知的財産・戦略センター長 結城義敬氏，同本部マネジャー 松井慶生氏のご協力をここに記し，感謝申し上げます。

なお，本ケースの記述に関する責任は筆者に帰属します。

注 ─────────
1 　筆者は，本庄［2009］で，横河電機の成長に大きく貢献したIA（Industrial Automation：制御）事業のブランディングの成功とその道筋をたどりながら，B2Bブランディングが効果的に機能する諸条件について理論的側面から考察している。
2 　『日本経済新聞』2007年6月20日付。
3 　横河電機『ファクトブック2010』（2011）のデータをもとに過去5年間の売上高成長比率の平均値を算出。
4 　横河電機　セグメント別海外売上高（http://www.yokogawa.co.jp/cp/ir/pdf/presentation/200903presentation-3q.pdf）。
5 　http://honeywell.com/News/Pages/12.14.06Forecasts_2007_Sales_Up.aspx
6 　http://www.automation.com/automation-news/industry/abb-reports-292-billion-in-revenue-in-2007
7 　http://www.emerson.com/en-US/newsroom/news-releases/emerson-financial-news/Pages/Emerson-Achieves-Record-2007-Earnings-Results.aspx
8 　http://www.siemens.com/investor/pool/en/investor_relations/financial_publications/annual_reports/2007/e07_00_gb2007.pdf
9 　http://www.invensys.com/isys/docs/Results/Prelim200708/Invensys%20Prelim%20150508.pdf（2014年5月9日確認）
10 　横河電機社内資料による。
11 　Lance Shields氏（現 Ideas in Digital Chief Strategy Officer）などによる。
12 　博報堂ブランドコンサルティング調べ（2007年）。
13 　余田・首藤編［2006］19-31頁にあげられているB2B市場をとりまく5つの外的要因の考えに基づき，分析を試みている。
14 　博報堂ブランドコンサルティング調べ（2007年）。
15 　池尾［1999］143頁，また余田・首藤［2006］71頁には，B2Bの視点でより深めた意志決定モデルについてより詳細に記述されている。
16 　ETSは1997年横河電機全体で担がれたビジネス・コンセプトであり，Enterprise Technology Solutionsの略称である。意味は，横河電機が長年培ってきた「制御」「計測」「情報」のノウハウを融合し，とかく乖離しがちな現場と経営を直結し，機敏で活力ある企業活動を支援するビジョンが込められている。
17 　横河電機の自主調査による。
18 　横河電機社内資料による。
19 　ブランド関連の予算が正式予算として通常ルートを通り予算申請できるようになったのは，2013年以降のことであるという。それほどにB2B企業にとってマーケティング予算は獲得しづらいものである。
20 　http://www.yokogawa.co.jp/vps/vps-index-ja.htm に詳しい。

📖 参考文献

池尾恭一［1999］『日本型マーケティングの革新』有斐閣。
上原茂義［2008］「静かで退屈なプラント実現のために」『計装』51(1)，34-38 頁。
本庄加奈子［2009］「横河電機 IA（制御）事業の躍進—— B2B ブランディングへの挑戦」『マーケティングジャーナル』112，84-97 頁。
余田拓郎・首藤明敏編［2006］『B2B ブランディング——企業間の取引接点を強化する』日本経済新聞社。

事項索引

◆アルファベット

Aggressive Craftsman（積極的な職人） 268
Aided Awareness　87
BAV　→ブランド・アセット・バリュエータ
BtoB（business-to-business）　99
BtoB ブランド研究　100, 106
BtoB 企業のブランディング　112, 261
CEO ブランド　246
CIV　→顧客影響価値
CKV　→顧客知識価値
CLV　→顧客生涯価値
COO 研究　→カントリー・オブ・オリジン研究
CRV　→顧客紹介価値
G-D ロジック　→グッズ・ドミナント・ロジック
Global Strategy Workshop　266
Google Trend　78
IBC　→統合型ブランド・コミュニケーション
IMC　→統合型マーケティング・コミュニケーション
MSI（Marketing Science Institute）　5
NB　→ナショナルブランド
NB PB mix　173
NB vs. PB　172
OBM　239
ODM　239
OEM　239
PB　→プライベート・ブランド
　　欧米型——　164
　　ダブルチョップ——　164
　　低価格コピー型——　172
PI　→プレジデント・アイデンティティ
PPL　→間接広告
PSM　→価格感度分析
QCD　106
RP マトリクス　→絆‐購買マトリクス
S-D ロジック　→サービス・ドミナント・ロジック
Spontaneous Awareness　87

STP 分析　76
Top-of-mind Awareness　87
VB マップ　→絆‐バランスマップ
WB　→ホールセールブランド
ZMET　90

◆あ 行

イノベーション・ベースのブランド　220
意味ベースのブランド観　16
インターナル・ブランディング　243
エクスペリエンス・エコノミー　38
エスセティクス　11

◆か 行

カオス・メーカー　241
価格感度分析　53
価格プレミアム　108
拡張アイデンティティ　29
価値共創　13, 15, 59
価値提案　6
ガーディアン（自警団）効果　57
感覚価値　9
観光マーケティング　139
間接広告　244
カントリー・オブ・オリジン研究　148
観念価値　9
企業ブランド　151
絆‐購買マトリクス　60
絆‐バランスマップ　65
基本価値　9
供給者の論理　237
巨大企業ブランド　221
近代ブランド　210, 220
クチコミ　56
グッズ・ドミナント・ロジック　13
グローバル・ブランド　237
グローバル・ブランド・チャンピオン　36
グローバル・マーケティング活動　243
経験価値　10
経験経済　38, 40
経験属性　129
懸賞キャンペーン　126

287

現代ブランド　210, 228
現地化圧力　249
原ブランド　210, 212
コア・アイデンティティ　29
高次のブランド理念　43
高次の理念　43
購買関与（度）　109
小売ブランディング　180
顧客影響価値　59
顧客エンゲージメント行動　59
顧客紹介価値　59
顧客生涯価値　59
顧客知識価値　59
顧客ベース・ブランド・エクイティ　7, 8, 15
国家ブランディング　137
コ・ブランディング　110, 113, 186
個別ブランド戦略　32
コーポレート・ブランド　31
コモディティ（化）　1
コレスポンデンス分析　76, 80

◆さ　行

差異的効果　7
サービス・ドミナント・ロジック　13
サブブランド戦略　32
サンプリング　128
シェア1位ホルダー　175
シェルフ・インパクト・テスト　80
事業戦略　25
システム1　81
システム2　81
出所（Origin）　188, 193, 195, 196, 198
主要ブランドの模倣型PB　172
使用価値　14
象　徴　211
消費者知覚としてのブランド　208
消費者の反応　7
商標的使用（商標としての使用）　187
商標法　184
商品ブランド　31
情報ベースのブランド観　16
新経営宣言　240
ステークホルダー　113
3PI運動　240
製品力　9

成分ブランド　110
絶対的差別化　57
セールス・プロモーション　119, 120
　——の「質的効果」　122
　——の「量的効果」　120
セルフイグナランス・バイアス　84
セルフエンハンスメント・バイアス　84
前近代ブランド　210, 216
先史ブランド　209, 212
組織購買行動（論）　101, 107
組織文化　25
ソーシャルエコノミー　24, 40
ソーシャル・デザイアビリティ・バイアス　84

◆た　行

脱コモディティ化　1
ダブルブランド　186
探索属性　129
地域空間のブランディング　152, 154
地域産品ブランディング　148, 151, 153
地域専門家制度　251, 252
地域団体商標制度　147
地域ブランディング　142
地域ブランド　137, 152
地域マーケティング　140, 152
チェインストア制度　224
知覚品質（品質イメージ）　5
強いブランド　122
低価格プロモーション　119
ディマンドプッシュ効果　111
ディマンドプル効果　111, 261
デザイン革命宣言　241
店頭POP　127
投影法　84
統合型ブランド・コミュニケーション　12
統合型マーケティング・コミュニケーション　11
統合業務システム　263
特別陳列　127
留め型　164
取引効果　58

◆な　行

ナショナルブランド　164

288

二次的連想　130
二重プロセスモデル　81
値引きプロモーション　124

◆は　行

ハウス・オブ・ブランズ　232
パーソナル・イノベーション　240
バンドル販売　125
反応時間　85
ビジネス・ブランド　146
非信襲的脳活動計測法　85
評価グリッド法　88
ファミリー・ブランド　278
ファレルヌム　215
フォロワー・ブランド　221
付加価値訴求型PB　172
プライベート・ブランド　163, 164, 172
ブランディング　3
ブランド　2, 142, 208
　外的な――　208
　内的な――　208
　表象としての――　208
ブランド・アイデンティティ　6, 25, 27, 144
ブランド・アセット・バリュエータ　76
ブランド・イメージの測定　90
ブランド・エクイティ　1, 4, 5, 50, 143
ブランド・エクスペリエンス　2
ブランド・エッセンス　29
ブランド・エンゲージメント　80
ブランド学習　127
ブランド価値　9
ブランド・コミットメント　127
ブランド・コミュニティ　12
　――戦略　42
ブランド選択モデル　82
ブランド体系　26, 31, 33
ブランド体験　128
ブランド態度　106
ブランド知識　7
ブランドと自己との結びつき　12

ブランド認知　5, 50
ブランド・パーソナリティ　248
ブランドパワーの測定　75
ブランドへの愛情　57
ブランド・ポートフォリオ　25, 33
ブランド・マニュアル　34
ブランド・マネジメント　228
ブランド要素　183
ブランド・リーダー　173
ブランド・リレーションシップ　2, 11, 49, 52
　――戦略　59
ブランド・レゾナンスのピラミッド　50
ブランド連想　5
　――のユニークな集合　6
ブランド・ロイヤルティ　4, 5
プレジデント・アイデンティティ　247
プレミアム・プロモーション　125
プロセス・イノベーション　240
プロダクト・イノベーション　240
文脈価値　14
便宜価値　9
ポジティブ・バランス　65
ポジティブ・ボリューム　65
保証付ブランド戦略　32
ボリューム・ゾーン　251
ホールセールブランド　165

◆ま　行

マーケットイン（顧客の論理）　237
マーケティング・データ　82
マスターブランド戦略　32
免疫効果　56
目的地（destination）　139

◆ら　行

ラダリング法　90
リレーションシップ・マーケティング　11

◆わ　行

和の共創費　41

人名・企業名・ブランド名索引

◆アルファベット
GE　231
P&G　43, 224

◆あ 行
青木幸弘　154
アーカー（D. A. Aaker）　5, 33, 81, 104, 144
阿久津聡　42
味の素　224
アップル　42
アルカイーダ　230
アレン（C. T. Allen）　17
アンホルト（S. Anholt）　142
池尾恭一　108
李健熙　239
岩崎弥太郎　227
ウェブスター（F. E. Webster）　101
エクソン　226
恩蔵直人　148

◆か 行
ギルモア（J. H. Gilmore）　10, 24
久保田進彦　55
ケラー（K. L. Keller）　7, 15, 50, 104, 106, 120, 130
ケロッグ　223
コトラー（P. Kotler）　100, 120, 140, 143

◆さ 行
サントリー　225
シェス（J. N. Sheth）　101
資生堂　224
シュミット（B. H. Schmitt）　10
スターバックス　38
スタンダードオイル　226
ステンゲル（J. Stengel）　43
スミス（W. R. Smith）　3
ゼネラルモーターズ（GM）　227
セブン＆アイ・ホールディングス　231
ソーカル　226
ソニー　32

◆た 行
田中洋　9
ツタヤ　231
ディズニー　230
テドロウ（R. S. Tedlow）　3
デュポン　226
ドラッカー（P. F. Drucker）　270

◆な 行
ナビスコ　224

◆は 行
パイン（B. J. Pine）　10, 24
パタゴニア　231
ハーレーダビッドソン　42
バーワイズ（P. Barwise）　5
フォード・モーター　227
プラハラード（C. K. Prahalad）　13
フルニエ（S. Fournier）　12, 49
ベンツ　226

◆ま 行
マッケロイ（N. McElroy）　228
松下光司　126
三井　227
三菱　227
無印良品　231
メルツ（M. A. Merz）　17
モービル　226

◆や 行
ユニセフ　230

◆ら 行
ラマスワミ（V. Ramaswamy）　13
ラムズドン（L. Lamsdon）　139
ロジャーズ（E. M. Rogers）　100
ロックフェラー　226

◆わ 行
和田充夫　9

■ 編者紹介

田　中　　洋（たなか　ひろし）
　　　　中央大学ビジネススクール（大学院戦略経営研究科）教授

ブランド戦略全書
Handbook of Brand Strategy

2014 年 11 月 10 日　初版第 1 刷発行
2020 年 9 月 15 日　初版第 4 刷発行

編　者	田　中　　洋	
発行者	江　草　貞　治	
発行所	株式会社　有　斐　閣	

郵便番号 101-0051
東京都千代田区神田神保町 2 - 17
電話 (03) 3264 - 1315〔編集〕
　　 (03) 3265 - 6811〔営業〕
http://www.yuhikaku.co.jp/

印刷・大日本法令印刷株式会社／製本・大口製本印刷株式会社
© 2014, Hiroshi Tanaka. Printed in Japan
落丁・乱丁本はお取替えいたします。
★定価はカバーに表示してあります。

ISBN 978-4-641-16450-5

JCOPY　本書の無断複写（コピー）は、著作権法上での例外を除き、禁じられています。複写される場合は、そのつど事前に（一社）出版者著作権管理機構（電話03-5244-5088、FAX03-5244-5089、e-mail:info@jcopy.or.jp）の許諾を得てください。